Dictionnaire
de la passion amoureuse

DU MÊME AUTEUR

LES GENS DE MISAR, *roman,* Albin Michel, 1972 ; Livre de Poche.
L'ÉTÉ DE LA SAINT-VALENTIN, *roman,* Jean-Jacques Pauvert, 1972 ; J'ai lu.
LES REMPARTS D'ADRIEN, *roman,* Albin Michel, 1975.
LE JARDIN DES ABSENTS, *roman,* Albin Michel, 1977 ; Livre de Poche.
MONSIEUR DE LYON, *roman,* Albin Michel, 1979 ; J'ai lu.
LA DISGRÂCE, *roman,* Albin Michel, 1981 ; J'ai lu.
TAISEZ-VOUS, ELKABBACH, *document. En collaboration avec Jean-Pierre Elkabbach,* Flammarion, 1982.
JEANNE, *roman,* Flammarion, 1984 ; J'ai lu.
LA PREMIÈRE ALLIANCE, *roman,* Flammarion, 1986 ; J'ai lu.
SUR LA PEAU DU DIABLE, *roman,* Flammarion, 1988 ; J'ai lu.
DANS LES JARDINS DE MON PÈRE, *roman,* Flammarion, 1989 ; J'ai lu.
IL Y A LONGTEMPS QUE JE T'AIME, *roman,* Flammarion, 1992 ; J'ai lu.
L'IMPÉRATRICE, Grasset, 1993 ; Livre de Poche.
UNE PERSONNE DÉPLACÉE, Grasset, 1996 ; Livre de Poche.
LE ROMAN D'UN INCONNU, Grasset, 1998 ; Livre de Poche.
LE ROMAN DU VISAGE, Plon, 2000 ; Pocket.
MOI, DORA MAAR, Plon, 2002 ; Pocket.
LE REGARD DE LA GRENOUILLE, Plon, 2003 ; Pocket.
DERNIÈRE MISE EN SCÈNE, Plon, 2005 ; Pocket.

Nicole Avril

Dictionnaire de la passion amoureuse

Plon

ISBN 10 : 2-259-20303-5.
ISBN 13 : 978-2-259-20303-6.

Pour Jean-Pierre Elkabbach

Préliminaires

Depuis la Passion du Christ et le supplice des martyrs chrétiens, le mot *passion* exprime une souffrance fatale. Dans l'ancien français, il désignait encore une douleur physique, mais il prend à l'époque de Ronsard sa signification moderne. La passion devient au XVIe siècle une grande souffrance provoquée par l'amour.

Au pluriel, les passions regroupent tous les tumultes, toutes les tempêtes et tous les emportements caractériels. Descartes écrit le *Traité des passions de l'âme.* Quant à Spinoza, il voit dans les passions les formes passives et douloureuses du désir.

Seule la passion amoureuse va ici retenir notre attention. Son territoire est vaste, accidenté. Les plus grandes œuvres et les pires crimes l'agrémentent. On l'espère. On la redoute. Elle fascine. Sous l'oriflamme de la passion, comment ne pas se montrer subjectif et paradoxal ? Peu de sentiments ont autant séduit, peu d'émotions ont suscité à la fois une telle attirance et une telle répulsion. Le domaine de la passion amoureuse est le pays des oxymores. On parle à son propos de délicieuse catastrophe, de trop douce mort et de brûlure suave. On souffre trop pour ne pas désirer souffrir davantage.

Les foules se rassemblaient autrefois autour des gibets. Ainsi la passion des autres fait-elle de chacun d'entre nous un voyeur. Elle ne manque pas de générer des œuvres et des vocations. Il arrive même que le plus asocial et le plus morbide des sentiments se donne les apparences d'un rite initiatique. Ne faut-il pas traverser son buisson ardent pour justifier de sa vie ? Émules du Perdican de Musset, quelques pâles romantiques sont prêts à témoigner : « On se retourne pour regarder en arrière, et on se dit : J'ai souffert souvent, je me suis trompé quelquefois, mais j'ai aimé. C'est moi qui ai vécu, et non pas un être factice créé par mon orgueil et mon ennui. »

Mais voilà, ce n'est pas d'amour dont il s'agit dans ce livre. La passion n'est pas l'amour. Entre les deux, il n'y a pas seulement une différence d'intensité mais de nature. Que la passion emprunte plus à la haine qu'à l'amour, au désir affamé de posséder l'autre qu'à l'altruisme, au narcissisme qu'à l'abandon de soi, au désir d'absolu qu'à la sensualité, au rêve qu'à la réalité, à la création qu'à la nature, on met souvent toute une vie à le découvrir.

Si l'on souhaite aller plus vite, mieux vaut lire ou relire *La Duchesse de Langeais* du superbe Honoré de Balzac : « Elle n'aimait pas, elle avait une passion... L'amour et la passion sont deux différents états de l'âme que poètes et gens du monde, philosophes et niais confondent continuellement. L'amour comporte une mutualité de sentiments, une certitude de jouissances que rien n'altère. La passion est un espoir qui peut-être sera trompé. Passion signifie à la fois souffrance et transition... Toutes les discussions écrites ou verbales, faites sur les sentiments, peuvent donc être résumées par ces deux questions : Est-ce une passion ? Est-ce l'amour ?... »

Il est cependant plus facile de tracer une frontière entre l'amour et la passion dans les œuvres que d'en faire le départ pour son propre compte. Le créateur a balisé le terrain. Dans *Anna Karénine*, le génie de Tolstoï définit avec clarté les contours. À savoir, deux couples représentant deux états sentimentaux bien distincts : d'un côté la passion avec Anna et Vronski, de l'autre l'amour avec Kitty et Levine. Mais dans la vie, dans la vraie vie, la vôtre, la mienne, dites, dans la vraie vie, est-ce toujours aussi clair ?

Nombre de passions seraient devenues de belles et grandes amours, si Dieu ou le diable leur avait prêté vie. Certaines sombrèrent dans la tragédie. Ainsi la pire des catastrophes vint-elle cruellement interrompre le beau chant d'amour d'Héloïse et d'Abélard. D'autres passions n'étaient pas partagées. Ils ont souffert mille morts, ceux qui aimaient à la folie et n'étaient pas aimés. Ils ont attendu en vain qu'en eux vienne l'oubli.

Les interdits ont aujourd'hui été levés et les règles morales et religieuses ne s'opposent plus en principe au bonheur des amants. Reste l'indifférence de l'autre, ses mensonges, voire ses trahisons, c'est le plus insurmontable obstacle à cette passion obsessionnelle dont chaque échec aggrave l'exigence et aiguise la douleur.

Comment la passion fascine-t-elle à ce point ? Comment une émotion si peu convenable, comment un phénomène affectif si contraire aux bonnes mœurs, comment un délire provoquant une telle hémorragie de sentiments dans le courrier du cœur mais aussi *Du côté de chez Swann*, peut-il poursuivre vaille que vaille son chemin semé de serments et de crimes, de sacrifices et de chefs-d'œuvre, de souffrances et de masochisme, de folies et de mysticisme ? Pourquoi enfin, est-ce toujours dans l'Autre, mon autre, aimé, rêvé, fantasmé, que je crois me trouver alors qu'en lui je m'oublie et me perds sans cesse ?

Il y a passion, semble-t-il, quand l'agressivité l'emporte sur le partage, la haine sur l'amour, la volonté de dominer sur le désir, la gloutonnerie sur la délectation, la guerre sur la paix, la griffe sur la caresse, l'obsession sur la mélodie, le cri sur le chant, le meurtre sur la volupté. La passion serait à l'amour ce que le cannibalisme est à la gourmandise.

A

Abîme

Les lois de l'alphabet seraient-elles significatives ? Obéiraient-elles à quelque hasard objectif ? Commençant par le *a*, mieux par le *ab*, nous voici contraints d'aborder le sujet au plus bas, dans ses abysses mêmes. Les deux mots *abîme* et *abysse* ont une origine commune. Du grec *a-bussos*, sans fond.

Dans toutes les œuvres, dans toutes les confessions, dans toutes les vies qui parlent de passion, le mot *abîme* revient sans cesse. On sombre dans l'abîme. On peut s'y abîmer à jamais.

Il arrive même que cet abîme soit le comble de la volupté. Non seulement la petite mort, mais la grande, la vraie. Écoutez le Tristan de Wagner : « Je me plonge et m'abîme sans conscience, ô volupté ! » Écoutez Roland Barthes. Il consacre le tout premier de ses *Fragments d'un discours amoureux* au mot *abîme* : « Soit blessure, soit bonheur, il me prend parfois l'envie de m'abîmer. » Et encore : « De bonheur, cette fois-ci, la même bouffée d'anéantissement me vient... je tombe, je coule, je fonds. »

On est seul dans le désespoir, il faut de même être seul au comble du ressassement amoureux pour que ce bonheur-là atteigne à des dimensions inouïes. C'est peut-être le bonheur qui suit la première rencontre, celui de la révélation d'une émotion ou d'un plaisir nouveau, la survenue de ce qu'on n'attendait plus. Un bonheur d'une telle voilure ne s'apprécie vraiment que dans l'abîme de son for intérieur.

Je le recueille loin des autres, loin de la personne même qui l'a suscité. Je tente dans le secret de le rassembler en moi. Il a excédé mon imagination et il excède maintenant le souvenir que j'en garde. Il est si dense qu'il m'épuise. Alors je lui laisse toute la place. Sous son emprise et sa douceur, j'ai l'impression de me détacher de moi-même. Freud pensait que de l'abîme à l'extase il n'y avait que l'espace d'un coït cérébral.

Il peut aussi arriver que la passion de l'autre soit plus forte que la mienne. Il aime toujours trop, celui qui m'aime plus que je ne l'aime. Il me harcèle. Je le sens m'étouffer et j'ai peur de devenir sa proie. J'ai beau me débattre, je me sens prise au piège. Celui qui me veut du bien, le gros boa constricteur, cherche à me digérer. Benjamin Constant fait dire à Adolphe : « C'est un affreux malheur de n'être pas aimé quand on aime ; mais c'en est un bien grand d'être aimé avec passion quand on n'aime plus. »

Le plus souvent, hélas, l'abîme menace et la passion s'en va danser au bord du gouffre. Les deux valseurs portent des dossards. L'un celui de l'amour, l'autre celui de la mort. La valse tourne alors au combat. Déjà Anna Karénine dit à Vronski : « Tu veux à tout prix savoir qui de nous deux l'emportera... Si tu savais combien, lorsque je te vois ainsi hostile – oui, c'est le mot, hostile –, je me sens sur le bord d'un abîme, combien j'ai peur, peur de moi-même ! »

Sans doute y a-t-il une part de comédie chez Anna. Tolstoï se plaisait à souligner les caprices d'un personnage qu'il n'aimait pas et qu'il avait créé au plus noir de ses propres interrogations. Cependant, c'est au moment même où Anna surjoue son rôle, qu'elle en vient à découvrir l'abîme qui s'est creusé devant elle et qu'elle ne pourra plus éviter.

Julie de Lespinasse finit sa jeune vie et sa dernière lettre au comte de Guilbert par ces mots poignants : « Si jamais je revenais à la vie, j'aimerais encore à l'employer à vous aimer ; mais il n'y a plus de temps. » La passion et la maladie la tuent : « ... l'affaiblissement de tout mon être me fait fuir les convulsions de la passion. Je voudrais me reposer, je voudrais respirer, je voudrais essayer ce que peuvent les sentiments les plus vrais et l'amitié la plus tendre, pour la consolation d'une créature abîmée de douleur et de malheur depuis tant d'années ! »

À tant parler d'abîme, Werther ne pourrait-il pas éviter d'y tomber ? « Les bras étendus, j'étais là devant l'abîme, et, haletant, je brûlais de m'y jeter ! Je me perdais dans l'idée délicieuse d'y précipiter mes tourments, mes souffrances, de m'abîmer dans le mugissement des vagues. » Et encore : « Pourquoi aurais-je honte de l'avouer dans ce terrible moment où tout mon être frémit entre l'existence et le néant, où le passé luit comme un éclair dans le sombre abîme de l'avenir, où tout ce qui m'environne s'écroule, où le monde périt avec moi ? N'est-ce pas la voix de la création refoulée en elle-même, défaillante, s'abîmant sans ressources au milieu des vains efforts qu'elle fait pour se relever, que de s'écrier : “Mon Dieu ! Mon Dieu ! Pourquoi m'avez-vous abandonné” ? »

Goethe écrit *Les Souffrances du jeune Werther*. Il a vingt-cinq ans. Le succès est fracassant. On s'habille dans toute l'Europe à la Werther et à la Lotte (son aimée, trop chastement aimée). Plus grave, on se suicide à la Werther. Napoléon confiera à l'auteur avoir lu *Werther* pas moins de six ou sept fois. Indigné à la fin de sa vie de voir les grands de ce monde ne pas hésiter à envoyer à la mort des milliers et des milliers d'hommes, parfois des millions, Goethe en arrivera à s'exclamer : « Et après cela, on vient demander des comptes à un écrivain, on condamne une œuvre qui, mal comprise par quelques esprits bornés, a tout au plus débarrassé le monde d'une douzaine d'imbéciles et de propres-à-rien. »

Verlaine est en prison. Rimbaud va bientôt partir pour toujours. *Une saison en enfer* est à l'opposé du suicide à la Werther. Rimbaud est un orpailleur qui trouve des pépites au fond du gouffre. Il écrit pourtant, pastichant le ton bigot de son amant emprisonné : « Peut-être devrais-je m'adresser à Dieu. Je suis au plus profond de l'abîme, et je ne sais pas prier. »

Dans ces zones abyssales, même les larmes se tarissent. L'autre, le tant aimé, le trop aimé, a disparu, englouti par sa propre indifférence ou par la mort. Je demeure et je suis seul. L'absence de l'autre, surtout quand cette absence se révèle définitive, est l'abîme des sens et de la pensée. On entre alors dans le vertigineux louvoiement maniaco-dépressif. Il y a parfois de l'exaltation au fond de la douleur et certains abattements comateux ont la douceur des rémissions.

Gide retrouve l'écriture étymologique du mot abîme pour créer l'expression *mise en abyme*. Il s'agit par un double jeu de miroirs de multiplier à l'infini une image. De jouer au ping-pong avec soi-même. De faire dialoguer le créateur avec sa créature. C'est le théâtre dans le théâtre ou le film dans le film. C'est aussi Narcisse qui se penche sur le miroir des eaux. Il trouve son image à son goût. Il croit découvrir l'infini dans sa propre beauté et cette mise en abyme ne lui apporte que la mort. À peine s'est-il rencontré qu'il se noie en lui-même.

Que dire de la part du narcissisme dans la passion ?

Adultère

Je croyais, enfant, que l'âge adultère succédait tout naturellement à celui de l'adolescence. Fâcheuse confusion.

L'adultère fut longtemps considéré comme la double violation de la foi conjugale et du contrat matrimonial. Tandis que l'Église et la société pourchassaient les époux volages, la condamnation pour adultère devenait à la fois l'obstacle majeur et le principal moteur de la passion.

Tout ne procède-t-il pas de l'adultère dans le domaine de la création, depuis l'épopée des premiers temps jusqu'au roman contemporain ? Si Hélène, la trop belle épouse de Ménélas, frère d'Agamemnon, n'avait pas été enlevée par Pâris, prince troyen, la guerre de Troie ne serait pas née dans l'esprit d'Homère. Les personnages de l'*Iliade* font déjà partie de la légende grecque avant même l'existence du grand poème épique. Homère n'estime pas nécessaire de revenir sur les événements qui ont déclenché cette guerre plus mythique que réelle. Il les suppose connus. Tout procède cependant du rapt initial et de l'adultère qui en résulta.

Quand l'*Iliade* commence, Hélène à la beauté plus qu'humaine coule à Troie des jours heureux et des nuits voluptueuses dans les bras du séduisant Pâris. Loin de se sentir victime, elle semble avoir souscrit de tous ses sens à son rapt. Elle en savoure avec grâce les délices. Pourtant les

Troyens, les Troyennes surtout, se mettent à sermonner leur captive. S'il comble ses propres désirs, son adultère risque d'entraîner les dieux et les hommes, sa nouvelle patrie et l'ancienne, dans un terrible bain de sang. Hélène ne peut que s'en effrayer – c'est une femme honnête – mais elle n'a pas la possibilité d'agir sur le déroulement d'événements qui la dépassent.

Ce sentiment d'irresponsabilité sera la constante de toutes les variables futures de la passion. On lui attribuera divers noms : fatalité, philtre, aliénation, démence, circonstances atténuantes, prédestination. Et puis Racine viendra. Et puis ce sera Vénus, tout entière à sa proie attachée... Je n'y suis pour rien, messieurs les juges, c'est une force en moi, un coup de folie. Elle m'a ensorcelé. C'est un ogre, mesdames les jurées, ou peut-être le Minotaure.

En ce qui concerne Hélène, la jeune femme a vraiment l'innocence de sa beauté. Elle n'a pas choisi ce singulier destin qui lui fait engendrer les voluptés et les malheurs des hommes. Impossible d'arrêter une guerre que les dieux ont programmée. Au reste, n'est-il pas dit dans l'*Odyssée* du même Homère que « les dieux donnent des malheurs aux humains pour que les générations suivantes aient quelque chose à chanter... » ? L'imagination du poète répond aux souhaits des dieux et Homère se fait le chantre des humains. Au commencement était l'adultère...

Le poème sanskrit *Gita-Govinda*, qui évoque les amours adultères du dieu Krishna avec la vachère Radha, ne dit pas autre chose.

Au XIIe siècle, les différentes versions de *Tristan et Iseult* se rejoignent pour créer le mythe européen de l'adultère (cf. *L'Amour et l'Occident* de Denis de Rougemont). Le philtre que la servante, se trompant de récipient, donne à boire à Iseult et à Tristan suscite en eux une passion réciproque et irréversible. Le roi Marc, qui a élevé Tristan comme son fils, a demandé à son protégé d'aller chercher Iseult dont il compte faire son épouse. C'est à bord du bateau de retour que la passion les enivre.

Le philtre est à la fois la fatalité et l'alibi. Je ne m'appartiens plus, je sombre, je m'abandonne, je ne suis plus moi-même, je suis l'autre, l'autre devient moi. « Nous avons perdu le monde, gémit Iseult, et le monde nous perd. »

Pour Denis de Rougemont, les amants malgré eux n'ont jamais désiré que leur propre mort, parce qu'ils sont, comme les troubadours et les trouvères, sous l'influence des cathares. Selon ces derniers, le monde est mauvais et la chair mauvaise. Monde et chair ne peuvent avoir été créés par Dieu. Ainsi sont-ils la création du mal, celle de l'ange déchu Lucifer. Dans un monde pareil, les purs sont amenés à désirer une mort qui seule conduit au souverain bien.

Tristan n'est-il pas déjà né d'une double mort, celle de sa mère et celle de son père ? « Quand mon père m'engendra et mourut, quand ma mère me donna le jour en expirant, la vieille mélodie arrivait aussi à leurs oreilles, languissante et triste... Pour quel destin suis-je né ? Pour quel destin ? La vieille mélodie me répète : Pour désirer et pour mourir ! Pour mourir de désirer ! »

Et c'est justement ce même roi Marc qui lui a tenu lieu de père et de mère que Tristan s'apprête à trahir sous l'empire du philtre. Toute honte bue.

Avant la première représentation, maintes fois repoussée, du *Tristan et Isolde* de Wagner, le *München Volksbote* écrivait : « Vendredi, l'adultère, non sans tambours ni trompettes, avec musique d'avenir intégrale, sera représenté sur la scène du Théâtre national de cour. Assurément bien des gens se permettront de remarquer qu'il n'est ni “courtois” ni “national” de célébrer avec éclat et gloire l'infraction au sixième commandement. »

Le roman de Mme de Lafayette, *La Princesse de Clèves*, pose lui aussi la question de l'adultère. En ce XVIIe siècle, dévots et libertins ne reconnaissent à la femme qu'un choix de vie peu engageant, la tyrannie conjugale ou la tyrannie passionnelle. Le mariage n'est qu'une raison sociale. Le renoncement et le séjour à vie dans un cloître permettent seuls de sublimer la passion. C'est dans ce décor que Mme de Lafayette va publier, de manière anonyme, *La Princesse de Clèves*. Premier roman. Épure de roman.

La jeune princesse de Clèves est aimée passionnément par le duc de Nemours qu'elle aime tout autant sans pourtant céder à ses avances. Elle a la maladresse et l'honnêteté d'avouer à son mari sa passion pour un autre. Cet adultère non consommé aggrave la maladie de son mari. Sans doute le prince de Clèves se laisse-t-il mourir de désespoir. La princesse s'estime assez coupable pour renoncer à son amour et pour se retirer dans un couvent. Récit austère et précieux, il fait de Mme de Lafayette une émule de Rancé, le refondateur de la Trappe, mais aussi celle d'un Racine qui pare de tant de grâces la tristesse de Bérénice.

Anna Karénine, elle, ne renonce pas, même si le désespoir de son mari et la détresse de son fils lui font tenter un retour à ce domicile conjugal qu'elle ne tarde pas à fuir de nouveau. Elle est faible et sa passion pour Vronski est forte. Elle en mourra. Mais peut-être meurt-elle de ne pas pouvoir vivre avec lui et de ne pas pouvoir vivre sans lui. Tolstoï écrit : « Quant à lui, il se sentait pareil à un assassin devant le décor inanimé de sa victime, ce corps immolé par lui, c'était leur amour, la première phase de leur amour. Il se mêlait je ne sais quoi d'odieux au souvenir de ce qu'ils avaient payé du prix effroyable de leur honte. Le sentiment de sa nudité morale écrasait Anna et se communiquait à Vronski... »

Un siècle plus tard, Albert Cohen prendra à son tour le chorus. Il n'aime pas plus son Ariane que Tolstoï n'aimait son Anna. Il écrit dans *Belle du Seigneur* : « En vérité, en vérité, je vous le dis, l'épouse qui presse le furoncle du mari..., c'est autrement plus grave et plus beau que les coups de reins et sauts de carpe de la Karénine... car l'Anna aime le corps de l'imbécile Wronski et c'est tout, et toutes ses belles paroles ne sont que vapeurs et dentelles recouvrant de la viande... Mais si une maladie glandulaire avait rendu Wronsky obèse, trente kilos de graisse sur le ventre c'est-à-dire trois cents plaques de beurre sur le ventre, de cent grammes chacune, serait-elle tombée en amour à leur première rencontre ? Donc viande, et qu'on se taise ! »

Toujours dans *Belle du Seigneur* : « Rentrée chez elle, elle comparera son mari au fournisseur de pouahsie (*sic*), et elle le méprisera. Tout lui sera motif de dédain et jusqu'au linge sale de son mari. Comme si don Juan ne donnait pas ses chemises à laver ! »

Belle « pouahsie », en effet, qui voue le destin des femmes au lavage des chemises du mari ! Pour un peu, on en reviendrait à la lapidation de la femme adultère. Dans l'Évangile selon saint Jean, plus tardif que les trois autres, l'auteur tient à mettre en évidence un Christ en rupture complète avec le judaïsme. Les Pharisiens disent à Jésus : « Maître, cette femme a été surprise en flagrant délit d'adultère. Or, dans la Loi, Moïse nous a commandé de lapider ces femmes-là... » Il leur dit : « Que celui d'entre vous qui est sans péché lui jette le premier une pierre. » Et Jésus de conclure : « ... Je ne te condamne pas. Va ; désormais ne pèche plus. »

Adultère. Aujourd'hui, le mot a quelque chose d'archaïque. Religion et morale n'osent plus guère l'employer. On ne parle ni de femme adultère, ni d'homme adultère. Au reste, il n'y a jamais eu d'hommes adultères dans nos civilisations au long passé machiste. Les hommes n'ont pourtant pas manqué d'être infidèles à leurs femmes et d'en changer à leur guise (ou selon leurs moyens). La réprobation sociale et religieuse concerne les femmes exclusivement.

À présent, il n'est pas nécessaire d'être marié pour vivre une vie de couple, et, si l'on se marie, on pense le faire par amour et même par passion. L'intimité du couple, marié ou non, hétérosexuel ou homosexuel, la fidélité des impétrants, la durée et l'intensité de leur amour, ne regardent qu'eux-mêmes.

Voire ! C'est à présent les enfants des amants désunis qui souffrent parfois de la brutale séparation des parents. Il est certes moins culpabilisant de parler de familles recomposées que de femmes adultères, mais il est toujours impossible d'éviter, avec les aléas de la passion, la douleur des autres.

Tolstoï est en cela notre contemporain plus qu'il n'y paraît. Son Anna souffre avant tout, et le lecteur avec elle, de ce qui la sépare de son enfant. Sa déchéance sociale, ses agaçants caprices, sa passion sensuelle et autodestructrice nous émeuvent, sa fin tragique nous bouleverse, mais la souffrance du petit Serge est pour Tolstoï le plus cruel stigmate sur le beau visage de celle qui l'obsède, « cette Anna Karénine exécrée... ».

Agapè

Agapè est un mot grec qui signifie « affection » et que le christianisme va infléchir vers « charité ». Peu à peu, il se met à caractériser l'amour chrétien. On parlera d'agapes pour désigner un repas pris en commun en signe de fraternité chrétienne.

De même que dans la chronologie historique, il y a l'avant et l'après Jésus-Christ, on peut se demander si, en amour, il y eut aussi l'avant et l'après Jésus-Christ. Ceux qui vivaient au tout début du premier siècle n'avaient évidemment pas le sentiment d'être différents de ceux qui les avaient précédés et le nouveau calendrier n'est apparu que des siècles plus tard.

Avant Jésus-Christ, l'Éros est le désir du corps de l'autre. C'est un désir érotique qui s'élève (ou qui devrait s'élever) du corps de l'autre vers une signification transcendante. En termes moins philosophiques, il convient pour satisfaire l'ancien Éros de prendre son plaisir sans se laisser submerger par ses émotions. Mieux vaut raison que passion. La passion amoureuse est en effet une maladie pour les Anciens. Il faudra attendre le début du deuxième millénaire et l'amour courtois pour qu'elle devienne en Occident une *délicieuse catastrophe*.

Le choc initial, répercuté de proche en proche par la sensibilité des croyants, fut le message d'amour du Christ. C'était cela la nouveauté de l'an 1. Le mot Amour devait avoir désormais l'avantage sur la Raison des uns ou sur la

Loi des autres. Le christianisme définit Dieu par le terme « amour », comme le Christ a voulu régler les relations entre les hommes par la grâce de ce même amour.

Paul, dans son Épître aux Galates : « Il n'y a plus ni Juif, ni Grec ; il n'y a plus ni esclave ni homme libre ; il n'y a plus ni homme ni femme ; car tous, vous êtes un en Jésus-Christ. » C'est l'amour du prochain en réponse à l'amour de Dieu. Que peut ce désir d'amour, et même cette volonté, quand les structures sociales sont et restent inégalitaires ? L'Agapè, qui peut à la rigueur modifier les relations entre les êtres, est bien incapable de changer la société.

L'Agapè triomphante va s'empresser de disqualifier l'ancien Éros. L'amour sexuel ne serait plus nécessaire qu'à la procréation. De plus, le désir détournerait au profit de la créature un amour destiné au seul et unique Créateur. On reproche aussi au désir de faire perdre le contrôle de soi, alors que les Anciens pensaient que la satisfaction des désirs permettait de mieux tenir l'affectivité en lisière.

Saint Augustin : « Dans cette soumission des organes génitaux aux seules impulsions de la *libido*, hors de tout contrôle de la volonté, apparaît à l'évidence la punition infligée à l'homme pour cette première désobéissance [le péché originel]. »

Avec le christianisme, une véritable antinomie oppose le désir et le mariage. On aura beau valoriser et sanctifier le mariage pour mieux en faire la clef de voûte de la famille, du droit, de la société et de la monarchie, il n'en devient pas plus érotique. À des époux qui ne se choisissent pas, on prêchera l'amour mais on ne l'obtiendra pas souvent. La piétaille devra se coltiner un mariage, imposé et aride, dont seuls les gauloiseries et le carnaval pourront la distraire, tandis que l'élite, grâce à l'amour courtois, se plaira aux subtiles et sulfureuses rencontres d'Éros et d'Agapè.

Si le roman a poussé sur les terres volcaniques de la passion, il n'a pourtant pas disqualifié l'Agapè. Dans *Anna Karénine*, et en opposition avec cette passion qui brûle et qui dresse l'un contre l'autre Anna et Vronski, Tolstoï ménage une place privilégiée à un amour d'inspiration chrétienne, même si le personnage de Lévine (très proche de son auteur) ne se dit pas croyant : « Lévine avait pour la mémoire de sa mère un véritable culte ; il lui semblait impossible d'épouser une femme qui ne fût point la réincarnation de cet idéal adoré. Il ne concevait pas l'amour en dehors du mariage ; bien plus, c'est à la famille qu'il pensait tout d'abord et ensuite à la femme qui la lui donnerait... Il considérait le mariage comme l'acte principal de l'existence, celui dont dépendait tout notre bonheur. »

Au siècle suivant, Albert Cohen lui fait écho et montre par là que l'Agapè n'est pas l'apanage du seul christianisme : « Et pourtant il n'y a rien de plus grand que le saint mariage, alliance de deux humains unis non par la passion qui est rut et manège de bêtes et toujours éphémère, mais par la tendresse, reflet de Dieu. Oui, alliance de deux malheureux promis à la maladie et à la mort, qui veulent la douceur de vieillir ensemble et deviennent le seul parent l'un de l'autre. »

Le roman de Boris Pasternak, *Docteur Jivago*, se déroule en Russie dans la première moitié du XXe siècle. Doublement adultère, l'amour de Jivago et de Lara semblerait passionné et noir dans un monde normal, mais il paraît simple et lumineux dans cet univers chaotique, partagé entre les horreurs commises par les Rouges et les atrocités commises par les Blancs. Pour ces deux naufragés, leurs rares rencontres sont des éclairs de vie au fond des ténèbres : « Ils s'aimaient non parce qu'ils ne pouvaient faire autrement, non parce qu'ils étaient "embrasés par la passion", comme on dit en peignant faussement l'amour. Ils s'aimaient parce que tout autour d'eux le voulait : la terre sous leurs pieds, le ciel au-dessus de leurs têtes, les nuages, les arbres... Jamais même dans le bonheur le plus généreux, le plus fou, jamais ils n'avaient oublié leur plus haut, leur plus émouvant sentiment : le sentiment bienheureux qu'ils aidaient eux aussi à façonner la beauté du monde, qu'ils avaient un rapport profond avec l'ensemble, avec toute la beauté, avec l'univers entier. »

L'Amour de l'amour

« Peu d'hommes seraient amoureux, s'ils n'avaient jamais entendu parler d'amour. » La formule est de La Rochefoucauld. Certains attribuèrent à ce même duc de La Rochefoucauld, brillant et désabusé, la paternité de *La Princesse de Clèves*, roman publié de manière anonyme par son amie et amante Mme de Lafayette.

Amour de l'amour. Passion de la passion. Désir d'être passionnément amoureux avant même de l'être. N'est-ce pas aussi cela, le hasard objectif de la rencontre, et le philtre, et la fatalité ? Pour le radical pessimiste qu'est La Rochefoucauld, le besoin mimétique crée le manque et le manque la passion. Elle frapperait selon lui à la porte qu'on lui a déjà ouverte.

Sans doute la passion surgit-elle parfois là où on ne l'attendait pas, dans une société où elle n'était pas censée exister. En Chine, on n'était pas loin de penser autrefois que l'idéologie de la passion malheureuse était une sorte de maladie occidentale. Cette condamnation ne décourageait pas toujours l'ardeur des amants, mais ils étaient l'exception et leur flamme brûlait de manière inavouable. Aujourd'hui, avec le cinéma et la mondialisation des sentiments et des émotions, l'influence occidentale fait éclore en Chine toutes les formes connues ou inconnues de la passion amoureuse.

Né de la Passion du Christ, l'Occident, quant à lui, n'a pas cessé d'être fasciné jusqu'au masochisme par ses propres passions. Ainsi Chrétien de Troyes : « Ma douleur est ma santé... et tant de joie dans ma douleur que je suis malade avec délices. »

Dans les *Lettres portugaises,* la religieuse Mariane écrit de son couvent où son bel amant français l'a tour à tour aimée et abandonnée : « J'ai éprouvé que vous m'étiez moins cher que ma passion. »

Ses lectures, sa passion de la passion, poussent Emma Bovary, cette don Quichotte de l'amour, vers des hommes qui ne sont pas son genre, pas plus qu'Odette de Crécy, chez Marcel Proust, n'est celui de Swann. L'amour peut être clairvoyant, la passion est toujours aveugle.

Julie de Lespinasse confie, blessée à mort par la maladie et l'infidélité de son amant : « Oui, il y a une espèce de douleur qui a un tel charme, qui porte une telle douceur dans l'âme, qu'on est tout prêt à préférer ce mal à ce qu'on appelle plaisir. »

L'Amour et l'Occident

Publié en 1938 et modifié par son auteur pour sa réédition en 1956, le livre de Denis de Rougemont, *L'Amour et l'Occident*, est important. Son propos n'est pas tant l'amour, comme son titre le laisserait entendre, que ce que Stendhal appelle l'amour-passion. C'est un livre marquant et il m'a impressionnée au point que ce présent *Dictionnaire* n'égrènerait pas son alphabet de la passion si son auteur n'avait pas lu *L'Amour et l'Occident* à cet âge où tout est encore à vivre. On peut par la suite contester certaines des hypothèses qu'énonce Denis de Rougemont, et même quelques-unes de ses conclusions, son raisonnement n'en est pas moins impeccable et la lecture du livre *passionnante.*

Denis de Rougemont se confie : « J'ai vécu ce livre pendant toute mon adolescence et ma jeunesse... je l'ai nourri de quelques lectures depuis dix ans ; enfin je l'ai rédigé en quatre mois. Cela me rappelle le mot de Vernet, à propos d'un tableau qu'il vendait assez cher : "Il m'a demandé une heure de travail, et toute la vie." »

Dès qu'il s'agit de passion, n'est-ce pas toujours sa vie, sa vie entière, qui se joue à chaque page ? En fait, si Denis de Rougemont place la passion au centre de son œuvre, c'est pour mieux tenter de s'en débarrasser. Après lui, Albert, le magnifique, fera lui aussi sa fête à ladite passion, et sur plus de mille cent pages, dans son roman *Belle du Seigneur.*

En attendant, Rougemont est furieux. Il veut terrasser la

maudite comme Lohengrin le dragon. Et s'il va au combat, ce n'est pas pour se faire plaisir, mais parce qu'il y a péril en la demeure. Démocratisée et vulgarisée par le roman et par le cinéma, cette folie furieuse s'apprêterait à envahir nos contrées.

Dans sa préface qu'il nomme au reste *avertissement*, il semble se prémunir contre un échec : « Cette manière me vaudra bien des reproches. Les amoureux me tiendront pour cynique, et ceux qui n'ont jamais connu la vraie passion s'étonneront de m'y voir consacrer tout un livre. Les uns diront qu'à définir l'amour, on le perd ; les autres, qu'on y perd son temps. À qui plairai-je ? À ceux qui veulent savoir, peut-être, ou même guérir ? »

Il a vécu assez longtemps pour être rassuré. Son livre a plu, son livre a passionné, même s'il n'a pas guéri ceux qui sont atteints et rongés par le virus de la passion. La permissivité des mœurs a peut-être été un remède plus efficace, encore que... mais nous en débattrons ailleurs. Je fais partie d'une génération qui, dans sa prime jeunesse, a dévoré *L'Amour et l'Occident*, cherchant à comprendre sa propre folie, la redoutant et la souhaitant tout à la fois. Passion, es-tu là ? Frappe seulement un coup et ma soif sera assouvie.

Pour Denis de Rougemont, tout a commencé au XIIe siècle avec l'amour courtois. La première phrase de *Tristan et Iseult* donne déjà la définition de la passion : « Seigneurs, vous plaît-il d'entendre un beau conte d'amour et de mort ?... »

Amour et mort. Amour mortel. Le charme, c'est-à-dire le chant magique, est né de la rencontre de ces deux mots, amour et mort. L'amour courtois, que troubadours, trouvères et ménestrels vont célébrer sur les terres de l'Europe occidentale, vient de loin. Si l'influence gréco-latine est nulle, et celle de l'Extrême-Orient négligeable, en revanche celle des Perses – le poète Roumi écrit un gigantesque poème-fleuve de vingt-cinq mille vers d'amour – et celle des mystiques arabes, *via* l'Espagne, participent de ce même élan poétique et passionnel.

Partant du fait que l'hérésie cathare et l'amour courtois se développent au même moment, le XIIe siècle, et au même endroit (surtout dans le midi de la France), qu'ils témoignent l'un et l'autre, du moins aux yeux de Denis de Rougemont, d'une semblable et fatale inspiration, il les amène à coïncider. Les troubadours exposeraient dans leurs poèmes, écrits en langue vulgaire, les enseignements codés des cathares. C'est l'hérésie cathare, et non l'Église – l'officielle, la romaine –, qui aurait développé et transmis les dogmes de cette nouvelle religion fascinée par l'amour et la mort.

Dieu est Amour, disent les cathares, or le monde est mauvais, il ne peut pas être la création de Dieu. Le monde, le triste monde, a été créé par l'Ange révolté, Lucifer. Et ce Lucifer, *alias* Satan, a créé des hommes prisonniers de leurs corps et soumis aux lois de la procréation et de la mort. L'âme de ces hommes est restée au Ciel, auprès de Dieu. C'est le Christ qui a montré le chemin du retour à la Lumière. Pour les cathares, Jésus ne s'est pas incarné en un homme. Il en a seulement pris l'apparence. Ils rejettent le dogme de l'Incarnation car la frontière entre la chair et l'âme, le bien et le mal, les hommes et Dieu, se trouve si étanche que même le Christ ne peut la franchir.

Pour Denis de Rougemont, la condamnation de la chair n'est pas chrétienne, son origine est cathare. Tandis que le christianisme permet de sanctifier la chair grâce au mariage, l'hérésie juge condamnable tout attachement à un être créé par Lucifer. En effet, les cathares se divisent en deux groupes, ceux qui ont reçu le *consolamentum*, rite initiatique les vouant à la chasteté et à une intransigeante austérité, et les simples croyants qui peuvent se marier et vivre dans le monde en attendant que la mort les débarrasse de leur prison corporelle.

Au XIIIe siècle, la croisade contre les Albigeois détruit les cathares, leurs corps, leurs livres, leurs cités et leur haut lieu, le château de Montségur. Leur souvenir et leur influence n'en resteront pas moins vivaces.

Denis de Rougemont pense que le message cathare a été transmis par des générations et des générations de troubadours qui ont chanté l'amour courtois et remodelé de la sorte les mœurs de nombreuses cours européennes. Et que dit-elle, la mélodie du XIIe siècle ? Elle chante l'amour, fatal et voué au malheur. Elle affirme qu'il est d'autant plus délicieux qu'il se trouve fatal et malheureux.

La fatalité est garante de l'irresponsabilité des amants. Tous les obstacles qui s'opposent à leur union garantissent, un temps du moins, leur chasteté. C'est un amour perpétuellement insatisfait. Non pas platonique, car Platon faisait naître l'amour de la jouissance charnelle pour l'idéaliser ensuite, alors que la courtoisie place l'idéal *a priori*, quitte à l'oublier le moment venu.

Jaufré Rudel chante cet amour de loin. Traduite par René Nelli, j'avais placé cette strophe en exergue à mon premier livre, *Les Gens de Misar* :

> Jamais d'amour je ne jouirai,
> Sinon de cet amour de loin ;
> Je n'en sais plus noble et meilleure
> En nul endroit ni près ni loin.
> Pour son prix, si sûr et si fin,
> Je voudrais être dit captif
> Là-bas chez les rois Sarrasins !

Dans Jaufré Rudel, le chevalier n'a jamais vu sa dame, et, quand il traverse enfin la mer à la rencontre de la comtesse de Tripoli, c'est pour mourir dans ses bras après leur premier baiser.

La mélodie du malheur trouve un langage qui emprunte à la poésie arabe.

Omar Ibn al-Farid : « Le repos de l'amour est une fatigue, son commencement une maladie, sa fin, la mort. Celui qui ne meurt pas de son amour ne peut en vivre. » Repris par Chrétien de Troyes : « ... J'ai tant d'aise à vouloir que je souffre agréablement, et tant de joie dans ma douleur que je suis malade avec délices. » Quelques siècles plus tard, les grands mystiques espagnols trouveront à leur tour les mots du dépassement de soi et de l'extase. Thérèse d'Avila : « Ô brûlure suave ! C'est un martyre à la fois délicieux et cruel. L'âme ne voudrait jamais voir finir son tourment. »

L'amour du chevalier pour sa dame n'est pas toujours aussi chaste que le prétend Denis de Rougemont. Au reste, même le passage à l'acte est codifié. La dernière épreuve s'appelle l'*assag* ou *assai*. Nuit d'essai en fait, constituée elle aussi de plusieurs étapes :

— la dame décide de se montrer nue à l'homme qui l'aime. Il regarde à distance et ne touche pas. Exhibition et voyeurisme. Les avantages sont réciproques ;

— elle lui permet ensuite de passer toute une nuit dans son lit. Toutes les caresses sont autorisées hormis la pénétration ;

— on nomme *joi* la rencontre ultime où l'acte sexuel est censé célébrer à la fois la jouissance et la spiritualité.

Comment imaginer l'influence cathare dans ce code de l'amour courtois alors que l'hérésie manichéenne condamne la matière et l'acte de chair ? Sans doute Denis de Rougemont voyait-il déjà dans la jouissance des corps une dégradation de la courtoisie.

Au centre de la courtoisie, il y a *Tristan et Iseult*, le mythe fondateur de l'amour-passion. Orphelin de père et de mère, le jeune Tristan est élevé à la cour du roi Marc de Cornouailles. À peine pubère, il demande au roi l'autorisation d'aller combattre le monstre qui, sorte de Minotaure irlandais, se nourrit gloutonnement du corps des jeunes gens et des jeunes filles de la contrée. Il réussit à triompher de la bête immonde, mais il reçoit un coup d'épée empoisonnée et son mal promet d'être incurable. Désespéré, il prend la mer et aborde au rivage irlandais où la reine Iseult détiendrait le remède à son mal. Tristan doit taire son identité, le monstre qu'il vient d'occire était le frère de la belle reine. Elle le guérit sans savoir qui il est.

Quelques années plus tard, le roi Marc décide de prendre femme. Son choix se porte sur cette même Iseult dont un oiseau lui a livré à domicile un cheveu d'or. Il envoie aussitôt Tristan quérir celle qu'il veut épouser. Reconnaissant dans l'envoyé du roi Marc le meurtrier de son frère, Iseult menace de mort Tristan dans son bain, mais il lui révèle sa mission et elle lui fait grâce. À ce moment-là, Iseult tient à ce mariage avec le roi Marc de Cornouailles.

Sur le bateau du retour, les vents tombent et l'atmosphère devient pesante. On se croirait dans le Claudel du *Partage de midi*. Tristan et Iseult ont soif. Il faut faire quelque chose. Alors la servante, se trompant de récipient, leur verse du vin herbé, cette boisson magique que la mère d'Iseult avait préparée pour les futurs époux, Iseult et Marc. L'effet est instantané. Ils s'aiment, se le disent, se le montrent. Les vents se lèvent et l'amour est consommé en pleine mer.

Le bateau aborde trop vite au rivage du roi Marc. En guise de doublure, on dépêche sur la couche royale pour la nuit de noces la servante qui a commis l'erreur fatale. Dès le lendemain, le subterfuge est découvert et Tristan banni. On fait semer autour du lit d'Iseult de la fleur de blé pour que son territoire ne soit plus violé. Tristan revient une nuit et franchit d'un saut les jeunes céréales, mais il se blesse. Il laissera en témoignage d'adultère la trace de son sang sur le blé en fleur.

Iseult doit être pour sa peine livrée aux lépreux et Tristan condamné à mort. Il réussit cependant à s'évader et à délivrer Iseult. Ensemble, enfin ensemble, ils vont s'enfoncer dans la forêt et y vivre dans des conditions difficiles. Au bout de trois ans, quand le roi Marc les retrouve, ils sont endormis et l'épée de Tristan est placée entre leurs deux corps. Le roi croit y voir la preuve de leur chasteté et leur pardonne.

Iseult reprend sa place auprès du roi. Les amants n'en ont pas moins des rendez-vous clandestins chez le forestier. Dénoncée, Iseult doit alors se soumettre au jugement de Dieu. L'épreuve exige que la jeune femme se saisisse à main nue d'un fer rougi : s'il ne la blesse pas, preuve sera faite d'une innocence qu'Iseult ne cesse de clamer. Personne ne l'a prise dans ses bras, hormis l'homme qui vient de l'aider à descendre de la barque. Sa main subit l'épreuve sans dommage. C'était Tristan, déguisé en manant, qui avait déposé son Iseult de la barque sur la berge.

Prudence ou lassitude ? Le moment est venu pour Tristan d'en épouser une autre, une autre Iseult, Iseult aux blanches mains. Mais ce mariage, officiel celui-ci, ne sera jamais consommé. Tristan souffre de nouveau d'une terrible blessure. Il lui faut retrouver au plus vite la vraie Iseult, la sienne, qui seule connaît le secret de la guérison. Il attend le bateau de l'aimée. La voile sera blanche si elle se trouve à bord. Déjà Tristan ne peut plus quitter sa couche et c'est Iseult aux blanches mains qui doit guetter pour lui la venue de sa rivale. Elle ment, annonçant au malade que la voile est noire, alors qu'elle est bel et bien blanche. Tristan meurt et Iseult, son Iseult enfin retrouvée, s'en vient mourir près de lui.

Dans ses différentes versions du XIIe et du début du XIIIe siècle, *Tristan et Iseult* est pour Denis de Rougemont le roman lyrique de la passion et de l'adultère. En effet, l'institution du mariage chrétien y est en permanence bafouée. Non seulement le roi Marc est trahi par son fils adoptif et par celle qui a accepté de devenir sa femme, mais c'est avec la servante de son épouse qu'il est amené à coucher le soir de ses noces. Quant à Tristan, s'il s'obstine à coucher avec la jeune femme de celui qui lui tient lieu de père, il se révèle impuissant avec celle qu'il a lui-même choisi d'épouser. Les amants ont besoin qu'un obstacle s'interpose entre eux pour aviver leur passion.

Après avoir bu le philtre, Tristan pourrait emmener Iseult, qui ne demande que ça, vers d'autres rivages que ceux du roi Marc. Il n'est plus à une trahison près. Il va pourtant livrer au roi celle qu'il aime plus que tout. Trois ans après, quand ils seront découverts dans la forêt où ils ont fui, ils dorment tout habillés l'un près de l'autre, séparés par l'épée de Tristan. Se sont-ils imposé une chasteté volontaire pour éviter la satiété et l'ennui ? Denis de Rougemont y décèle un suicide symbolique. Selon lui, « les amants malgré eux n'ont jamais désiré que la mort ».

Il y voit la marque des religions manichéennes. La matière, la vie, l'amour – œuvres du diable – sont maléfiques et coupables. Le rachat, la revanche sur le philtre, ne peuvent s'accomplir que dans la mort. Aimer à la passion, c'est aimer à mort.

La longue tradition de l'amour-passion n'est pour Denis de Rougemont qu'une sécularisation et une profanation du mythe de Tristan. Exception faite de Wagner qui, dans son *Tristan et Isolde*, parvient à sublimer la passion par la tension du contrepoint et à offrir, avec son acte II, le plus fameux duo de l'histoire musicale, portant le mythe jusqu'à son ultime accomplissement avec la mort des amants.

Tout le reste, depuis la poésie de Dante, symbolisée par la dame, jusqu'à la passion profane de Pétrarque (« Ô mort vivante, ô mal délicieux ! »), de l'*Adolphe*, jusqu'à *Un amour de Swann*, en passant par *Le Lys dans la vallée* et *Madame Bovary*, ne constitue pour Denis de Rougemont que « les hoquets fatigués et bourgeois » d'une passion amoureuse qui, en perdant ses origines sacrées et manichéennes, a perdu sa signification et son âme. « Des images vaines sur un texte oublié. »

Il rattache tout ce qui concerne la passion amoureuse et ses dérivés à la tradition hérétique, lavant ainsi l'Occident chrétien de ses péchés afin de mieux glorifier le mariage. Sans doute prête-t-il à l'influence cathare une importance exagérée. L'hérésie cathare eut une influence au sud de la France sur la poésie chantée des ménestrels, mais il est peu probable que la légende de Tristan et d'Iseult, d'origine celtique, procédât d'une rencontre avec le monde hérétique.

Le christianisme, même s'il a toujours réfuté les théories manichéennes, n'a pas besoin des cathares pour redouter la chair, pour condamner le sexe et tous les débordements des sens. Il y a les Pères de l'Église pour ça, tout arc-boutés sur le précieux péché originel. Satan, l'ange déchu, n'a-t-il pas introduit le mal chez l'homme avec l'aide d'Ève, sa trop zélée assistante ?

Et Denis de Rougemont de fulminer, tel un Bossuet, tel un Albert Cohen : « ... la passion dont le besoin revient nous tourmenter n'est plus qu'une maladie de l'instinct, rarement mortelle, régulièrement toxique et déprimante, tout aussi dégradée et dégradante, par rapport au mythe de Tristan, que le serait par exemple l'alcoolisme par rapport à l'ivresse divine que chantaient les mystiques arabes. »

Et encore : « Le roi Marc est devenu le Cocu ; Tristan, le

jeune premier, ou gigolo ; Iseult, l'épouse insatisfaite, oisive et lectrice de romans... C'est la morale du romantisme, les droits imprescriptibles de l'amour, et elle implique la supériorité "spirituelle" de la maîtresse sur l'épouse. Quant au philtre, alibi de la responsabilité, on lui donne le nom romantique de "fatalité de la passion". »

Pour sa part, Georges Duby écrit dans l'*Histoire des femmes en Occident* : « ... la cour fut effectivement le lieu où le jeu de fine amour prit forme. En s'y livrant, en s'efforçant de traiter avec plus de raffinement les femmes, en démontrant son habileté à les capturer, non point de force, mais par des caresses verbales ou manuelles, l'homme de cour... marquait ainsi nettement ses distances à l'égard du vilain, rejeté sans recours dans les ténèbres de l'inculture et de la bestialité. La pratique de l'amour courtois fut en premier lieu, j'insiste sur ce point, un critère de distinction dans la société masculine. »

Georges Duby encore et pour conclure : « Ainsi, les rapports entre le masculin et le féminin prirent dans la société d'Occident une tournure singulière. Aujourd'hui encore, en dépit du bouleversement des relations entre les sexes, les traits qui dérivent des pratiques de l'amour courtois sont de ceux par quoi notre civilisation se distingue le plus abruptement des autres. »

Attente

Il faut en avoir goûté les impatiences et les désirs. Celui qui ne connaît pas l'attente n'a jamais éprouvé une vraie passion.

Comme le romancier crée son personnage, je crée l'aimé(e) au fur et à mesure de mon attente. Il n'est encore qu'un mirage. Alors je l'imagine. Avec son parfum. Avec sa chaleur. Avec la palpitation de son sang et de son sexe. Je le construis et je le déconstruis. Je le forme à ma forme. Je l'attends. Je le possède. Il va venir. Peut-être vais-je aller à lui. Tout est neuf. Tout est jeune. Tout est odorant. C'est le commencement. C'est le moment de l'espoir. Il faut en profiter.

Balzac dans *La Duchesse de Langeais* : « En amour, attendre, n'est-ce pas incessamment épuiser une espérance certaine, se livrer au fardeau terrible de la passion, heureuse sans les désenchantements de la vérité ? Émanation constante de force et de désirs, l'attente ne serait-elle pas à l'âme humaine ce que sont à certaines fleurs leurs exhalaisons parfumées ? »

L'Ariane d'Albert Cohen, dans *Belle du Seigneur*, passe son temps à se préparer, et, telle Vénus, n'en finit pas de barboter dans son bain aux heures heureuses des premières attentes : « Ô débuts de leur amour, préparatifs pour être belle, folie de se faire belle pour lui, délices des attentes, arrivées de l'aimé à neuf heures, et elle était toujours sur le seuil à l'attendre, sur le seuil et sous les roses, dans sa robe roumaine qu'il aimait. »

B

Baiser

Beauté

Belle du Seigneur

Brel, Jacques

Baiser

Le verbe « baiser », dérivé de *basium*, avait en latin une valeur érotique. On pouvait baiser soit la bouche, soit « la petite bouche ».

Le mot est entré en France pour désigner le baiser de Judas. Dès le XIIe siècle, il prend sa signification amoureuse qui inclut très vite un double sens, le baiser du haut et le baiser du bas. Le plus intime n'est pas toujours celui que l'on pense. Les prostitués des deux sexes ne vendent que celui du bas, préférant offrir gracieusement et amoureusement celui du haut.

Quand, à Lyon, quelques poètes réunis autour de Maurice Scève prirent le beau nom de Louise Labé pour oser une écriture charnue et sensuelle qui rompait avec les afféteries de cour, la langue du XVIe siècle donnait déjà au verbe « baiser » un second sens que les auteurs d'œuvres burlesques se plaisaient à utiliser. Il n'est pas impossible que les poètes lyonnais aient sous-entendu les ambiguïtés du mot dans le célèbre sonnet :

> Baise m'encor, rebayse moy et baise :
> Donne-m'en un de tes plus savoureus,
> Donne-m'en un de tes plus amoureus :
> Je t'en rendray quatre plus chaus que braise.

Longtemps le baiser fut la partie émergée des ébats amoureux, la seule que la censure hollywoodienne permettait de montrer à l'écran. Il devint même le symbole du *happy end* dans tous les mélos américains ou européens. Cependant, le baiser n'était pas qu'un trompe-censure. Il vivait dans la réalité ses beaux jours.

Je vous parle d'une époque où Brassens chantait « les amoureux qui se bécotent sur les bancs publics, bancs publics, bancs publics, ont une p'tite gueule bien sympathique ». En ce temps-là – crise du logement et lenteur des approches amoureuses – on s'embrassait partout, en tous lieux et par tous les temps. Ces baisers jetés à l'aveugle aux regards des autres, c'était la jeunesse des corps et la jeunesse de l'amour. C'était le flirt, mais ce n'était pas que l'hypocrisie du flirt. La liberté d'aimer était bien sûr contrainte par la peur de ses conséquences. La contraception balbutiait et était encore interdite. Les élans amoureux en étaient à la fois freinés et stimulés.

Il y avait aussi une soif de l'autre qui faisait qu'on s'embrassait à bouche que veux-tu (une expression que l'on n'entend plus guère, « à bouche que veux-tu »...) sur tous les bancs publics, sous tous les porches, dans tous les cinémas. Et ce n'était pas forcément une solution d'attente, un pis-aller, on s'embrassait encore et même de plus belle quand on s'était déjà aimés par d'autres voies.

Sans doute en vient-on aujourd'hui plus vite au fait. On n'éprouve plus les craintes d'autrefois. Il n'y a plus de porches depuis les codes digitaux. Les lèvres s'en vont butiner d'un portable l'autre, alors qu'elles devraient se consacrer à baiser la bouche de l'être aimé. Et si la crise du logement est de retour, on essaie pourtant de cohabiter dès que l'on croit s'aimer. On dirait que les bancs publics ont perdu de leur charme depuis le plan vigie-pirate. Dans les quartiers où la crise se fait le plus sentir, la censure des mœurs, la phobie de la moindre sensualité, l'état déplorable des relations entre filles et garçons rendent plus excitante la pratique du baston que ne le fut naguère celle du baiser.

Pour compléter cet éloge du baiser, encore faudrait-il insister sur ce que le baiser est en lui-même. À force de le définir en creux, comme un avant-goût du plaisir. À force d'en montrer les limites : une démonstration publique de ce qui doit être tenu secret. À force de rendre pudique ce qui ne l'est pas ct banal ce qui est toujours singulier même dans ses maladresses, on en viendrait à oublier le caractère intime et passionnel du baiser.

Il est plus facile de mentir par la bouche qui parle que par la bouche qui embrasse. Les prostitués et les neurobiologistes sont là pour nous le rappeler. Ce que d'aucuns appellent le *french kiss* est l'échange entre deux êtres qui met en jeu le plus de saveurs, de parfums et d'émotions, intimes et polymorphes. Par les lèvres jointes des amants, il y a des vies gémellaires qui s'échangent au rythme de leurs respirations et dans la pulsation de leur sang. On peut toujours éterniser cet échange qui, dans sa plénitude, se suffit à lui-même.

Beauté

L'être aimé, est-il beau parce que je l'aime ? Ou est-ce que je l'aime parce qu'il est beau ?

La beauté est le reflet de la passion. Certains auteurs, tel Platon, pensent qu'elle est à l'origine de l'amour. D'autres, tel Stendhal, sont enclins à la trouver clinquante, encombrante, voire gênante. Ce dernier reconnaît qu'elle joue cependant un rôle dans les premiers temps de l'amour : « Avant la naissance de l'amour, la beauté est nécessaire comme *enseigne*. Il faut que la laideur ne fasse pas obstacle. L'amant arrive bientôt à trouver belle sa maîtresse telle qu'elle est, sans songer à la *vraie beauté*... La beauté n'est que la promesse du bonheur. »

Bien vite, on voudrait que l'aimé(e) fût tout à soi, en posséder l'exclusivité, et on ne supporte plus que sa beauté soit livrée au regard du tout-venant. Il y a des tchadors qui se perdent !

Stendhal toujours, dans *De l'amour :* « Peut-être que les hommes qui ne sont pas susceptibles d'éprouver l'amour-passion sont ceux qui sentent le plus vivement l'effet de la beauté... Les femmes extrêmement belles étonnent moins le second jour. C'est un grand malheur, cela décourage la cristallisation. Leur mérite étant visible à tous, et formant décoration, elles doivent compter plus de sots dans la liste de leurs amants, des princes, des millionnaires, etc. »

Encore *De l'amour* : « L'air brillant de la beauté déplaît

presque dans ce qu'on aime ; on n'a que faire de la voir belle, on la voudrait tendre et languissante. »

Stendhal écrit aussi que la beauté des hommes est sans importance, on lui préférera une « beauté d'expression ». Sans doute prêche-t-il pour sa paroisse. À Grenoble, son oncle lui a dit dans sa jeunesse : « Tu es laid, mais on ne te reprochera jamais ta laideur, parce que tu as de la physionomie. »

La pensée amoureuse de Stendhal est à la fois subtile, intime et obsessionnelle. La beauté de la personne aimée n'est pas pour lui une donnée nécessaire, encore moins suffisante. En revanche, c'est le processus de cristallisation qui lui permet de nimber peu à peu l'être aimé d'une beauté singulière (cf. dans ce dictionnaire l'entrée Cristallisation). Aux yeux de l'amant, l'aimée appartient seule au royaume de l'incomparable.

À charge pour elle de refléter à ses yeux toute la beauté du monde : « ...tout ce qui est extrêmement beau, dans la nature et dans les arts, rappelle le souvenir de ce qu'on aime, avec la rapidité de l'éclair... L'on dirait que par une étrange bizarrerie du cœur, la femme aimée communique plus de charme qu'elle n'en a elle-même. L'image de la ville lointaine où on la vit un instant jette une plus profonde et plus douce rêverie que sa présence elle-même. »

Swann sait qu'Odette est stupide, de plus il ne la trouve même pas belle selon ses propres critères. Aussi va-t-il s'empresser de lui fabriquer la beauté qui lui convient. Autour de lui, tous les hommes sont d'accord (et les femmes aussi...) pour trouver Odette superbe, et, plus que tout, désirable, elle en devient, par une sorte de règle de l'offre et de la demande, belle et excitante pour son amant aussi. Démonstration : tout le boulevard Saint-Germain veut coucher avec Odette ; ce privilège coûtant fort cher, on en conclut que la beauté de la jeune femme est forcément inestimable. La jalousie de Swann, les mensonges et les infidélités d'Odette, confèrent à cette dernière une beauté unique qui tient à la fois du rêve et du cauchemar. Swann l'embellit encore de toutes ses références esthétiques. Ne lui trouve-t-il pas une ressemblance avec une figure de la chapelle Sixtine, peinte par Botticelli ?

Enfin, il y a la fameuse petite phrase de la sonate de Vinteuil qui va devenir l'« air national » de leur amour, comme ces tubes de l'été qui ont rythmé nos premières rencontres. Aux premiers instants de la volupté, au moment de « faire catleya », les amants écoutent la petite phrase. Elle devient pour Swann le symbole de sa passion. Avec de tels attributs, Odette ne peut qu'entrer dans le règne de l'incomparable, et, comme elle exacerbe sans relâche la jalousie de Swann, elle en devient à ses yeux plus belle encore.

De même, dans *La Fugitive*, le narrateur montre à Saint-Loup la photo d'Albertine, son ami en est éberlué, le visage qu'il découvre lui paraît bien incapable d'inspirer une telle passion. Commentaire de Proust : « Il est courant que des êtres laids inspirent des amours inexplicables. »

Pour Albert Cohen, la beauté est haïssable quand elle est seule à exciter la passion. Il fait dire à Solal, dans *Belle du Seigneur* : « Honte de devoir leur amour à ma beauté, mon écœurante beauté qui fait battre les paupières des chéries, ma méprisable beauté dont elles me cassent les oreilles depuis mes seize ans. » Puis, évoquant sa première nuit avec la très belle Ariane : « Mais si deux dents de devant m'avaient manqué la nuit du Ritz, deux misérables osselets, serait-elle là, sans moi, religieuse ? Deux osselets de trois grammes chacun, donc six grammes, pensait-il penché sur elle et la maniant, l'adorant. »

Au pays des oxymores – je te hais alors que je t'aime – apparaît cet autre paradoxe. Je ne veux pas être aimé pour ma beauté et je sais ne pas pouvoir l'être sans elle.

Baudelaire dans l'*Hymne à la Beauté* :

> Viens-tu du ciel profond ou sors-tu de l'abîme,
> Ô Beauté ! ton regard infernal et divin,
> Verse confusément le bienfait et le crime,
> Et l'on peut pour cela te comparer au vin.

Beauté d'un corps aimé entre tous les corps. Platon liait l'amour à la beauté. Mais très vite, on passait de la beauté du corps à la beauté de l'âme. Puis de la beauté de l'âme à la contemplation d'une beauté idéale.

Dans *Le Banquet* : « ...en recourant, pour s'élever, à une droite pratique de l'art des jeunes gens, on a commencé d'apercevoir cette sublime beauté, alors on a presque atteint le terme de l'ascension... cette science sublime qui n'est science de rien d'autre que de ce beau surnaturel tout seul, et qu'ainsi, à la fin, on connaisse, isolément, l'essence même du beau. »

Voyage amoureux certes qui fait coïncider le beau et le bon, mais aventure spirituelle en solitaire. L'autre n'est que le véhicule de cette ascension. Le paysage idéalisé, on le contemple au sommet « isolément ».

L'Incarnation, stupéfiant postulat du christianisme, prolonge et amplifie la philosophie amoureuse platonicienne. Dieu se fait alors chair humaine.

La beauté n'est pas sans ambiguïté au regard du christianisme. Il permet les représentations profanes et sacrées. Il les encourage même. Ce qui fait le bonheur des artistes et des gardiens du temple. Les madones radieuses et les christs pantelants vont bientôt saturer le paysage, mais cette beauté qui procède de la grâce divine, il arrive qu'elle soit parasitée – dans la gnose et particulièrement chez les cathares – par une beauté vouée, elle, au mal.

Lucifer est beau. Ne parle-t-on pas de la beauté du diable ? Au reste, la tradition populaire juive a depuis longtemps imaginé à Ève, déjà coupable des malheurs de l'humanité, une belle et perverse devancière, Lilith, mère de tous les vices et grande séductrice devant l'Éternel. Le mythe des vampires et celui de la vamp hollywoodienne s'en inspireront (cf. l'entrée Lilith). Pandora et Hécate aussi, ainsi que Lulu et les sorcières du Moyen Âge ou de Salem, toutes soupçonnées de gouverner le monde par le sexe, femmes maudites qui appartiennent à la même filière de la beauté maléfique.

Dans le roman et au théâtre, l'être aimé est le plus souvent du côté du beau et le côté du beau est aussi celui du bien. Shakespeare, qui se livrera dans *Le Songe d'une nuit d'été* à une véritable déconstruction de l'amour-passion avec une Titania éprise d'un balourd à tête d'âne, peint dans *Roméo et Juliette* une très jeune fille, belle jusque dans les parages de la mort :

> Ah ! chère Juliette,
> Pourquoi es-tu si belle encore ? Dois-je penser
> Que la mort non substantielle est amoureuse
> Et que le monstre maigre te conserve
> Ici pour être ton amant dans la ténèbre ?

De même, la princesse de Clèves a tout pour inspirer l'amour : « Elle était si belle, ce jour-là, qu'il en serait devenu amoureux quand il ne l'aurait pas été. »

Tolstoï fait de son « Anna Karénine exécrée » une belle allumeuse toute en chair et en nerfs : « L'éclat de ses yeux, le pli de sa lèvre, les fossettes qui se dessinaient nettement sur ses joues et le sourire qui flottait sur son visage, la grâce nerveuse de ses gestes, le chaud de sa voix... tout dans sa personne respirait une séduction dont elle se rendait consciente et qui semblait la ravir. »

On dirait qu'avec Anna Karénine, on arrive au confluent de la beauté bonne et de la beauté maléfique. Leurs eaux mêlées vont engendrer la Scarlett d'*Autant en emporte le vent* et tout le mélodrame du cinéma et du roman du XXe siècle.

Déjà Baudelaire chantait « que rien ici-bas n'est certain » :

> Que bâtir sur les cœurs est une chose sotte ;
> Que tout craque, amour et beauté,
> Jusqu'à ce que l'Oubli les jette dans sa hotte
> Pour les rendre à l'Éternité !

Pour Freud, l'amour-passion devient amour-pulsion et chaque homme recherche le type de femme correspondant à la mémoire secrète qu'il garde de sa mère. Et les femmes, que cherchent-elles, les femmes ? Suffit-il de transposer au féminin la proposition en remplaçant mère par père ? Baudelaire a raison. Rien ici-bas n'est certain.

Avant l'invention de la photographie, la plupart des gens n'avaient qu'une vague idée de leur apparence physique. Les miroirs étaient rares, et, sauf dans les châteaux et les riches appartements bourgeois, les pièces des habitations les plus modestes étaient toutes plongées dans une semi-obscurité. Avant le miracle de la fée électricité, chacun n'apercevait de son visage que son reflet dans la pupille de l'autre. Pupille de *pupa*, petite fille ou poupée, en raison justement de la petite image de l'autre qui se reflète dans sa propre prunelle.

La photographie a fait se redresser Narcisse. Plus besoin de se pencher sur l'onde pour apercevoir son image. Aujourd'hui, Narcisse contemple tout à l'aise ses photos et ses vidéos, n'encourant plus que le risque de se noyer dans sa propre vanité. Avec la multiplication des images, on n'attend peut-être plus de l'autre, avec le même désir et avec la même avidité, que sa pupille s'en vienne vous déchiffrer, vous interpréter, vous refléter, vous connaître.

Certes, le fait de désirer et d'être désiré vous rend toujours désirable. Mais la connaissance de soi dans son apparence, apparence à laquelle précisément les images donnent une importance toujours exagérée, ne passe plus exclusivement par la pupille de l'aimé comme au temps lointain de la pénurie. Pis, l'aimé, s'il reste unique sur les terres volcaniques de la passion, ne s'avance plus vers nous sans son cortège de clones, de faire-valoir, de repoussoirs et de modèles. Car notre regard sur lui est gauchi, influencé, formé et déformé, par toutes les images de ses semblables qui sont entrées à notre insu dans notre mémoire et dans nos émotions. Il n'y a plus de regard vierge. La photographie, puis le cinéma et la vidéo, nous ont appris à regarder l'autre sous l'angle de sa photogénie et « T'as de beaux yeux, tu sais » a sans doute changé la face de l'amour.

Pourtant, il n'est pas certain que l'image ait standardisé les critères de beauté. Sa diversité compense son arrivée massive. Grâce à elle, nous rencontrons en une vie plus de visages de tous les continents que n'en aurait découverts en un millénaire d'aventures un Marco Polo. La beauté est diverse même si elle définit de manière implacable ses règles de photogénie.

À feuilleter sans cesse le catalogue de tous ces visages qui imposent leur beauté et leur exigence de beauté, les plus vulnérables sont meurtris à vie. Derrière le dérisoire : être ou ne pas être photogénique, il y a cette autre question qui concerne la vie de chacun : faut-il être beau pour être aimé ?

Chacun tente d'y répondre à sa manière. Les écrivains aussi posent la question même s'ils ne connaissent pas plus que les autres les réponses. La réponse ne peut être que personnelle si tant est qu'il y en ait une. Je l'ai posée dans mon roman *La Disgrâce.* Michel Houellebecq l'a fait dans son premier livre, *Extension du domaine de la lutte.*

Les magazines de psychologie et les journaux féminins se veulent rassurants. La beauté serait subjective et l'amour malvoyant. Le tout présenté entre deux encarts publicitaires où des créatures de rêve font la moue. *Parce que je le vaux bien.* La beauté intérieure n'est-elle pas la véritable beauté ? Mais qu'est-ce que je vaux, moi, si je me trouve tarte ? Et si je ne vaux rien pour moi, comment aurais-je une valeur pour l'être aimé ? Est-ce que sa pupille, est-ce que son amour me fera belle ? Blanche-Neige et la chirurgie esthétique, deux grands mythes du XXe siècle.

Belle du Seigneur

C'est le roman de la passion et de son ultime condamnation.

J'en connais qui n'ont pas pu lire ce livre baroque jusqu'à son dénouement, tant ils y ont vu la condamnation par Albert Cohen de toute espèce de passion amoureuse.

Solal a aimé Ariane dès le premier regard. Il voudrait être aimé d'elle au premier regard aussi. À ceci près que, se méfiant des apparences et de sa propre séduction, il ne se présente pas à elle sous son meilleur jour. Il est beau, il se fait laid. Il est jeune, il se fait vieux. Il est brillant, il se fait bossu, de plus loqueteux et édenté. C'est dans ce bel équipage qu'il entre par effraction chez Ariane, affichant un sourire sinistré grâce à un sparadrap noir collé sur ses dents...

Elle le repousse avec horreur. Il arrache aussitôt son déguisement : « Femelle, je te traiterai en femelle, et c'est bassement que je te séduirai, comme tu le mérites et comme tu le veux. À notre prochaine rencontre, et ce sera bientôt, en deux heures je te séduirai par les moyens qui leurs plaisent à toutes, les sales, sales moyens, et tu tomberas en grand imbécile amour et ainsi vengerai-je les vieux et les laids, et tous les naïfs qui ne savent pas vous séduire, et tu partiras avec moi, extasiée et les yeux frits. »

Ce qui est annoncé bien sûr arrive. Le beau Solal obtient en un tournemain ce que le vilain vieillard s'est vu refuser : « Alors, je vous le demande, quelle importance accorder à un sentiment qui dépend d'une demi-douzaine d'osselets dont les plus longs mesurent à peine deux centimètres ? Juliette aurait-elle aimé Roméo si Roméo avait quatre incisives manquantes, un grand trou noir au milieu ? Non ! Et pourtant il aurait eu exactement la même âme, les mêmes qualités morales ! »

Comme de juste, Ariane lui répond : « Pourquoi n'allez-vous pas dire votre amour à une vieille bossue ? »

Alors Solal : « Parce que je suis un affreux mâle ! Que les velus soient carnivores, j'accepte ! Mais elles, elles en qui je crois, elles, mes pures, je n'accepte pas ! »

Épris l'un de l'autre, ils vivent follement leur amour. Leur pire folie : se couper du reste du monde. « Seuls, oui, seuls avec leur amour depuis trois mois, et rien que leur amour pour leur tenir compagnie, sans autre activité depuis trois mois que de se plaire l'un l'autre, n'ayant que leur amour pour les unir, ne pouvant parler que d'amour, ne pouvant faire que l'amour. Bref, une vie de passion. »

La pire malédiction n'est-elle pas que la passion, ne rencontrant aucun obstacle, en vienne à s'assouvir jusqu'au rassasiement et jusqu'au désespoir ? Encore et encore de la passion. Le gavage : « Oh, si la tendresse pouvait suffire à contenter une femme ! Mais non, il avait été engagé pour de la passion... Les autres, les malins faisaient de l'adultère en cachette. Alors obstacles, rencontres rares, délices. Eux, les fous, enterrés vivants dans leur amour. »

Ils vont mourir de leur passion. Non pas condamnés par la société ou par la vengeance d'un jaloux, mais victimes d'eux-mêmes, corps et esprits détruits à l'intérieur de leur bunker : « Du joli, la passion dite amour. Si pas de jalousie, ennui. Si jalousie, enfer bestial. Ignobles romanciers, bande de menteurs qui embellissent la passion, en donnant l'envie aux idiotes et aux idiots. Ignobles romanciers, fournisseurs et flagorneurs de la classe possédante. »

Albert Cohen et Denis de Rougemont, « celui qui croyait au ciel et celui qui n'y croyait pas », tous deux ont condamné sans appel la passion qui pourtant les fascinait plus que quiconque.

Brel, Jacques

Laisse-moi devenir
L'ombre de ton ombre
L'ombre de ta main
L'ombre de ton chien.

Ne me quitte pas
Ne me quitte pas
Ne me quitte pas.

Le grand Jacques transpirait les larmes et le trac, la sueur et le talent. Tant de chanteurs dans tant de pays ont repris ses mots et ses cris. Tant de quidams et tant d'amants les ont murmurés. Tant d'autres les ont hurlés à leur amour en fuite, à leur amour déjà mort. Tous ont tenté désespérément de redonner vie à leur défunte passion.

Ne me quitte pas.
Moi, je t'offrirai des perles de pluie
Venues de pays où il ne pleut pas.
Je creuserai la terre jusqu'après ma mort
Pour couvrir ton corps d'or et de lumière.
Je ferai un domaine où l'amour sera roi
Où l'amour sera loi, où tu seras reine.

Êtes-vous tous morts, ceux dont les chants et les cris m'ont naguère éveillée ou bercée ? Et vous, grand Jacques, où sont vos mots, vos sons, votre visage et votre voix, surtout votre voix ?

> Ne me quitte pas
> Ne me quitte pas
> Ne me quitte pas.
> Il faut oublier, tout peut s'oublier qui s'enfuit déjà...

C

Camille Claudel

Carmen

Chasteté and Co

Coup de foudre

Création

Crime passionnel

Cristallisation

Camille Claudel

Parmi ceux qui ont donné à voir la passion, certains ne l'ont connue que par ricochet. Ce n'est pas le cas de Camille Claudel. Elle vécut jusqu'à la folie sa double passion, celle de l'œuvre à sculpter et celle de l'homme à aimer.

Sentiment de gâchis. Réaction d'épouvante devant l'inexorable. On ne peut évoquer sans émotion le souvenir de cette femme, la plus douée et la plus meurtrie.

Quelques mois avant sa propre mort, Paul Claudel parle de sa sœur dont le destin lui a inspiré quelques œuvres et quelques personnages. Cette confession au bord du tombeau s'intitule *Conversation sur Jean Racine,* et c'est bien de tragédie qu'il s'agit, la plus tragique étant encore celle de la vie, quand elle se rapporte à cette sœur qu'il n'a pas su ou n'a pas pu sauver : « Que de fois n'ai-je pas pensé à ces vers effrayants en regardant l'image de ma pauvre sœur Camille décédée après trente ans de captivité à l'hôpital psychiatrique de Montfavet ! Associée à celle de bien d'autres douloureux, Poe, Baudelaire, Nerval, et combien encore ! Phèdre de même, c'est en vain qu'elle demandera à rien d'humain dans un corps à corps impuissant la guérison de la plaie originelle... »

Tout comme Racine, Claudel à la fin de sa vie voit dans le criminel et l'innocent, dans la victime et le bourreau, non une différence de nature, mais une simple et fatale répartition des rôles, dictée par cette « puissance inconnue, ambivalente et suspecte – le Destin ». Ce déterminisme janséniste, Claudel croit l'avoir vu à l'œuvre chez sa sœur. Dans les contes pour enfants, il a le faciès de la mauvaise fée penchée au-dessus d'un berceau.

Elle avait tout, Camille. La beauté, l'intelligence, la vivacité, l'originalité d'un talent qui confinait au génie. L'amour et l'admiration inconditionnels d'un père et d'un frère. L'exigence jusqu'à l'intransigeance et le sens de la révolte. Le désir enfin de réaliser une œuvre sans pareille. Elle avait tout. Elle voulait tout.

Dès l'enfance, son choix de la sculpture est peu banal. Comment une petite fille de la bourgeoisie champenoise a-t-elle senti que son esprit et ses mains cherchaient ardemment à caresser et à cogner, à imaginer et à modeler des formes ? Mystère ! Elle ne semble pas avoir trouvé près d'elle l'exemple de quelque représentant des arts plastiques et l'histoire de la sculpture ne répertorie avant elle à peu près aucune femme. Mystère plus mystérieux encore que la future conversion de son frère Paul, auprès du pilier de Notre-Dame.

Paul n'est encore que le petit frère de Camille. Il a une autre sœur, Louise, mais c'est avec Camille que s'ébauche une première passion. On a dit qu'elle mourra en murmurant ces mots : « Mon petit Paul. » Quant à Paul, il écrit, en 1951, pour le catalogue de l'exposition de sa sœur, morte : « Je la revois cette superbe jeune fille, dans l'éclat triomphant de la beauté et du génie, et dans l'ascendant, souvent cruel, qu'elle exerça sur mes jeunes années. »

Camille fait ses classes à Paris. Paul Dubois, directeur de l'École des beaux-arts, étonné par la facture de ses première œuvres, lui demande aussitôt si elle a pris des leçons avec Rodin. Elle ne l'a jamais rencontré et elle ignore encore les œuvres de celui qui deviendra quelques mois plus tard son maître.

Il a vingt-quatre ans de plus qu'elle. Son art surprend, choque, et la controverse qu'il suscite est sur le point de le rendre célèbre. Dans l'atelier grouillant de la rue Notre-Dame-des-Champs, elle est élève en arrivant, mais son allure conquérante et ses exceptionnelles qualités en feront vite une disciple. Elle bouscule dans ses habitudes le colosse inspiré. Elle entre dans son lit, dans son cœur, dans son œuvre.

Rodin vivait depuis toujours avec son abrupte compagne, Rose Beuret. Camille va bientôt s'installer à l'atelier, le jour pour travailler – certaines parmi les plus grandes œuvres de Rodin comportent une tête, un torse ou un pied, créés par les mains de Camille Claudel –, la nuit pour se laisser sculpter par les mains du maître. Elle est son modèle et elle est son amour.

Fascinés l'un par l'autre, ils vivent de passion et de sculpture. Le génie de Rodin explose ainsi que son carnet de commandes. Ils travaillent comme des fous et s'aiment tout autant. Elle est la maîtresse d'un homme qui lui fait connaître Renoir et Monnet, les Daudet et Octave Mirbeau. Les premières années avec Rodin sont les meilleures de sa vie. Au reste, le petit Paul est jaloux et le nom de Rodin, de plus en plus illustre, ne parvient pas à franchir sans encombre ses lèvres.

La passion de Camille se révèle exigeante. Elle réclame à Rodin l'exclusivité de son amour et lui ne voudra jamais se séparer de sa compagne. Mais c'est l'originalité de son propre art que Camille souhaiterait plus que tout voir reconnue. Exister, tâche ô combien difficile quand le maître est un génie et que le maître est aussi l'amant. Rodin a beau encourager le talent de Camille et prononcer la célèbre phrase : « Je lui ai montré où trouver de l'or, mais l'or qu'elle trouve est bien à elle », les revendications amoureuses et les ambitions esthétiques de Camille deviennent obsédantes. Elles n'atteignent pas toujours Rodin mais elles meurtrissent l'orgueil et la passion de Camille.

Elle sculpte de mieux en mieux. La glaise et le plâtre n'ont plus de secret pour elle. Mais c'est sur le marbre que sa rage et sa douceur alternées font merveille. Rodin reconnaît qu'elle taille le marbre mieux que personne et même mieux que lui. Mieux ? Et cependant, Camille n'a pas de nom. Elle n'existe pas. Camille juge intéressés les compliments du maître. Ne veut-il pas la maintenir en esclavage pour mieux utiliser son talent et son amour ? N'est-ce pas la règle des grands ateliers d'autrefois, ceux de Titien ou ceux de Rubens [1] ? Tout se mêle dans sa tête. Le dépit et la passion. La jalousie de l'amante et celle de l'artiste. L'ambition et l'amour. Elle souffre.

Reine-Marie Paris, dans son livre *Camille Claudel*, rapporte la visite que fit Auguste Rodin, en 1898, au père de Paul Morand. Les Morand, père et fils, sont frappés par le tourment de Rodin et par son impuissance à arrêter la dégradation de ses relations avec Camille. Rodin s'effraie de ce qui va leur arriver et dont il semble ne plus pouvoir changer le cours. Après le départ du sculpteur, comme le jeune Morand s'étonne de voir un gros et grand bonhomme tel que Rodin avoir peur d'une femme, son père lui dit sur le ton du reproche : « Cela n'a rien de risible, c'est une histoire très triste. Cette fille est sa meilleure élève ; elle a du génie ; elle est très belle et elle l'aime ; mais elle est folle. Elle s'appelle Camille Claudel. »

La paranoïa serre déjà son nœud autour de la gorge de Camille. Il faut faire quelque chose. Les scènes entre les deux amants sont violentes. Elle décide de quitter l'atelier de Rodin. Elle va sculpter chez elle et à son propre nom. Elle est Camille Claudel. Elle a son style. Elle a sa force. Et, si elle préfère au gigantisme du maître les petites formes, elle veut bien en prenant ses distances avec lui s'exposer à la comparaison. Elle parvient même à obtenir la reconnaissance, et, non sans difficulté, l'admiration de ses pairs. Mais Rodin, elle ne voudrait pas le quitter. Elle a trop besoin de lui. Il vient la voir, mais il tente aussi de la protéger contre elle-même, et ça, elle ne le supporte pas. N'est-ce pas encore son génie qu'il veut dérober ?

Sans doute, s'est-elle trouvée enceinte des *œuvres* de Rodin, sans doute a-t-elle avorté. Le petit Paul, plus sensible à la détresse d'un fœtus qu'à celle de sa sœur chérie, écrira

---

1. À noter que Picasso, quand il travailla avec Dora Maar à des tableaux-photos, eut la belle idée de les appeler, dans l'alliance de leurs deux noms, des Picamaars.

des années plus tard à son amie Macha, épouse de Romain Rolland : « Sachez qu'une personne de qui je suis très proche a commis le même crime que vous et qu'elle l'expie depuis vingt-six ans dans une maison de fous. Tuer un enfant, tuer une âme immortelle, c'est horrible ! C'est affreux, comment pouvez-vous vivre et respirer avec un tel crime sur la conscience ? »

Elle boit beaucoup, une habitude d'atelier. Il fait chaud et le travail est rude. Camille est moins belle et elle ne prend plus aucun soin d'elle. Il vient de moins en moins souvent. Il triomphe et il a une vie mondaine. Parfois il l'invite à l'accompagner, elle refuse. Elle déteste sortir et elle n'a rien à se mettre.

Elle n'aime que sa solitude et plus que tout ce marbre qu'elle entaille à la volée. Il y a tant de délicatesse au bout de sa fureur. C'est une valse, un baiser, un visage d'enfant qui surgissent. C'est un instant arrêté, un mouvement qui se fige, une tension du corps ou du visage qui révèle sa beauté. C'est un moment de grâce mais la catastrophe est toujours possible comme dans cette *Vague* en bronze et onyx qui va peut-être noyer les petits personnages qui jouent dans son creux. Et puis, n'émane plus des couples la sensualité confiante des premiers temps. La douleur est là, la vieillesse aussi. Le marbre qu'elle façonne elle-même a la douceur parfaite de ceux que polirent les maîtres de la Renaissance, mais ce qu'il montre confine à la tragédie.

Paul Claudel, à propos d'une œuvre de sa sœur, *L'Implorante* : « Cette jeune fille nue, c'est ma sœur ! Ma sœur Camille. Implorante, humiliée, à genoux, cette superbe, cette orgueilleuse, c'est ainsi qu'elle est représentée. Implorante, humiliée, à genoux, et nue ! Tout est fini ! C'est ça pour toujours qu'elle nous a laissé à regarder ! Et savez-vous ? Ce qui s'arrache à elle sous vos yeux, c'est son âme ! C'est tout à la fois l'âme, le génie, la raison, la beauté, la vie, le nom lui-même... L'œuvre de ma sœur, ce qui lui donne son intérêt unique, c'est que, tout entière, elle est l'histoire de sa vie. »

Elle croit désormais que Rodin la persécute. Ne veut-il pas s'emparer de ses œuvres ? Elle imagine qu'il dépêche chez elle des sbires, chargés d'espionner son travail et d'assécher sa création. Le monde entier la persécute : les juifs – elle devient antidreyfusarde –, les protestants, les francs-maçons, les « Boches » (*sic*).

Elle écrit à son ami Eugène Blot, fidèle jusqu'à la fin : « Je suis tombée dans le gouffre. Je vis dans un monde si curieux, si étrange. Du rêve que fut ma vie, ceci est le cauchemar. »

Elle brise ses statues pour les soustraire à la convoitise de l'ennemi. Chaque statue renversée est une manière d'assassinat. Mais ce n'est pas Rodin qu'elle tue, même s'il n'est pas insensible à son naufrage, c'est son propre esprit qu'elle atteint. Comme au cinquième acte d'une tragédie racinienne, elle est désormais seule parmi les ruines de sa passion, et le destin a voulu qu'elle referme sur elle-même sa prison.

Sa mère qui ne l'a jamais aimée et encore moins comprise ne veut plus entendre parler d'elle. Son époustouflant talent la gênait. Sa passion pour la sculpture et pour l'homme Rodin – la matière triturée, malaxée, jusqu'au génie, jusqu'à l'extase – lui semble diabolique. Sa déréliction lui fait horreur. Son père qui, lui, l'a aimée, est malade et va bientôt mourir. Son frère, le petit Paul, est en passe de devenir Paul Claudel, il est en Chine, il court le monde d'une ambassade l'autre. Ils s'écrivent, ils s'écriront toujours, mais ils ne peuvent plus rien l'un pour l'autre.

Camille a obturé les rares fenêtres de son atelier du quai Bourbon. Avec des manches à balai et des clous, elle s'est fabriqué des gourdins pour se défendre. Elle confie à un de ses derniers amis à qui elle a consenti à ouvrir sa porte : « Cette nuit, deux individus ont tenté de forcer mes persiennes. Je les ai reconnus : ce sont deux modèles italiens de Rodin. Il leur a donné l'ordre de me tuer. Je le gêne : il veut me faire disparaître. »

L'ami ajoute : « À partir de ce moment-là, chaque été, Camille se mit à détruire systématiquement, à coups de marteau, toutes ses œuvres de l'année. Ses deux ateliers offraient alors un spectacle lamentable, de ruines et de dévastation. »

Plus touchant encore, il poursuit : « Quand elle rapporte quelque argent, elle invite une foule d'inconnus et l'on boit toute la nuit, riant comme des enfants. N'était-ce pas le signe qu'un peu d'aide, de bonheur, d'amitié auraient pu, qui sait, encore la sauver ? »

Il y a dans la destruction programmée de ses œuvres un simulacre de suicide, mais il y a aussi, dans ces beuveries, comme l'a bien senti cet ami, l'espoir ténu d'une guérison, du moins d'une rémission. Pour les voisins et surtout pour la famille de Camille, ce double scandale, d'une part son désir d'autodestruction, d'autre part ces bacchanales qu'ils imaginent orgiaques, tout cela les inquiète beaucoup plus que la santé mentale de Camille. Il y a les bruits et les rumeurs. Il y a l'histoire de cette femme qui fait un métier d'homme – mais est-ce vraiment un métier, même pour un homme ? – de cette femme, folle de ses œuvres, folle de son corps et folle du corps de cet autre dont on n'ose plus prononcer le nom, cet ogre, ce Vulcain qui l'a entraînée dans les souterrains du paganisme et de la sensualité.

La plongée et les abîmes durent plusieurs années. Elle ne fait plus aucune apparition publique. Paul Claudel note dans son *Journal* : « À Paris, Camille... énorme et la figure souillée, parlant incessamment d'une voix monotone et métallique. »

Et puis soudain, en une semaine, tout est réglé. Pour l'éternité. Paul Claudel, l'exécuteur, parle des années après la mort de sa sœur : « Il a fallu intervenir... et en voilà pour trente ans. »

Le père de Camille et de Paul meurt le dimanche 2 mars 1913. L'enterrement a lieu le surlendemain, soit le mardi 4 mars. Camille qui n'a pas été prévenue n'est pas là.

Le mercredi 5 mars, Paul Claudel se rend quai Bourbon chez le voisin de sa sœur, le docteur Michaux, qui lui délivre le certificat permettant l'internement de Camille.

Le vendredi 6, Paul Claudel rencontre le directeur de l'asile de Ville-Évrard qui demande une correction au texte du docteur Michaux.

Le samedi 7, Paul Claudel renvoie à Michaux le certificat à corriger. Il souhaiterait que l'internement soit exécuté le jour même, mais le retour du certificat ne se fait pas à temps, et Camille qui ignore tout vit, le dimanche 8, le dernier jour de « liberté » de sa vie.

Le lundi 10 mars, sa vraie mort a lieu, quand deux infirmiers costauds entrent par effraction quai Bourbon, et, se saisissant de son corps, l'emportent à jamais.

Paul Claudel écrit dans son *Journal* : « J'ai été bien misérable toute cette semaine. » Triste semaine en effet pour le petit Paul : la mort du père et le meurtre de la sœur.

Quelques mois plus tard, une autre rumeur court à propos de Camille, mais cette fois la rumeur tente de la défendre. On parle de séquestration et d'internement abusif. La polémique enfle et la presse s'en fait l'écho. Dans *L'Avenir de l'Aisne* : « Ceux qui apprendront à connaître cette œuvre où la noblesse d'un Donatello est animée par le frémissement d'une âme toute moderne, n'hésitent pas à saluer Camille Claudel comme le véritable sculpteur de notre époque. Cependant, chose monstrueuse et à peine croyable, en pleine possession de son beau talent et de toutes ses facultés intellectuelles, des hommes sont venus chez elle, l'ont jetée brutalement dans une voiture, malgré ses protestations indignées, et depuis ce jour, cette grande artiste est enfermée dans une maison de fous... Ce qu'il y a d'effrayant, c'est que... l'Église catholique et la soldatesque peuvent faire impunément tout ce qui leur plaît contre les lois ; on les laisse tranquilles, étant tabous et comme au-dessus des lois. »

D'autres articles adjurent Paul Claudel de s'expliquer. Il a rejoint son consulat à Hambourg et il se tait, sauf pour son *Journal* : « ... les calomnies sont bonnes et rafraîchissantes, c'est le lot normal d'un chrétien. »

En avril 1914, Camille est transférée dans l'asile de Montfavet, près d'Avignon, où elle va attendre une mort bien trop longue à venir, puisqu'elle ne surviendra qu'à la guerre suivante, en 1943. Jamais plus, elle ne sculptera. Elle tournera même le dos à la glaise que des infirmières lui apporteront pour tenter une thérapie. Sa haine délirante et sa crainte de Rodin se poursuivront longtemps après la mort de « l'ogre ».

Sa mère s'occupe à distance de son « confort » mais elle n'ira jamais la voir malgré les demandes réitérées des soignants. Elle lui fait interdire les visites et toute correspondance sauf à ses *proches*. Mais des proches, elle n'en a plus. Il arrive que son frère, de passage en France, vienne lui parler (quatorze fois en trente ans...). Ils échangeront jusqu'au bout une correspondance. Elle dit qu'elle a froid et que Rodin veut la faire empoisonner. Elle refuse d'être classée en catégorie 1 car elle ne pourrait plus contrôler la composition des plats qu'on lui sert.

Son bel esprit devient peu à peu atone dans cette flaque d'ennui. On a oublié qu'elle était Camille Claudel. Elle l'a oublié elle-même. On ne lui a pas remis – interdiction de courrier – une lettre que lui a envoyée, en 1932, son ancien ami, Eugène Blot, ami aussi de Rodin qui, lui, est mort depuis quinze ans : « En réalité, [Rodin] n'aura aimé que vous, Camille, je puis le dire aujourd'hui. Tout le reste – ces aventures pitoyables, cette ridicule vie mondaine, lui qui, dans le fond restait un homme du peuple –, c'était l'exutoire d'une nature excessive. Oh ! je sais bien, Camille, qu'il vous a abandonnée. Je ne cherche pas à le justifier. Vous avez trop souffert par lui. Mais je ne retire rien de ce que je viens d'écrire. Le temps remettra tout en place. »

Elle meurt le 19 octobre 1943. On jette anonymement son corps au cimetière de Montfavet, dans l'espace réservé à l'asile.

Carmen

Mangeuse d'hommes, Carmen est l'équivalent féminin du Minotaure. Elle abandonne l'homme qu'elle a séduit, le brigadier don José, pour s'éprendre d'un *torero.* Prosper Mérimée fait alors se rejoindre deux mythes, celui de la femme de mauvaise vie dans la filiation de Lilith, avec le représentant du grand mythe taurin né il y a quatre mille ans à Cnossos, en Crète, et que l'Espagne perpétue à *las cinco de la tarde*.

Rappelons-nous : Zeus s'était fait taureau pour séduire la nymphe Europe. De leur étreinte était né un fils, Minos, roi de Crète qui épousa Pasiphaé, elle-même éprise d'un sublime taureau. Le Minotaure est le fils monstrueux de Pasiphaé et de la bête, une chimère à corps d'homme et à tête de taureau. Enfermé dans le Labyrinthe, le glouton dévore garçons et filles qu'Athènes doit lui envoyer pour sa subsistance. Guidé dans le Labyrinthe par Ariane, fille de Pasiphaé, sœur de Phèdre et demi-sœur du Minotaure, Thésée tuera le monstre. Le combat de l'homme contre le taureau aura désormais lieu dans l'arène.

Commentaire d'Albert Cohen dans *Belle du Seigneur* : « Est-ce que je suis fou, est-ce que je déraille avec mon histoire d'adoration animale de la force, de la force qui est pouvoir de tuer ?... Je la revois, excitée, troublée par le tigre, oui, comme la bonne femme Europe par le taureau ! Pas bête, Jupiter, il connaissait les femmes ! La vierge Europe aux longues tresses a sûrement dû dire au taureau, les yeux chastement baissés : vous êtes un fort, vous, mon chou. Et cette autre bonne femme espagnole dans une pièce, qui dit à son chéri qu'il est son lion superbe et généreux ! Son lion ! »

Mais quittons Hernani et doña Sol et revenons à notre Carmen dont le mythe est universel grâce à l'opéra de Bizet. Nietzsche en fut un des premiers admirateurs, le préférant au Wagner de *Parsifal.* Carmen est une innocente dévoreuse d'hommes, c'est sa nature et c'est la fatalité de sa « race ». « L'amour est enfant de Bohême qui n'a jamais, jamais connu de loi... » Elle croque le sage don José pour le rejeter ensuite. Elle lui avait lancé une fleur le premier jour pour lui signifier son choix. La fleur s'est fanée et elle en aime un autre. Au suivant ! De plus, le nouvel élu combat la bête dans l'arène comme Thésée le Minotaure au fond du Labyrinthe.

Don José s'accroche, et, plus elle le rejette, plus la passion du malheureux la submerge. Carmen n'est ni une allumeuse, ni une amoureuse. Elle est une incendiaire. La nomade propage la passion chez les sédentaires. Ils veulent tous l'attacher à un poteau mais, victime de la passion qu'elle a suscitée chez les autres, la chevrette tire sur son collier, et, au matin, court déjà vers un nouvel amour. Elle sait qu'elle n'échappera pas à la fatalité de son sort. Aux autres, elle prédit leur destin. Mais le sien, elle n'en dispose pas. Sa mort est déjà écrite dans sa vie. Don José finira par la poignarder. « Je sais bien que tu me tueras, mais que je vive ou que je meure... » Ce n'est pas ce qui va l'arrêter. Elle sera funambule jusqu'au bout sur le fil de la passion des autres.

Face au brigadier don José, venu de la montagne et de la misère, face à cet homme honnête qui n'a rien à se reprocher, si ce n'est un brin de contrebande, elle cambre les reins et assume son destin maléfique. Elle est à la fois fille de Lilith et fille de Tziganes. Elle est de la lignée des ravageuses. Les Ange bleu, les Lulu, les Lola. N'est-ce pas l'imagination et la crainte des hommes qui les a créées ? N'est-ce pas eux, et eux seuls, qui se sont fait peur en leur attribuant tous les pouvoirs et toutes les perversions ? Et quand, le soir à l'Opéra, ils écoutent, à moitié endormis, la belle gitane, qu'ils la boivent des yeux tandis qu'elle leur jette à la figure sa séduction et sa sauvagerie, ils hésitent entre la fascination et la condamnation.

Michel Del Castillo écrit dans son *Dictionnaire amoureux de l'Espagne* : « On se trouve devant deux archétypes qui, n'en déplaise aux Espagnols, expriment une certaine vérité de l'Espagne, telle que la Reconquête l'a faite : les purs au-delà du Douro, les impurs au sud du Tage. Ce racisme noue la chaîne du destin ; le lien qui attache l'un à l'autre la fière cigarière et l'honnête brigadier ne doit rien à la psychologie des personnages, il les précède, tissé par les Parques... José la poignarde, mais c'est bien Carmen qui se jette sur la lame. »

Carmen me fait penser à cette panthère qui est la curieuse héroïne d'une nouvelle de Balzac. Dans *Une passion dans le désert*, il raconte l'aventure arrivée à un soldat de vingt-deux ans, qui aurait participé à l'expédition envoyée par Bonaparte en Haute-Égypte. Fait prisonnier, le jeune homme a réussi à s'enfuir. Il se retrouve seul en plein désert. Mais seul, il ne le restera pas longtemps. Dès la nuit tombée, il est rejoint par une panthère repue, le museau teint de sang : « Cette tranquille et redoutable hôtesse ronflait dans une pose aussi gracieuse que celle d'une chatte couchée sur le coussin d'une ottomane. »

Le jeune soldat pour sauver sa peau va étourdir de caresses le fauve, et la vie commune va s'organiser. La panthère chasse quand elle a faim et rejoint son ami aussitôt après. En revanche, elle n'accepte pas qu'il veuille lui fausser compagnie, et, dès qu'il fait une tentative, en quelques bonds, elle le rejoint. De même, elle se montre jalouse et ne peut supporter qu'il suive du regard un oiseau.

Eh bien, cette grande passion finit comme toutes les autres passions, dit Balzac, c'est-à-dire par un malentendu. La panthère dans un élan malheureux entame de ses dents la cuisse du soldat qui, pris de panique, lui plonge son poignard dans le cou : « C'était comme si j'eusse assassiné une personne véritable. » Comme le brigadier don José, avec Carmen...

Chasteté and Co

La chasteté est une valeur en baisse. Elle tente parfois de surprenants retours qui tiennent plus à la singularité de ceux qui les entreprennent qu'à un phénomène de masse.

Il y a en fait deux grands types de chasteté. La chasteté du premier type est conforme à son étymologie. Du latin religieux *castus*, qui se conforme à la règle et aux rites de sa caste. Sous prétexte de garder le temple et de préserver l'honneur des femmes, la chasteté obéit alors à une règle dictée par la société et la religion. Elle garantit la stabilité de la famille et celle du corps social. Elle suppose le caractère sacré d'un mariage qui n'a rien à voir avec le désir, avec l'amour, même si l'amour peut être donné de surcroît, et surtout rien, mais rien de rien, avec les débordements de la passion. C'est alors qu'intervient l'autre type de chasteté qui est la réponse anarchisante à la norme contraignante imposée par la société et par le dogme. C'est une chasteté choisie afin d'amplifier le désir et de l'éterniser.

La chasteté du second type est préconisée par quelques religions ou pensées philosophiques de l'Extrême-Orient. Le tantrisme en Inde transforme le corps humain et le transcende par des techniques érotiques qui permettent de prolonger l'acte sexuel sans en arriver à l'éjaculation. Au bout du long voyage, le moi en vient à s'anéantir dans la béatitude. De même, le taoïste cherche à économiser son principe vital. Il entend prolonger sa jeunesse et conquérir ainsi sa propre liberté. Il faut ajouter que c'est la première technique de contraception masculine.

L'amour courtois et le roman breton se situent au point de rencontre de ces deux types de chasteté. Dans *Tristan et Iseult* ou dans *Lancelot*, tout commence par la profanation, c'est-à-dire par la consommation sexuelle. Le philtre, la passion… on s'aime toujours hors mariage et même en opposition avec l'institution sacrée. Chaque fois, le chevalier tombe éperdument amoureux de la dame et la dame est mariée à un autre. Comble de malheur, cet autre est le plus souvent le suzerain dudit chevalier auquel il vient de faire allégeance. Il devra payer le prix de sa trahison et accomplir pour son rachat moult exploits.

Quand, après trois ans, le roi Marc retrouve dans la forêt les amants en fuite, Tristan et Iseult dorment l'un près de l'autre. Ils sont habillés et leurs corps sont séparés par l'épée de Tristan. Dans cette épée qui délimite entre eux une frontière, le roi trahi voit le signe d'une chasteté retrouvée. Il se sent dès lors enclin au pardon. C'est la société et c'est l'Église – la romaine ou, selon Denis de Rougemont, celle de l'hérésie cathare – qui pourraient être amenées à pardonner aux amants par la voix du roi Marc.

La sexualité, ou ce qu'on appelle ainsi pour simplifier, n'a jamais fait bon ménage avec la religion depuis la Genèse et le péché originel. Les Églises ont voulu la terrasser. Chez les catholiques, c'est Marie qui s'en est chargée. Sa virginité, découverte tardivement, est venue corriger le comportement nocif de la première Ève. Chaque fois que l'Église craint la déliquescence des mœurs, et elle la craint souvent, le culte marial, avec ses pèlerinages et ses Vierges de Czestochowa, est renforcé.

En ce qui concerne nos deux amants surpris dans leur sommeil, il n'est pas certain que l'interprétation donnée par le roi Marc à leur apparente chasteté soit la bonne. Elle n'est en tous les cas pas la seule. Tristan et Iseult ont montré par le passé que, le philtre aidant, ils ne craignaient pas de mentir et de trahir pour se retrouver dans les bras l'un de l'autre, que la soif qu'ils avaient de l'amour les faisait se jouer de tous les interdits.

Ils ne se sont pas assagis d'un coup. Ils n'ont pas voulu non plus démontrer leur bonne volonté et se racheter aux yeux de leur suzerain, ils ignoraient sa venue. N'ont-ils pas choisi d'obéir, non à la règle de l'Église, mais à celle de l'amour courtois ? Elle prône, à la manière de Jaufré Rudel, l'amour de loin et l'exaspération du désir. Séparés, ils franchissaient tous les obstacles pour se retrouver. Réunis, ils choisissent d'éterniser leur désir jusqu'à la stridence. Il n'est pas impossible que leur chasteté intermittente soit l'aiguillon de leur volupté comme le seront chez le marquis de Sade les flagellations et les tortures. La passion des deux amants a été stimulée par les obstacles. À peine ces derniers ont-ils été franchis que Tristan et Iseult s'empressent d'en inventer d'autres.

Coup de foudre

Le plus beau récit d'un coup de foudre est celui de Phèdre. Par la grâce de Racine, elle raconte, acte I scène 3, sa rencontre avec son beau-fils, le jeune Hippolyte :

> Je le vis, je rougis, je pâlis à sa vue ;
> Un trouble s'éleva dans mon âme éperdue ;
> Mes yeux ne voyaient plus, je ne pouvais parler.
> Je sentis tout mon corps et transir et brûler ;
> Je reconnus Vénus et ses feux redoutables,
> D'un sang qu'elle poursuit tourments inévitables.

Le plus beau récit est aussi le plus juste. Non seulement les neurobiologistes ne le démentiraient pas, mais ils en déduiraient le rôle spécifique joué par chacune des hormones que l'hypothalamus de Phèdre donna sur-le-champ l'ordre à son hypophyse de sécréter. À la vue d'Hippolyte, un orage bouleversa son cerveau et son corps.

« Vénus et ses feux redoutables » ? Vénus peut-être, mais lulibérine sûrement. Cette hormone cervicale a mis le feu aux poudres. Sans compter la dopamine, sorte d'amine du plaisir, qui dope en un éclair sa voisine lulibérine et transmet jusqu'aux extrémités du corps l'événement amoureux, d'où les clignotants alternatifs de la rougeur et de la pâleur. Ajoutez à cela une pincée de PEA, phényléthylamine, appelée plus simplement « peptide de l'amour », qui fait exploser dans les surrénales la production de noradrénaline et ajoute encore au rouge des joues toute la panique du système sanguin.

Stendhal se trompe, le coup de foudre ne frappe pas uniquement les femmes et la lulibérine qui bouleverse les émotions respecte la règle de la parité. Stendhal croyait en effet que les femmes, plus soumises que les hommes aux règles sociales et morales, étaient aussi plus susceptibles qu'eux de voir leurs défenses prises en défaut. Sa remarque était sans doute juste au début du XIXe siècle. L'homme devait séduire, il était le chasseur, la femme devait se refuser, elle était le gibier. Les choses ont bien changé et il arrive aujourd'hui aux femmes de passer à l'attaque, avec des succès divers...

Stendhal écrit dans *De l'amour* : « ... le coup de foudre..., pour avoir été gâté par un nombre infini de barbouilleurs, n'en existe pas moins dans la nature ; il provient de l'impossibilité de cette manœuvre défensive. La femme qui aime trouve trop de bonheur dans le sentiment qu'elle éprouve, pour réussir à feindre ; ennuyée de la prudence, elle néglige toute précaution et se livre en aveugle au bonheur d'aimer. La défiance rend le coup de foudre impossible. »

En ce qui concerne Tristan et Iseult, leur coup de foudre s'il est à retardement n'en est pas moins fatal et explosif. On ignore encore quel cocktail sidérant – peut-être à base de PEA, de lulibérine, de dopamine et de phéromones au parfum d'enfance – la suivante d'Iseult leur a administré sur le bateau du retour. Sous le nom de philtre, la légende du XIIe siècle attribue à ce « vin herbé » des pouvoirs magiques. Il donne la passion comme le poison donne la mort. Il crée aussi pour l'Occident le mythe tout-puissant de l'amour malheureux, de la passion fatale et irresponsable.

Les deux jeunes gens se connaissent déjà, puisque c'est Tristan qui a été chargé par son oncle, le roi Marc, d'aller chercher Iseult que son oncle et suzerain désire épouser. Tristan et Iseult sont sur le bateau du retour. Il fait chaud. Ils demandent à boire. La servante se trompe de flacon. Dans certaines versions, c'est Iseult elle-même qui commet la faute, comme Ève au paradis terrestre. Ils boivent. L'effet est immédiat. Ils se connaissaient. À l'instant même, ils se reconnaissent. À jamais partagée, c'est la grande jouissance, celle de sombrer : « Amors par force vos demeine ! » Grande soupe hormonale ou philtre au vin herbé ? Peu importe, l'effet est ravageur.

Toute l'ambiguïté du récit de *Tristan et Iseult* réside dans ce philtre. Est-ce qu'il crée de toutes pièces leur amour-passion ? Ou bien fournit-il aux amants le moyen de justifier par la fatalité leur mutuelle passion ?

On peut s'aimer follement sans avoir connu le coup de foudre. Au reste, chez Stendhal, la cristallisation prend son temps. On peut aussi être frappé plusieurs fois dans sa vie par le coup de foudre, et, plus étrange, plusieurs fois avec la même personne. Dans le film de Truffaut, *La Femme d'à côté*, les deux amants se sont déjà aimés passionnément, puis ils se sont séparés et mariés ailleurs. Il se retrouvent par hasard voisins. Irrésistiblement, la passion les reprend. À leur premier baiser de leurs nouveaux rendez-vous, la jeune femme s'évanouit.

Le coup de foudre produit l'étincelle mais ne répond pas des suites. À un intense coup de foudre peut succéder un dégrisant retour à la réalité. Dans ce cas-là, il vaut mieux pour tous les deux que la désillusion soit partagée comme l'illusion le fut. Après les excès des premiers temps, il arrive aussi, et c'est le meilleur des cas, que l'amour prenne de manière harmonieuse la place de la passion, l'humour celle de la tragédie, la volupté celle de la domination, la vie celle de la mort.

Création

Pour quelques créateurs qui ont fréquenté de près la passion et qui s'y sont parfois perdus, combien d'autres ont d'autant plus été fascinés par elle qu'ils ne l'ont pas vécue dans ses dernières obsessions. Ils l'évoquent. Ils la chantent. Ils lui donnent des couleurs et des formes. Elle les inspire. Les chants désespérés sont peut-être les plus beaux, mais les meilleurs chanteurs ne sont pas toujours les plus malades.

Emily Brontë n'a jamais rencontré l'amour. Elle n'est à peu près jamais sortie du presbytère de son père et elle mourra la trentaine venue. Elle a pourtant écrit l'un des plus grands romans de la passion : *Les Hauts de Hurlevent.*

Le créateur peut se nourrir de la passion des autres ou de celle qu'il a suscitée chez les autres. C'est le cas de Picasso. Il se repaît de la délicieuse substance de la femme aimée. À chacune correspond une période de son œuvre. Avec Marie-Thérèse : les courbes, les géantes, les corps heureux et les couleurs éclatantes. Du temps de Dora Maar et de *Guernica,* les ongles acérés, les cris et les larmes, le monde qui se déchire et la chair torturée.

Il a souvent dit que les femmes aimées apparaissaient sur sa toile avant même d'être dans sa vie. Il se représente lui-même en Minotaure dans les années 30, à l'époque justement de Marie-Thérèse puis de Dora Maar. Il les dévore et elles se laissent faire. Elles en redemandent, le regard « frit » comme dirait Albert Cohen, ce qui signifie pour l'auteur de

Belle du Seigneur : les yeux pleins de passion. Sa création passe toujours avant celles qui l'ont inspirée. C'est un démiurge, c'est un Prométhée. Il veut plier le monde à sa volonté. Les femmes qu'il aime, il ne les aime que si elles entrent dans sa création ou si elles ne le gênent en rien pour créer. Et je dois avouer que, dans l'évocation que je fis de la plus émouvante d'entre elles dans *Moi, Dora Maar*, ce n'est pas d'elle qu'en fait je me sentais la plus proche mais de lui, je m'identifiais plus volontiers à celui qui vit, souffre et jouit du monde qu'il crée qu'à celle qui s'anéantit dans le monde de l'autre.

L'œuvre outrepasse la vie. Dora le sait avant même de rencontrer Picasso et elle n'aimerait pas l'homme Picasso, s'il n'était pas l'artiste Picasso. Le créateur peut se prêter aux jeux de la passion, il ne se donne pas. Il prend sa matière là où elle se trouve pour la régurgiter ensuite, parfois longtemps après, sous une forme toujours imprévisible. À quoi bon une passion fusionnelle, quand c'est le monde entier, passé et présent, qu'il faut contenir ?

Annie Ernaux a certes vécu la passion qu'elle décrit dans *Passion simple*. Elle précise pourtant qu'elle a dû attendre deux mois après le départ définitif de son amant pour commencer à écrire le premier mot de son histoire. « Le temps de l'écriture n'a rien à voir avec celui de la passion. » Ce sont deux passions l'une et l'autre exclusives.

Wagner écrit à Liszt, le 16 décembre 1854 : « Comme dans mon existence, je n'ai jamais goûté le vrai bonheur que donne l'amour, je veux élever à ce rêve, le plus beau de tous les rêves, un monument... J'ai ébauché dans ma tête *Tristan et Isolde...* ; quand j'aurai terminé cette œuvre, je me couvrirai de la "voile noire" qui flotte à la fin, pour... mourir. »

En fait, le Tristan de Wagner n'est pas dans l'amour mais dans la passion. Quand la passion n'est pas partagée ou mal partagée, elle devient terrible pour celui qui l'éprouve mais aussi pour celui qui se sent pris au piège de la passion de l'autre. L'œuvre existe par elle-même et elle n'a pas à livrer ses sources biographiques. Quant à l'auteur, il n'a ni à se justifier ni à espérer l'amour de l'autre pour prix de son travail.

Roland Barthes dans *Fragments d'un discours amoureux* : « Savoir qu'on n'écrit pas pour l'autre, savoir que ces choses que je vais écrire ne me feront jamais aimer de qui j'aime, savoir que l'écriture ne compense rien, ne sublime rien, qu'elle est précisément *là où tu n'es pas* – c'est le commencement de l'écriture. »

À la page précédente de ces *Fragments*, Barthes a évoqué la difficulté de la tâche : « Vouloir écrire l'amour, c'est affronter le *gâchis* du langage : cette région d'affolement où le langage est à la fois *trop* et *trop peu*, excessif (par l'expansion illimitée du *moi*, par la submersion émotive) et pauvre (par les codes sur quoi l'amour le rabat et l'aplatit). »

Avant lui, Baudelaire avait été encore plus catégorique : « L'artiste ne relève que de lui-même. Il ne promet aux siècles à venir que ses propres œuvres. Il ne cautionne que lui-même. Il meurt sans enfants. Il a été son roi, son prêtre et son Dieu. »

Auprès de ces deux-là, Platon développait dans *Le Banquet* une vision idyllique de la création et du créateur : « Ceux qui sont féconds selon le corps se tournent plutôt vers les femmes en engendrant des enfants... Quant à ceux qui sont féconds selon l'âme, les poètes et tous ceux dont on dit qu'ils sont inventeurs, ils vont enfanter, au contact du bel objet et en sa compagnie, ce dont ils étaient depuis longtemps porteurs. »

Cet amour qui sait engendrer des œuvres semble ô combien fécond, calme et beau. S'il a connu les affres de la passion, sans doute se sont-elles depuis calmées. S'il s'est senti autrefois cerné par les exigences de la passion de l'autre, il se sent désormais libre d'organiser le jeu selon sa propre volonté.

Aujourd'hui le règne crapuleux de la télé-réalité, de toutes les exhibitions, de tous les déballages et de tous les mensonges, pourrait nous faire oublier que l'œuvre n'a rien d'autre à offrir qu'elle-même et qu'elle est encore ce qui peut arriver de mieux. L'œuvre n'est pas un enfant, ni même un clone. Elle n'est pas pour son auteur un amour, ni une manière de se faire aimer (encore que...). Elle est toujours une passion. Exigeante, obsessionnelle, inquiétante, exaltante. Elle est en tout cas une raison et une manière de vivre, une illusion persistante, et une foi qui aimerait faire des prosélytes.

En 1772, soit deux ans avant la parution des *Souffrances du jeune Werther*, Goethe tombe amoureux d'une jeune fille de dix-neuf ans, Lotte. Il en a lui-même vingt-trois. La jeune fille est sur le point de se fiancer avec un ami de Goethe. Il lui vole un baiser et part le cœur brisé. Sans doute plus amoureux de l'amour que de Lotte, il lui faut peu de temps avant de tomber amoureux d'une autre jeune fille. Cette dernière a de beaux yeux noirs qu'il attribuera au personnage du roman, tandis qu'il immortalisera le diminutif de Lotte emprunté à la première.

Il écrit dans ses *Mémoires* : « C'est un sentiment très agréable que de ressentir en soi les premiers émois d'une nouvelle passion, alors que ne sont pas encore éteints les derniers échos de la précédente. »

Le jeune Goethe est un Tristan un peu volage et Werther n'est pas encore né en lui. Mais quelques semaines plus tard, il apprend qu'un de ses amis, malheureux en amour, vient de se tuer en se tirant une balle dans la tête. Étrange contamination d'une histoire par l'autre, l'ami qui s'est suicidé avait emprunté son pistolet au fiancé de Lotte.

Dans le roman qui fit pleurer toute l'Europe, Werther éprouve jusqu'au désespoir la passion qui fut celle de l'ami mort. Mais le roman existe par la grâce du vivant.

Crime passionnel

Marcel Proust : « Et Swann sentait bien près de son cœur ce Mahomet II dont il aimait le portrait par Bellini et qui, ayant senti qu'il était devenu amoureux fou d'une de ses femmes, la poignarda afin, dit naïvement son biographe vénitien, de retrouver sa liberté d'esprit. »

Voilà au moins qui a l'avantage de la sincérité ! Abrité derrière son impunité, le sultan peut se permettre ce comportement archaïque. Un crime ? Mais quel crime ? On sacrifie bien sa jambe quand la gangrène s'en empare ! Mahomet II, lui, ne fait que sacrifier une jeune femme qui promettait de lui bouffer le corps et l'esprit.

Le criminel (quand il n'est pas Mahomet II) doit justifier de son crime devant un jury d'assises. Son avocat invoque alors l'amour et surtout la folie de la crise passionnelle. Je l'ai tué(e), dit le (la) criminel(le), parce que je l'aimais, parce que celui ou celle que j'aimais le plus au monde m'aimait moins que je ne l'aimais, parce qu'il ne m'aimait plus, parce qu'il ne m'a jamais aimé(e), parce qu'il m'a trompé(e) et m'a trahi(e). Je l'ai tué(e) parce que je ne pouvais pas vivre sans lui ou sans elle. Et puis, je n'étais plus moi-même à ce moment précis. L'expertise psychiatrique montre bien que mon cas n'est pas pathologique. Il s'agit d'un *simple* coup de folie, d'un accident *sans lendemain.* Pourquoi m'emprisonnerait-on puisqu'il n'y a aucun danger de récidive ? C'est par amour, par excès d'amour, que j'ai tué ce que j'aimais le plus au monde. Je me suis déjà assez puni(e) en m'en privant.

On ne tue pas par amour. On tue par manque d'amour. Par double manque d'amour.

— Manque chez celui qui tue et qui n'a pas su se faire aimer ou qui n'a pas cru pouvoir l'être. La plaidoirie met souvent en évidence les prétendus sacrifices du coupable (son argent, sa famille, ses plus belles années...) et tout cela pour un (e) indifférent(e) qui n'a pas su le payer du moindre amour. Souvent la victime passe à son tour en accusation et devient plus ou moins implicitement le (la) coupable. N'y a-t-il pas des mots, des gestes, des mensonges, des infidélités et des absences qui tuent plus sûrement que les armes ou les coups ? Le coupable n'avait-il pas déjà été foudroyé par sa passion ? Son ego n'avait-il pas déjà subi tous les dommages, ceux du mensonge, ceux de l'infidélité et ceux de l'indifférence ?

— Manque d'amour aussi de la part de celui (de celle) qui tue. Il n'a pas assez aimé l'autre pour parvenir à respecter sa liberté quand cette liberté s'est retournée contre lui-même. N'est-ce pas dans la trahison ou le désamour de l'autre, qu'il (elle) a vu cet(te) autre exister pour la première fois comme un corps soudain étranger ? Jusque-là, il (elle) ne le voyait pas devant lui, mais il (elle) le sentait en lui, les deux amants ne faisant qu'un dans une passion qui ne pouvait être que fusionnelle. Et d'un coup, cet *objet* d'amour s'est dressé dans toute son opacité de *sujet*. L'autre est devenu alors un Horla. Il est devenu cette statue du Commandeur qui restreint sa propre liberté et borne son désir, ce corps autonome qu'en fait, il n'a jamais cessé d'être, mais que celui ou celle qui s'apprête à commettre son crime ne peut imaginer hors de la bulle fusionnelle. Il est devenu un dangereux électron libre, trop libre, dont la liberté anéantit la sienne. Jalousie, haine, orgueil, désir impuissant donc exacerbé, révolte, rage... Et tout l'ego qui s'affaisse d'un coup comme une vieille baudruche.

Je ne sais pas ce qui m'a pris, plaide le criminel. *Un coup de sang*. Oui, c'est cela, un coup de sang. Le sang, c'est rouge comme la passion, et le rouge, c'est la couleur du crime. Dans la presse, on parle de *coup de sang*, de coup de folie. Le criminel a été pris d'un coup de sang. Il arrive souvent que la compassion se porte du côté du meurtrier. La victime, on l'a un peu oubliée puisqu'elle ne peut pas venir témoigner et qu'on doit se contenter pour lui redonner vie de se reporter à ses anciennes photos. Il y a tout autour de ce genre de criminels un halo d'empathie, et, dès leur incarcération, ils ne manquent pas de recevoir un abondant courrier avec nombre de déclarations d'amour, surtout les hommes, qui parviennent toujours à toucher le cœur de quelque masochiste. Si certain(e)s admirent ceux qui sont allés au bout de leur passion, tous redoutent en secret de devoir affronter pour leur propre compte le désamour de la personne aimée, son infidélité, peut-être sa trahison, de devoir céder à leur tour à ce fameux *coup de sang.*

Je l'ai tué(e) parce que je l'aimais ? Non, je l'ai tué(e) parce qu'il, parce qu'elle ne m'aimait plus. Je ne l'aimais pas assez pour le (la) voir heureux(se) sans moi, et pis avec un(e) autre. C'est lui, c'est elle, qui m'a en fait tué(e). Ne m'a-t-il pas injurié(e), insulté(e), humilié(e) ? C'est par l'accumulation de ses fautes qu'il m'a mis(e) en demeure de réagir. Pour un peu, il s'agirait de légitime défense.

C'est pour contrebalancer cette empathie naturelle qui joue souvent en faveur de celui (de celle) qui est censé(e) tuer par amour que, de génération en génération, des plaisanteries se sont transmises chez les avocats stagiaires de première année : « Que faut-il répondre à un client qui vous téléphone pour vous annoncer qu'il vient de tuer sa femme et qui vous demande conseil ? raconte Me Lombard dans *Mon intime conviction.* Invariablement ceci : “Suicidez-vous un peu, cher monsieur, mais pas trop !” »

Souvent l'assassin occasionnel retourne son arme contre lui, il lui arrive de se rater. Parfois il va jusqu'à s'enfermer avec le cadavre de sa victime dans son fort Chabrol, en espérant que la gendarmerie achèvera sur lui ce travail de mort qui lui semble soudain trop difficile à effectuer par lui-même. Ce n'est peut-être pas le courage qui manque soudain à celui (ou à celle) qui vient de faire un carton sur sa victime, mais c'est la force. Dans un état de délire, dans une tension de tout son être, semblable sans doute à ce qui précède l'éjaculation ou l'extase, il a mobilisé en un éclair toute son énergie pour commettre son meurtre avec une précision et un acharnement sans pareils. Il en a aussitôt après ressenti comme un immense soulagement. L'insupportable tension s'est relâchée et il a à peine pris soin de secouer la lourde poupée de chiffon qui, écroulée à ses pieds, ne bougeait déjà plus.

Sans doute a-t-il mal calculé son effort. Aux assises, il jurera à la fois qu'il n'a rien calculé du tout et qu'il avait décidé de se tuer après avoir tué l'autre. Cependant il sait, lui, qu'il a appuyé sur la détente, non seulement pour détruire celui qui l'empêchait de vivre, mais pour détruire sa propre vie. Le premier coup a été fatal à l'autre et il en est mort, mais il a été fatal aussi à ses propres nerfs et à ses propres muscles qui se sont soudain détendus. Sa tête n'a plus pu commander à son corps et le second coup, qui lui était destiné, n'est pas parti.

L'accusation parlera de simulation, la défense de sincérité et de panique. Comment situer la frontière entre les deux ? Et est-ce que cette frontière-là existe au moment où, dans l'affolement de la passion, tout se noue et se dénoue en un éclair ?

J'ai tenté dans mon propos de respecter la règle de la parité, de tenir l'équilibre entre le féminin et le masculin. Le criminel peut être une criminelle et la victime est selon les cas une femme ou un homme. Il y a des Médée de HLM qui, dans une crise démente de jalousie, balancent leurs enfants par la fenêtre de leur septième étage pour punir le père dont elles viennent d'apprendre l'infidélité. Il y a des hommes qui flinguent femme et enfants parce qu'ils ont raté leur vie et leur amour, et qui se ratent ensuite. Et même s'ils ne se ratent pas, est-ce mieux ? Y a-t-il une échelle dans l'horreur ?

Il se trouve cependant que les hommes sont beaucoup plus souvent criminels que victimes. Excès de passion, excès de violence ou excès d'énergie ? S'ils ne jouissent pas tous de l'impunité d'un Mahomet II, le Code pénal hérité de

Napoléon leur a longtemps concédé, à l'ancien article 324, une certaine indulgence : « En cas d'adultère, le meurtre commis par l'époux sur son épouse ainsi que sur son complice à l'instant où il les surprend en flagrant délit dans la maison conjugale, est excusable. » Tout cela a heureusement disparu aujourd'hui. L'adultère ne sert plus à excuser le crime, et, dans ce domaine, il n'y a plus de discrimination entre les hommes et les femmes.

Il semble que le crime (dit) passionnel ne soit pas en fait une définition juridique. C'est une longue pratique de ce genre de délit qui a amené les juristes à penser que ce crime-là se définissait par des coups et blessures, entraînant la mort sans intention de la donner. Cependant la préméditation n'est pas exclue. Quand on rentre chez soi pour surprendre l'infidélité de sa compagne ou de son compagnon, qu'on a pris soin au préalable de se munir d'une arme ou de quelque objet contondant ou tranchant, on sait qu'on risque fort de commettre l'acte fatal puisqu'on s'est organisé précisément dans ce but. L'état de surexcitation dû à la jalousie et aux doutes est souvent encore renforcé par l'alcool ou par d'autres drogues, qui ajoutent à l'*addiction* passionnelle.

Le feu peut prendre chez de jeunes amants qui viennent de se rencontrer. Il peut flamber chez d'autres qui s'aiment depuis des années et des années. La durée ne met pas à l'abri de la violence. On joue sur un coup toute sa mise sans se soucier du prix à payer. Dans la frénésie sacrificielle, on fait peu de cas de la sanction à venir. Peine de mort ou détention à perpétuité ? Rien ne saurait arrêter un processus qui n'est pas dans le temps de la justice et de la sanction. Il est dans celui de la vengeance et on doit *se* faire justice en tuant l'autre, cet autre qui était tout le bien et qui est devenu tout le mal.

Dans la bulle fusionnelle s'est introduite par effraction une tierce personne. On sent sa présence. On accumule en secret les preuves. L'un des deux semble soudain en retrait, l'orgueil de l'autre souffre et ne peut supporter qu'en reniant l'ancienne fusion, l'aimé(e) porte un coup fatal à son cher ego. Il arrive que se réveillent alors de vieilles craintes d'enfance, la peur de l'abandon, l'obsession de la solitude.

Préméditation ou non, le terrain est inflammable, mais il faut encore que l'étincelle y mette le feu. Et c'est, au dernier moment, la rencontre de l'autre qui par un effet de miroir allume le brasier. La dernière rencontre se trouve dans la symétrie exacte de la première. C'est l'autre coup de foudre, non celui de la béatitude, mais celui de la sidération, le choc de l'évidence et du dévoilement. Je me suis trompé(e). On m'a trompé(e). D'un coup, se trouvent confirmés tous mes doutes. C'est sur le visage de l'aimé(e), sur ce visage qui m'inspira une passion sans pareille, le silence du défi ou les paroles du mépris, c'est une opacité dans ces yeux mêmes qui furent naguère illuminés par un amour que je croyais fou et qui était celui des premiers instants, c'est parfois une mimique de dégoût, c'est un mot qui blesserait ailleurs et qui tue ici, c'est un rien qui fait figure de tout, et c'est parfois, pour comble de malheur, le flagrant délit, l'attentat, l'obscénité de la trahison et de l'infidélité. Ce corps sacré entre tous, ce corps livré aux barbares.

On me dit que la passion n'a plus cours. Ne divorce-t-on pas tout autant qu'on se marie ? Si on ne se plaît plus, on va voir ailleurs. Salut ! Bonsoir et sois heureux(se) ! Pourquoi faire tragique, quand il n'y a plus d'interdit, plus d'obstacle et que la vie est assez longue pour en vivre plusieurs pour le prix d'une ? On me dit que survivre dans un monde aussi difficile que le nôtre, où le travail est rare et la compétition permanente, exige trop d'énergie et de force créatrice pour qu'on en soit encore à se gaspiller dans ce genre de folies amoureuses. La passion serait une pathologie de luxe et quelque chose d'un peu surfait, voire démodé. Ceux qui en étaient atteints ne l'étaient-ils pas dans les siècles passés ? N'étaient-ce pas des aristocrates à la sensibilité irritée par l'ennui et le désœuvrement ?

On me dit tout cela, mais je n'y crois guère. Je regrette en fait de ne pouvoir y souscrire. On n'en a pas fini avec la passion. Le temps présent n'est pas raisonnable. Chaque être dans sa solitude veut tout et tout de suite. Ce qu'il ne trouve pas en lui-même, il croit le trouver dans l'autre. Il est même prêt à l'arracher, à s'en emparer de force. Posséder l'autre, en faire sa chose, son objet, son régal, son miroir embellissant et sa vitrine muette. Pour oublier l'abandon des parents, pour combler le manque affectif. Pour réaliser enfin ce qu'on souhaitait en vain, enfant, que l'amour de la mère ne soit plus partagé avec les frères et sœurs, mais qu'il soit enfin exclusif. Parce qu'il faut aller jusqu'au bout de ses expériences et que la passion aussi est un sport de l'extrême. Parce que je suis seul et que je l'ai toujours été. Parce que nous serons seuls ensemble.

Le crime passionnel est la preuve par l'absurde de l'existence de la passion. À chaque époque, ses crimes, mais il en est toujours un qui révèle mieux que les autres l'état psychologique du moment.

Été 2003. Il fait dans toute l'Europe une chaleur exceptionnelle. En France, la canicule tue des milliers et des milliers de personnes, le plus souvent seules mais pas toujours, le plus souvent âgées mais pas toujours. On finit par parler de ces records de mortalité quand les morgues débordent et qu'il faut chercher où entreposer les corps. C'est au beau milieu de cet été radieux qu'un autre drame éclate à Vilnius.

Nadine Trintignant est sur le point d'achever en Lituanie le tournage pour France 3 d'un film sur la vie de Colette. Sa fille Marie interprète le rôle de l'écrivaine. On fait la fête pour célébrer la fin du tournage.

Marie partage son appartement de Vilnius avec l'homme qu'elle aime, Bertrand Cantat, qui l'a rejointe pour la durée du tournage. Chacun s'accorde sur le fait que ces deux-là ne peuvent pas se quitter. Certains en sont même contrariés. Quand une équipe de tournage travaille dans un pays étranger, qu'elle se trouve longtemps coupée de ses bases familiales et affectives, elle aime se tenir serrée dans la ferveur du projet commun et dans la moiteur d'une fratrie de circonstance.

Nos deux amants n'ont pourtant pas la réputation de jouer en solo. Bertrand Cantat a plus de dix ans de réussite à la tête de son groupe *Noir Désir*. Marie réalise à Vilnius son propre projet. Elle a participé à l'écriture du scénario. Elle interprète le rôle principal d'un film que sa propre mère réalise, où son frère et son fils ont aussi des rôles clés. C'est dire à quel point elle est impliquée dans un film qu'elle a voulu de A jusqu'à Z. Ils ont l'un et l'autre obtenu ces succès personnels et mondains qui permettent de conforter l'ego. Ils plaisent, ils séduisent, ils créent, et, s'ils attendent à présent tout l'un de l'autre, ce n'est en rien pour satisfaire des ambitions aiguisées ou déçues. Narcisse n'est pas mécontent d'eux et ils existaient avant de se connaître. De plus, ils vivaient un an plus tôt avec des êtres de qualité qu'ils aimaient. Leur coup de foudre a été un vrai coup de passion et l'attirance réciproque si forte qu'aucun philtre n'a été nécessaire. On peut même penser que le cocktail contemporain, célébrité + argent, n'en a pas tenu lieu.

On trouve Marie différente depuis la survenue de Bertrand Cantat. Elle quitte le plateau dès qu'on n'a plus besoin d'elle. Il l'attend. Elle va aussitôt le rejoindre. On dira – interprétation *a posteriori* ? – qu'elle est plus nerveuse qu'à l'accoutumée, comme oppressée, peut-être surveillée. Délicieuse certes, mais beaucoup moins disponible.

Ces deux-là ont cessé d'être avec les autres. Ils sont ensemble dans une surenchère d'amour. Quand Bertrand Cantat, quelques jours avant le drame, est interrogé par les journalistes, lui, le chanteur engagé qui ne fait pas mystère de ses choix politiques mais qui n'a jamais rien laissé paraître de ses sentiments personnels, n'hésite pas à confier son amour pour sa nouvelle compagne avec une émotion et une sincérité juvéniles. « On subit le fait d'aimer, dit-il en interview, mais il faut le faire vivre. » Et, à Vilnius, ils semblent tous deux s'y employer.

Leurs vies antérieures sont compliquées. Marie a quatre enfants de quatre pères différents. Bertrand Cantat a quitté pour Marie une compagne avec qui il vivait depuis longtemps et ils ont eu ensemble deux enfants. Dans l'enthousiasme de leur rencontre, ils ont tourné le dos à leur passé et fait le pari de l'absolu. Leurs vies antérieures ne sont pourtant pas révolues. Ils ont l'un et l'autre le besoin et le souci de leurs enfants.

La Lituanie est pour Bertrand Cantat le pays de nulle

part. Tandis que Marie est requise par le tournage et par sa famille, il se trouve loin de son groupe musical, de sa création et de tous les siens. Il se sent parfois de trop, cet homme qui a l'habitude de choisir le rythme de sa musique et de sa vie. Il refuse sur le tournage le rôle de prince consort. Sans doute juge-t-il que Marie ne devrait pas sacrifier le précieux temps de leur passion à un projet cinématographique qui ne lui paraît pas son genre. Sans doute le lui fait-il comprendre à demi-mot. Sans doute est-elle tiraillée entre les exigences de sa passion et celles de son métier. Sans doute la présence massive de sa famille sur le plateau n'arrange-t-elle rien.

Attendre, il ne fait plus que ça depuis qu'il est à Vilnius. Le rocker aux millions de disques vendus se sent devenir le toutou de sa jolie maîtresse. Il a tout quitté pour elle et le voilà contraint à une attente reconduite d'un jour à l'autre. Il pourrait être en France et improviser avec ses potes de nouveaux morceaux. Il pourrait emmener ses enfants à la plage. Il est là à attendre que la belle-maman veuille bien en finir avec son dernier plan. On dirait qu'elle fait exprès de multiplier les prises pour retenir Marie et prolonger le supplice. Quand Marie était enfant, déjà sa mère voulait l'avoir en permanence avec elle. Elle a même refusé de s'en séparer pour l'envoyer à l'école. Et le père, parlons-en du père, il a fait de sa propre fille sa maîtresse sur scène, osant lui susurrer des mots d'amour signés Apollinaire, les *Poèmes à Lou.* Ogre et ogresse, réunis... enfin, plus ou moins réunis. Ce père est bien pourtant le seul à lui manifester sa sympathie, comme s'il ne pouvait s'empêcher, ce merveilleux père, d'aimer et de comprendre ceux qui aiment sa fille tant aimée.

Comment Marie s'est-elle toujours débrouillée pour susciter d'aussi fortes passions ? Il se rappelle quand elle est venue le voir pour la première fois en concert, elle savait d'entrée qu'il ne lui résisterait pas et elle ne lui a pas laissé le temps d'attaquer. D'un coup, elle l'a pris au lasso et entravé comme un cheval que l'on vole dans l'enclos des voisins. Et tous ces hommes de ses vies antérieures, il se doute bien qu'ils ne sont pas prêts à lâcher prise. Ils vont s'arranger pour la relancer. Ils saisiront le prétexte des enfants. Et lui, qu'est-ce qu'il fout en coulisse comme un con, à quelques mètres d'elle, sans pouvoir rien faire d'autre que l'attendre interminablement, et jour après jour ? Heureusement, il y a les nuits. Enfin, quand ils ne tournent pas...

L'impatience a dû aller crescendo jusqu'à la dernière prise. Et la dernière prise n'a pas apporté le soulagement espéré. On n'en a jamais fini avec les uns, avec les autres. Il n'y a pas de cesse. Un verre par-ci, une bouffée par-là, refaire le film, commenter des choses dont on se moque, chercher le regard de l'autre à travers le bruit et la fumée, guetter celle dont on ne peut se passer et qu'on voudrait n'avoir qu'à soi, sentir qu'on vous juge – la mère, le fils, le frère – sans jamais faire l'effort de vous comprendre. Et Marie qui s'énerve, et le ton qui monte, parce qu'elle sent qu'ils sont tous là pour lui demander des comptes et qu'elle a toujours détesté en rendre. Mais comment fait-on pour contenter sa mère et son amant, sa folle passion et ses propres enfants, ses quatre enfants, chacun venu de son ventre et chacun singulier ? Et s'il était déjà trop tard pour trouver une île ?

Ils sont allés seuls prendre un verre chez un ami lituanien. Les verres sont comme les prises de cinéma, on croit toujours que c'est le dernier. Il en faut toujours d'autres et la lassitude est telle qu'on risque le *bad trip*, la gorge sèche, la respiration courte et les bêtes qui grouillent au plafond. Marie se tait et Bertrand n'est guère plus bavard. Est-ce le premier silence entre eux ? Est-ce pour cela qu'il est irréparable ? Ils partent ensemble de chez l'ami et sans doute en silence. Ils rentrent pour la dernière fois dans leur bulle, à l'hôtel Domina Plaza de Vilnius.

Comme dans la tragédie, le crime a lieu en coulisse. On n'en sait rien. On n'en connaît que les effets, ces terribles effets que Bertrand Cantat mettra toute une nuit à reconnaître. Une femme au visage massacré, agonisant à quelques pas de son massacreur, et ce *dernier* qui n'a pas un regard pour sa victime. On peut imaginer la colère, le ton qui monte, la jalousie, le texto du mari de Marie qui survient au pire moment, avec ces derniers mots : « Ma petite Janis. » Marie vient en effet d'interpréter le rôle de Janis Joplin dans le film de son précédent mari, Samuel Benchetrit, dont elle porte, tatouée à l'épaule, l'initiale, S. C'est la goutte qui fait déborder la violence de Bertrand Cantat. On peut même imaginer les menaces de Marie, peut-être ses injures, une surenchère de coups. On imagine trop bien que la loi du plus fort soit dans ces moments-là la loi du plus bête. Et c'est en effet la bêtise qui réduit en bouillie ce qu'il y a de plus sacré, le visage de l'autre, le visage de l'être aimé.

En revanche, la suite, ces heures nocturnes passées à ne rien faire et surtout à ne pas sauver l'autre que l'on a déjà condamnée, cette nuit de palabres et de prostration, cette nuit trop noire, cette nuit sans désir, même pas de se sauver soi-même en la sauvant, cette nuit-là est inimaginable. Impossible d'imaginer ce degré d'impuissance. Panique ? Dénégation ? Fuite ? Schizophrénie affective ? Peut-être la bêtise, encore elle, qui rend incapable d'évaluer l'ampleur des dégâts, tant ce qui a été accompli dans la réalité est loin des intentions initiales ? Comme quand il était enfant, s'il cache sa mauvaise action, est-ce qu'elle ne va pas du même coup disparaître, pas vu pas pris ? Rocker, révolté, romantique, l'homme immature qui a tué la femme qu'il aimait ne reconnaît ni son acte ni l'agonie de sa compagne. C'est bien lui pourtant qui a donné les coups. Il ne s'en souvient pas. Il est comme l'épileptique qui se réveille un bâton entre les mâchoires après sa crise convulsive. À la différence près qu'il ne s'est pas mordu lui-même, c'est l'autre qu'il a déchiquetée à mort.

Au lieu d'appeler les secours, alors que chaque minute compte pour tenter de la sauver, il appelle en France le mari de Marie dont le texto avait pourtant déclenché sa folle jalousie. Celui-ci lui conseille de téléphoner au frère de Marie qui a l'avantage d'être sur place et qui pourra l'aider. Sans doute Bertrand Cantat a-t-il en lui parlant minimisé les faits. Quand le frère de Marie vient aussitôt le rejoindre, il lui avoue qu'ils se sont disputés, mais que l'affaire n'est somme toute pas très grave puisqu'elle dort dans la pièce voisine. Ni l'un ni l'autre n'éprouve sur le moment le besoin d'aller vérifier la qualité de son sommeil.

Il est 7 heures du matin quand le frère découvre le visage détruit de sa sœur. À 7 h 15, le gardien de l'hôtel appelle les secours. Aux lueurs pâles, très pâles, du matin, l'alerte est enfin donnée et le corps à peine vivant, mais non encore mort, d'une Marie défigurée – une vingtaine de fractures – partira à 8 h 10 pour l'hôpital de Vilnius. Bertrand Cantat téléphone en France à sa femme Kristina pour lui demander de protéger leurs enfants s'il lui arrivait malheur. Il avale alors tous les médicaments qu'il trouve dans l'appartement du Domina Plaza.

C'est en France que le cœur de Marie Trintignant cessera définitivement de battre. Et c'est en France que Bertrand Cantat viendra un an plus tard purger sa peine.

Cristallisation

Pour Stendhal, l'amour ne naît pas « passion », mais il peut le devenir grâce à ce qu'il appelle la cristallisation.

Parabole de la cristallisation dans *De l'amour*, chapitre « Le rameau de Salzbourg » :

« Aux mines de sel de Hallein, près de Salzbourg, les mineurs jettent dans les profondeurs abandonnées de la mine un rameau d'arbre effeuillé par l'hiver ; deux ou trois mois après, par l'effet des eaux chargées de parties salines, qui humectent ce rameau et ensuite le laissent à sec en se retirant, ils le trouvent tout couvert de cristallisations brillantes. Les plus petites branches... sont incrustées d'une infinité de petits cristaux mobiles et éblouissants. On ne peut pas reconnaître le rameau primitif... »

Ainsi celui ou celle qui aime va-t-il parer l'objet de son amour de tous les cristaux, de toutes les qualités et perfections – réelles ou imaginaires, surtout imaginaires – qui confèrent à l'aimé un éclat sans pareil. Grâce à la cristallisation, l'aimé brille de tous ses feux. Il appartient alors au règne de l'incomparable.

Mais cette cristallisation-là est beaucoup plus aléatoire que celle qui, chimiquement, réussit chaque fois aux mines de sel de Hallein. Chez les amants, il faut que chacun y mette du sien. Y mettre du sien, dans cette perverse mécanique de l'amour, c'est aussi y mettre une certaine mauvaise volonté.

La cristallisation, selon Stendhal, a besoin de temps. Il ne faut pas tout donner d'un coup. Les aléas, les retardements, la crainte de tout perdre quand on est sur le point de tout gagner, permettent aux petits cristaux de se déposer. Ce n'est pas tout à fait ce que nos grands-mères appelaient, d'un ton moralisateur, « tenir la dragée haute », mais cela s'y apparente : « Si la femme aimée cède à la passion qu'elle ressent et tombe dans la faute énorme de tuer la crainte par la vivacité de ses transports, la cristallisation cesse un instant... »

Bref, l'imagination est plus fertile dans l'attente que dans la satiété et les escaliers toujours plus excitants à monter.

Cependant, Stendhal n'ignore pas que les stratégies amoureuses sont battues en brèche par l'amour-passion : « L'amour est comme la fièvre, il naît et s'éteint sans que la volonté y ait la moindre part. »

Stendhal développe sur l'éducation des femmes des théories déjà féministes : « D'après le système actuel de l'éducation des jeunes filles, tous les génies qui naissent *femmes* sont perdus pour le bonheur du public... Quel est l'homme dans l'amour ou dans le mariage qui a le bonheur de pouvoir communiquer ses pensées telles qu'elles se présentent à lui, à la femme avec laquelle il passe sa vie ? »

Stendhal énonce même un programme : « Donc, apprendre aux jeunes filles à lire, à écrire et l'arithmétique... le latin est bon parce qu'il apprend à s'ennuyer... »

Il est cependant bien obligé de faire avec ce qu'il trouve dans sa société et dans son temps, aussi établit-il entre les hommes et les femmes des différences en amour, différences qui, dans le meilleur des cas, se sont aujourd'hui ame nuisées :

« La dissemblance entre la naissance de l'amour chez les deux sexes doit provenir de la nature de l'espérance qui n'est pas la même. L'un attaque et l'autre défend ; l'un demande et l'autre refuse ; l'un est hardi, l'autre très timide.

L'homme se dit : Pourrai-je lui plaire ? Voudra-t-elle m'aimer ?

La femme : N'est-ce point par jeu qu'il me dit qu'il

m'aime ? Est-ce un caractère solide ? Peut-il se répondre à soi-même de la durée de ses sentiments ? »

Depuis Stendhal, l'éducation et la contraception ont joué leur rôle et bien des femmes pourraient en remontrer aux hommes en ce qui concerne l'attaque. Et dans ce cas, que devient la cristallisation ? Les petits cristaux ont-ils le temps de se déposer et l'imagination de parer la pauvre Cendrillon de tous ses atours ? Et ce benêt de Prince charmant, est-ce qu'on n'a pas envie de le rencontrer un soir, juste pour sentir à quoi il ressemble de près, et basta ! n'y a-t-il pas plus passionnant après ? Nous risquons d'en rester aux apparences, trop pressés que nous sommes de zapper d'une aventure l'autre.

Et pourtant, ne sommes-nous pas encore fascinés par le vieux mythe de la passion ? Par l'inusable et criminelle passion, née du philtre d'Iseult et de la cristallisation de Salzbourg ?

Stendhal avoue entre les lignes ce que *De l'amour* doit à sa biographie : « Je fais tous les efforts possibles pour être *sec*. Je veux imposer silence à mon cœur qui croit avoir beaucoup à dire. Je tremble toujours de n'avoir écrit qu'un soupir, quand je crois avoir noté une vérité. »

D

Désir

Don Juan

Dora et Frida

La Duchesse de Langeais

Durée

Désir

Le verbe latin *desiderare* signifie : cesser de contempler l'étoile, c'est-à-dire regretter son absence et aspirer à sa présence.

Le désir est inhérent à la passion. Dans ses origines latines, le verbe désirer ne signifie pas, ou ne signifie pas seulement, satisfaire un besoin impérieux. De même, désirer pour un être follement épris, c'est désirer l'astre aimé et uniquement lui. Il y a une grande différence entre le besoin et le désir. J'ai besoin d'une paire de chaussures, parce que ma seule paire est toute trouée. En revanche, je désire ces escarpins dernier cri qui ne m'aideront certes pas à mieux marcher, mais qui seront du plus bel effet avec mon nouveau tailleur.

Werther ne rêve que de Charlotte et il l'aime passionnément. Le très jeune Goethe, lui, avant même d'écrire son roman, connaît une jeune fille qui va lui inspirer le personnage de Charlotte, et qui refusera ses avances. Il ira vite se faire consoler par une autre. Il apprend, peu de temps après sa propre aventure, que, dans une situation proche de la sienne, un de ses amis, trop épris d'une belle indifférente, s'est suicidé. Dans son roman, il croise les deux histoires. Lotte a les traits de sa Charlotte, mais il conduit Werther à tous ces excès de la passion qu'il a lui-même ignorés. Comme son ami, il amène Werther à se suicider par amour et par manque d'estime de soi. Le jeune Goethe a besoin de tomber amoureux, tandis que Werther, lui, désire cette jeune fille-là à l'exclusion de toutes les autres, et il en meurt.

La difficulté n'est pas seulement de ne pas confondre le besoin et le désir, mais aussi le désir et la possession de l'autre, voire sa domination. Le partenaire ne doit pas se sentir autorisé à agir en propriétaire. Mon désir s'adresse à l'autre qui doit aussi me désirer pour que l'amour existe au point de rencontre de nos deux désirs. En revanche, si je désire un tableau, une voiture ou un vêtement, je ne demande pas son accord à ce tableau (encore que...), à cette voiture ou à ce vêtement, avant de m'en porter acquéreur. Je fais mes comptes et j'achète. Sinon je vole. L'objet de mon désir ne devient sujet que s'il éprouve comme moi, et pour moi, ce même désir. Sinon je viole. L'objet se laisse posséder, le sujet non.

En Chine, à l'autre extrémité de la sagesse humaine, les religions et toutes les philosophies traditionnelles convergent vers un suprême détachement, c'est l'attitude du non-agir. Le monde n'est que violence, guerres, passions. Loin de ce vacarme, il faut se mettre à l'écoute d'une musique minimaliste, le Dao, qui signifie aussi la voie, le chemin. Ce qui compte en effet, ce n'est pas l'objectif, il n'y en a pas, mais le chemin et surtout le souffle, l'élan spirituel, qui permet de le parcourir. Dans la pensée confucéenne, chaque action qui porte la marque de ma volonté force la loi naturelle. Je dois en revanche me laisser porter par le courant sans jamais imposer ma propre loi. On se retient d'agir pour que le monde de lui-même puisse advenir et se transformer. Dans ce monde où il n'y a plus de séparation entre l'intérieur et l'extérieur, où il n'y en a pas non plus entre les êtres, le désir n'a plus lieu d'être : « Les êtres connaissent mort et vie, sans avoir jamais l'assurance de l'accomplissement. Tantôt vides, tantôt pleins, ils ne résident pas dans les formes fixes. Les années ne peuvent être retenues, pas plus que le temps ne peut être suspendu. Déclin et croissance, plénitude et vide, tout finit pour recommencer [1]. »

---

1. Zhuangzi, philosophe chinois, cité par Anne Cheng dans son *Histoire de la pensée chinoise.*

Spinoza fut le premier à donner au désir une place centrale dans la philosophie occidentale. Il va de soi que le désir n'est pas chez lui le seul désir sexuel et amoureux. Cependant, avant même la psychanalyse, il fait du concept de désir une structure fondamentale de la conscience. Sa définition du désir : « L'effort pour persévérer dans l'être ». Instinct de survie, mais aussi aspiration à la vie. Dynamisme qui permet d'accroître sa propre puissance, donc sa joie vitale. Le désir est la finalité même de l'éthique en vue du meilleur accomplissement de soi.

La perte du désir préfigure la mort. Quand la coquette ne se soucie plus de son apparence et de sa parure, quand le gourmand perd le goût, quand l'esthète ne se passionne plus pour la beauté des œuvres et des êtres, quand l'écrivain n'écrit plus, quand il n'y a plus cette faim qui renouvelle le désir et les cellules vitales, c'est que l'apocalypse intime a commencé.

Don Juan

Don Juan est le reflet inversé de Tristan. C'est le cas du *Dom Juan* de Molière et du *Don Giovanni* de Mozart. C'est le cas aussi, dans les parages du XVIIIe siècle, de tous ceux qui lui sont proches : Casanova, Mme de Merteuil, Valmont et autres Almaviva.

Des collectionneurs (l'air du catalogue, chanté par le valet de don Giovanni, Leporello : *mille e tre*, *mille e tre* !). L'énumération de leurs conquêtes ressemble à celle des différentes combinaisons des corps et de leurs positions dans *Les 120 journées de Sodome* du marquis de Sade. Chez les collectionneurs, la quantité l'emporte souvent sur la qualité, mais pas toujours. Au reste, s'ils ne parviennent pas à séduire, ou s'ils n'en ont pas le temps, ils peuvent exercer leur « droit » de cuissage et violer leurs victimes. Le viol et le meurtre ouvrent le premier acte du livret de Da Ponte pour le magnifique *Don Giovanni* de Mozart.

Si Valmont dans *Les Liaisons dangereuses* n'utilise pas la violence physique pour conquérir, son but est tout de même de rendre publique ce que la société estime être la déchéance de ses victimes, tour à tour séduites et abandonnées. Pour que la performance soit admirée, il faut qu'elle soit connue. Choderlos de Laclos est un grand stratège et son roman un échiquier dont les différentes pièces sont destinées à prendre ou à être prises. Certes, on ne croit guère au dénouement où les méchants (les libertins) sont punis, mais la morale est presque sauve !

Stendhal évidemment ne s'y trompe pas : « C'est uniquement pour être brûlée en l'autre monde, dans une grande chaudière d'huile bouillante, que Mme de Tourvel résiste à Valmont. Je ne conçois pas comment l'idée d'être le rival d'une chaudière d'huile bouillante n'éloigne pas Valmont par le mépris. »

Les Liaisons dangereuses sont néanmoins le plus instructif manuel de libertinage, stratégie et tactiques comprises. Cet anti-Tristan a été imaginé par un artilleur, Choderlos de Laclos, occupé à construire les fortifications de l'île d'Aix, au large de Fouras, et inventeur de ce boulet creux qui améliora l'efficacité de l'artillerie de marine. Les générations à venir ne se souviendront guère de son génie militaire, en revanche elles tireront de son roman des leçons de séduction et de cynisme en matière de conduite amoureuse, et, accessoirement, la plus brillante leçon d'écriture.

Le cinéma de Roger Vadim aura beau donner aux superbes prédateurs que sont Merteuil et Valmont les visages de Jeanne Moreau et de Gérard Philipe, les images ne traduiront pas le charme et la vivacité picaresque de ce premier roman, écrit par lettres et par un quasi-amateur. Militaire de son état, ledit Laclos ira ensuite couler des jours heureux à La Rochelle – mais comment ne pas être heureux à La Rochelle [1] ? – où il restaurera l'arsenal et fera un enfant à une demoiselle de la meilleure société, Marie-Solange Duperré, qu'il épousera le 3 mai 1786 et aimera jusqu'à la fin de ses jours.

...Où il est démontré qu'on peut écrire d'une manière (excellente) et vivre d'une autre (non moins excellente). Le pédagogue Jean-Jacques Rousseau fut tout sauf un bon père et Laclos, maître en libertinage, se révéla un mari amoureux.

1. Je sais que mon attachement personnel, familial et esthétique, à cette très belle ville et à son port devrait être tempéré par les flétrissures du passé. Quand Choderlos de Laclos construit l'arsenal, La Rochelle est encore une des quatre villes françaises, avec Nantes, Bordeaux et Le Havre, qui pratiquent le « commerce triangulaire », c'est-à-dire qu'elle s'enrichit de la traite négrière (La Rochelle-côte de Guinée-Antilles et retour).

Albert Cohen dans *Belle du Seigneur* : « Expliquez bien aussi pourquoi cette rage de séduire chez don Juan. Car en réalité, il est chaste et il apprécie peu les ébats de lit, les trouve monotones et rudimentaires et somme toute comiques. Mais ils sont indispensables pour qu'elles l'aiment. Ainsi sont-elles. Elles y tiennent. Or, il a besoin d'être aimé... Il régnera donc sur les femmes, sa nation, et il les choisira nobles et pures car quel plaisir d'asservir une impure ? »

Comme certains ont prétendu que la fonction créait l'organe, le masochisme et la lubricité des femmes auraient créé don Juan. Ce dernier n'est pourtant pas né de l'imagination des femmes mais de la création des hommes. Et, si les auteurs se sont parfois inspirés de personnages réels ou de leur légende, pour quelques brillants modèles combien d'imitateurs de bas étage ! Et, pour ce bien discutable parangon de virilité, combien d'hommes fatigués !

Au reste, de fins analystes, quelque peu agacés par ses exploits, ont cru déceler chez lui l'originel péché d'impuissance. Il chercherait par le nombre et la diversité de ses conquêtes à stimuler une virilité défaillante et chaque femme entrerait dans la compétition, non par concupiscence comme l'écrit Albert Cohen, mais par esprit sportif. Chacune voulant se targuer d'avoir guéri don Juan. Chacune se croyant seule à pouvoir raviver chez lui son ardeur et par là fixer son amour.

La science nous fournit peut-être une explication au comportement de ces don Juan, de leurs confrères et consœurs... Le donjuanisme, dans sa version la plus frénétique, serait dû à un trouble neurohormonal des synapses du plaisir. Le cerveau émotionnel sécrète la dopamine sous le contrôle d'une enzyme, la MAO – monoamine oxydase – qui arrête sa sécrétion dès qu'elle paraît suffisante. Une prise de sang permet de constater le taux de MAO dans les plaquettes sanguines, ce taux étant le reflet de celui qui existe dans le cerveau de la même personne. Il semblerait prouvé que les impénitents séducteurs et les vamps insatiables souffriraient d'un déficit de MAO. Leur système du plaisir, stimulé de manière chronique, souffrirait comme le drogué d'une accoutumance. Il leur faudrait alors pour ressentir un réel plaisir une stimulation toujours plus forte. Ils seraient voués par un trouble d'origine génétique à une surenchère amoureuse obsessionnelle, sans jamais assouvir leur désir et calmer leur manque.

Casanova est aussi inconstant que don Juan, mais il n'est pas un guerrier. Les femmes ne sont pas pour lui des citadelles qu'on devrait battre en brèche avec un bélier. Il séduit pour prendre, et, quand il prend, il donne. Il entretient de longues amitiés avec ses anciennes conquêtes. La sensualité se glisse chez lui jusque dans le souvenir de ses amours qu'il ne confond pas avec des faits d'armes, alors que don Juan reste un stratège, énervé et froid.

Stendhal dans *De l'amour* : « Ce qui me fait croire les Werther plus heureux, c'est que don Juan réduit l'amour à n'être qu'une affaire ordinaire... Au lieu de se perdre dans les rêveries enchanteresses de la cristallisation, il pense comme un général au succès de ses manœuvres, et en un mot tue l'amour au lieu d'en jouir plus qu'un autre, comme croit le vulgaire. »

Et, un peu plus loin : « Le malheur de l'inconstance, c'est l'ennui ; le malheur de l'amour-passion, c'est le désespoir et la mort. On remarque les désespoirs d'amour, ils font anecdote ; personne ne fait attention aux vieux libertins blasés qui crèvent d'ennui et dont Paris est pavé. »

Tristan est l'homme qui aime de passion une seule femme. À l'opposé, don Juan est celui qui voudrait toutes les posséder. Mais don Juan n'est pas que cela, du moins chez Molière, chez Mozart et Da Ponte. C'est un libertin. Il revendique le libertinage de ses mœurs qui est de toute évidence la liberté du plus fort, celle de l'homme et celle du seigneur. Il ne se contente pourtant pas de se dresser face à la morale. Quand il s'écrie : « Viva la Liberta ! » ou quand il tient tête jusqu'au trépas à la statue du Commandeur, c'est Dieu qu'il défie et ce combat-là est engagé contre l'infini. Le personnage de Molière ose même faire profession d'athéisme – « Je crois que deux et deux font quatre » – et cela devant un parterre de dévots qui aussitôt fourbiront leurs armes. Ils vont saborder la pièce. Oser un tel brûlot au centre de la vie de cour, on a connu Molière plus prudent ! Sans doute y a-t-il au moins autant de courage chez l'auteur que chez son personnage, ce dom Juan, « grand seigneur méchant homme ».

Denis de Rougemont, dans *L'Amour et l'Occident*, dénonce l'affadissement et la banalisation des grands mythes, dès lors qu'ils sont coupés de ce qui les a fait naître : « Tous ces Tristan qui ne sont en vrai que des don Juan au ralenti. » Parler de don Juan sans mentionner le libertin qui brave et la morale et Dieu, c'est parler de Tristan sans évoquer la passion du Christ et le péché originel.

Aujourd'hui les don Juan (et les doña Juana) n'ont plus en effet grand-chose à défier, ni même à démontrer. Ils vont s'approvisionner au rayon soldes, où toutes les Bovary se prennent pour des Iseult, tandis que des Tristan, cédant à leurs passions successives, plaquent leurs familles pour des Merteuil aux seins et aux lèvres consolidés par la chirurgie.

Écoutons Stendhal qui écrivait, dans *De l'amour*, à propos de don Juan : « Dans le grand marché de la vie, c'est un marchand de mauvaise foi qui prend toujours et ne paye jamais ;... c'est pour cela que l'orgueil de la naissance va si bien au caractère de don Juan... Je croirais assez qu'un homme qui porte un nom historique est plus disposé qu'un autre à mettre le feu à une ville pour se faire cuire un œuf. »

Dora et Frida

De part et d'autre de l'Atlantique, elles ont tant aimé leurs hommes qu'elles faillirent en perdre la raison.

Dora Maar et Frida Kahlo, deux artistes qui vécurent avec deux artistes aux génies cannibales, Pablo Picasso et Diego Rivera.

Amours, délices et ogres.

Je me souviens de vous, Dora Maar. J'ai le sentiment de vous avoir naguère rencontrée [1].

La passion, ce fut dès le premier jour un coup de couteau dans votre chair. Il est arrivé dans la porte à tambour des Deux-Magots. C'était lui, enfin, Pablo Picasso, accompagné de l'ami Paul, Paul Éluard. Vous étiez, vous, occupée à planter votre petit canif de plus en plus vite entre vos doigts. Il vous a vue, et vous, vous n'avez plus vu que lui. Pour votre malheur et pour votre bonheur, vous ne verrez jamais plus que lui.

Certes, vous n'étiez pas une ingénue qu'un homme célèbre et d'âge mûr aurait soudoyée, même si vous aviez vingt-six ans de moins que lui. Votre ogre, vous l'aviez voulu, et vous étiez bien placée pour savoir qui il était. En plus de votre beauté qui inspirait les surréalistes, vous-même n'aviez-vous pas votre propre célébrité de photographe ? Vos œuvres sont aujourd'hui encore rééditées et exposées.

---

1. Cf. du même auteur, *Moi, Dora Maar*, Plon, 2002.

N'aviez-vous pas déjà fréquenté certains de ces étonnants grands monstres, tel Georges Bataille ?

Il se peut que vous ayez aimé chez Picasso l'artiste incomparable autant que l'homme. Les deux n'avaient-ils pas le même pouvoir de fascination ? Quant à lui, il vous a aimée, mais pas autant que son œuvre, c'est-à-dire pas autant que lui-même. Il vous a aimée puisqu'il vous a dessinée, puisqu'il vous a peinte, puisqu'il a fait de vous une période dans son œuvre.

Il ne vous a certes pas donné son nom, mais il vous a offert quelque chose de plus précieux, qui, pour une fois, ne témoignait pas chez lui d'une passion égoïste, mais d'un véritable amour. Vous étiez la seule femme avec laquelle il pouvait partager des idées et des goûts, des amitiés et des combats. Vous avez, par vos engagements politiques, suscité, encouragé et photographié *Guernica.* Et, s'il a fait de vous *La femme qui pleure*, ce n'était pas pur sadisme de sa part. Immortalisant sous ce titre votre visage, il a symbolisé, à travers vos larmes qu'il a su, ô combien, faire couler, une sale époque vouée à la guerre et à la destruction.

Ce qu'il a partagé avec vous, il ne l'a partagé avec nulle autre. L'ogre vous a dessinée avec une telle tendresse, avec une telle délicatesse aux premiers temps de votre amour ! Ce qui ne l'a pas empêché de vous déshabiller avec rage et avec une passion cannibale dans son explicite *Minotaure* de 1937. Il est facile de suivre le baromètre amoureux d'un artiste tel que Picasso : cherchez l'œuvre !

Il y a une autre preuve tangible de son amour, de son désir de partager avec vous l'acte créateur. Il a utilisé certaines de vos photographies comme support à sa peinture, et lui, si conscient de son génie et si soucieux de son indépendance, il n'a pas hésité à baptiser ces œuvres de vos deux noms joints, il les a appelées des Picamaars.

Je sais, la fin de votre amour, ou plutôt du sien, ne fut pas de la même eau. Vous fûtes remplacée en un tournemain par une autre dans la vie et dans l'œuvre de celui que vous, vous avez continué à aimer jusqu'à la fin de vos jours. Plus question de délicatesse. Picasso avait dessiné toutes sortes de petits insectes sur les murs de votre appartement de la rue de Savoie. Ils ont grouillé tout autour de vous, ils sont même entrés dans votre tête après son départ.

Folle ! On vous a dite folle et on vous a aussitôt enfermée à Sainte-Anne. Si Lacan n'était pas venu vous chercher, jusqu'à quand les électrochocs auraient-ils balafré votre cerveau ? Peut-être seriez-vous devenue une autre Camille Claudel, oubliée de tous, dans un asile pendant une trentaine d'années.

Heureusement, il y eut pour vous un après-Picasso. Vous seule pourriez dire à quoi il a ressemblé, or vous vous êtes tue. On vous a fait prononcer la célèbre phrase, trop vraie pour être authentique : « Après Picasso, il n'y a plus que Dieu. » C'est un fait pourtant, qu'après avoir perdu l'un, vous avez cru trouver l'Autre.

Hormis la folie, Frida Kalho a connu toutes les souffrances.

Son plus célèbre autoportrait s'intitule *La Colonne brisée*. Elle est cette femme-Christ, exhibant ses mille douleurs. Une colonne antique aux nombreuses brisures lui traverse le corps de part en part. Son beau visage, impassible, s'érige comme un temple tragique. Ses fameux sourcils se rejoignent à la racine de son nez comme, en plein vol, les deux ailes déployées d'un oiseau. Les lanières d'une sorte de corset orthopédique enserrent son torse meurtri. Dans sa chair, s'enfoncent tous les clous de la Passion. Elle vit en effet la passion sous ses deux formes, la forme christique et la forme amoureuse.

En 1913, elle a six ans, la poliomyélite lui laisse une jambe gauche atrophiée. Souffrance, différence, légère claudication, jambe dissimulée à vie sous les lourds jupons mexicains. Ce n'est pourtant qu'un avant-goût du pire. Elle n'a pas dix-huit ans quand, en effet, le pire a lieu.

Le 17 septembre 1925, elle est à Mexico dans un bus qui percute un tramway. Frida racontera l'accident longtemps après : « Ce n'est pas vrai qu'on se rende compte du choc, ce n'est pas vrai qu'on pleure. Je n'ai pas eu de larmes. Le choc nous a projetés en avant, et une des rampes du bus m'a traversée comme l'épée traverse un taureau... C'est comme cela que j'ai perdu ma virginité. Mon rein était endommagé, je ne pouvais plus uriner, mais ce qui me faisait le plus souffrir, c'était la colonne vertébrale. Personne n'avait l'air de s'inquiéter... Ma mère ne se manifesta pas pendant un mois à cause du choc, et ne vint pas me voir... Et mon père en fut si attristé qu'il en tomba malade et je ne pus le voir que vingt jours après. »

Elle survit pourtant. À sa sortie de l'hôpital, elle reste longtemps alitée. Ce lit, elle a bien cru ne jamais pouvoir le quitter et ses souffrances sont atroces. C'est dans ce même lit qu'elle décide de peindre. Sa mère fait disposer au-dessus d'elle un grand miroir où Frida peut se voir et se prendre pour modèle. Démarche narcissique et christique à la fois, c'est dans sa douleur qu'elle puise les forces de sa résurrection. Démarche amoureuse aussi. Son premier autoportrait, elle le destine à son jeune fiancé pour tenter de le retenir. Il a en effet profité de son accident pour s'éloigner. Le jeune homme ne reviendra pas et Frida entrera un peu plus dans sa propre peinture. Son visage a miraculeusement échappé au saccage. Son œuvre va se nourrir de sa souffrance et de sa beauté.

C'est chez une amie qu'elle rencontre l'homme de sa vie, Diego de Rivera. Tout le monde le connaît au Mexique (et à Paris, et à Moscou, et bientôt aux États-Unis), mais Frida le connaît déjà un peu mieux que tous les autres. À peine adolescente, elle a été surprise en train d'admirer en cachette le fameux peintre au travail. Il n'est pas impossible qu'elle ait commencé à peindre en se souvenant de ces grandes fresques qu'elle lui a vu réaliser dans l'amphithéâtre Bolivar.

Comme Dora avec Picasso, Frida connaît la réputation de l'ogre, c'est un dévoreur de femmes. Comme Dora aussi, elle admire en lui l'artiste et sa manière de vivre l'art dans ses engagements esthétiques et politiques. Enfin, tout comme Picasso qu'il a du reste rencontré à Paris, Diego de Rivera est précédé d'une légende qui fait de lui un insatiable inventeur de formes et un non moins insatiable séducteur de femmes. Comme lui enfin, il crée pour posséder le monde. Frida qui cherche seulement à survivre par la dynamique de sa propre peinture a besoin de lui, de ses conseils, de son soutien, de son amour. Elle joue d'un coup toute sa mise sur la case passion.

Elle est si jeune, elle est si frêle et si blessée auprès de lui ! Il affiche une réussite artistique insolente, une grosse lippe et un gros ventre, ainsi qu'une énorme capacité de travail. Tout en lui semble démesuré, son corps de géant, mais aussi son œuvre de muraliste. Il peint de très grandes fresques inspirées de l'histoire, passée ou présente, des gens simples de son pays. Le mouvement muraliste se fait à Mexico autour de Diego, comme le cubiste s'est imposé à Paris grâce à Picasso.

Les Indiens tiennent les premiers rôles sur les murs peints par Diego, alors que la révolution mexicaine est de plus en plus en difficulté. Son enfance a été sauvée de l'abandon par une jeune Indienne, prénommée Antonia. Quand son frère jumeau est mort à l'âge d'un an et demi, et que sa mère, neurasthénique, a rejeté Diego, Antonia l'a élevé à l'indienne, l'initiant à toutes les pratiques ancestrales. Pour plaire à Diego, Frida se fera indienne, ce qu'elle est déjà.

Aux premiers temps de son mariage avec lui, elle s'arrête de peindre, et, comme Dora ne photographie plus que les œuvres de Picasso et se contente de poser pour lui, Frida entre dans l'œuvre de Diego sous les traits de la déesse de la fertilité. On peut parler d'amour fusionnel, mais le mot de fusion n'est-il pas impropre, quand la fusion est unilatérale et que le plus puissant absorbe le plus faible ? Et Diego, que ses amis appellent le Taureau – Picasso se figure lui-même en Minotaure –, dévore tout autour de lui, le travail, l'amour, la vie, dévore aussi une Frida qui ne demande que ça.

Sa vie va basculer quelques années plus tard. Elle apprend que Diego la trompe avec sa propre sœur, Cristina. Elle sait bien que ce n'est pas sa première incartade et que l'ogre revendique une certaine liberté sexuelle pour mieux alimenter sa machine à créer. De là à coucher avec sa sœur, Frida qui a la religion du couple ne peut le supporter. Dans son désespoir, elle retrouve ses pinceaux. Elle peint pour éviter la folie. Elle peint pour se faire aimer. Elle peint pour tenter de le rejoindre. Elle peint les allégories de la souffrance à travers son corps mutilé dans sa chair et dans sa passion. Elle peint ses tableaux les plus forts pendant les cinq années où ils se font la guerre, de 1935 à 1940.

Elle va tout tenter pour l'oublier. Elle prend même un amant, et c'est Léon Trotski, mais elle n'oublie pas Diego. Elle voyage et obtient des triomphes mondains à New York, puis en France. Elle arrive à Paris en 1937 et habite chez les Breton. Elle a connu André Breton au Mexique où il accompagnait à ce moment-là Trotski. Elle rencontre tous les grands peintres et tous les amis des Breton : Tanguy, Kandinsky et bien sûr Picasso. Ce sont les années où Dora et Picasso sont inséparables. Sans doute les deux femmes se sont-elles croisées. Détail amusant, elles sont toutes deux célébrées à la même époque pour la beauté de leurs mains. On connaît la célèbre photo de la main de Dora par Man Ray, longue main aux doigts fuselés que Picasso sublimera et violentera tour à tour dans ses œuvres. La main de Frida, pendant son séjour parisien, apparaît en couverture de *Vogue*.

Malgré ses succès, Frida se sent mal à Paris. Parmi les intellectuels parisiens, elle regrette les fêtes barbares de son Mexique. Elle regrette jusqu'aux tourments que lui faisait subir son ogre. Diego de Rivera fait dire à Frida dans ses Mémoires : « Ils sont tellement de foutus intellectuels pourris que je ne peux plus les supporter... J'aimerais mieux m'asseoir par terre sur le marché de Toluca pour vendre des tortillas que d'avoir quoi que ce soit à voir avec ces connards "artistiques" de Paris... Je n'ai jamais vu Diego ni toi perdre votre temps à ces bavardages stupides et ces discussions intellectuelles. C'est pour ça que vous êtes de vrais hommes et non des artistes minables – bon sang ! Ça valait la peine de venir jusqu'ici juste pour comprendre pourquoi l'Europe est en train de pourrir, pourquoi tous ces incapables sont la cause de tous les Hitler et les Mussolini[1]. »

De retour à Mexico, Diego la pousse à accepter ce divorce qu'elle ressent comme une humiliation. Elle sait qu'il va de

1. Cité par J.M.G. Le Clézio dans *Diego et Frida*, aux Éditions Stock.

femme en femme et qu'aucune d'entre elles ne la vaut. C'est bien ce qui la blesse. Plus il les méprise, plus son plaisir avec elles semble fort. Meurtri par l'accident, le corps de Frida n'a sans doute jamais pu donner à son amant un tel plaisir, et, dans la crainte de son insatisfaction, sans doute n'a-t-elle jamais pu elle-même jouir tout à fait de leurs étreintes.

Frida plonge dans la dépression et Diego qui travaille à San Francisco l'encourage à venir s'y faire soigner. C'est là qu'il la demandera une seconde fois en mariage. Le jour du quarante-quatrième anniversaire de Diego, ils se remarient.

Elle a fait inscrire dans ce second contrat de mariage qu'ils n'auront plus de rapports sexuels. On ne sait s'ils ont respecté leur promesse, mais Frida a tenu à cette clause pour se prouver à elle-même qu'elle a changé et qu'elle peut encore changer. Au reste, elle n'a pas le choix. Diego, lui, ne peut pas changer. Alors elle va s'abstenir de lui faire des scènes de jalousie. Elle va surtout tenter de transformer sa propre passion en amour. L'ogre devient aussi l'enfant qu'elle ne peut pas lui donner.

Il la peint avec tous ceux qui ont été importants dans sa vie sur le mur de l'hôtel del Prado. Elle est grande et elle tient par la main un garçonnet qui a le visage de Diego. De même, elle fait son autoportrait, le visage de Diego incrusté au beau milieu de son front. Elle écrit dans son *Journal* : « Personne ne se sépare de personne. Personne ne lutte pour soi seul. Tout est à la fois tout et un. L'angoisse, la douleur et le plaisir et la mort ne sont qu'un seul et même moyen d'exister. »

Elle a accepté de l'aimer sans plus rien lui demander, soit. Elle sait qu'elle est son unique amour, qu'il vit et qu'il peint moins bien s'ils ne sont pas en accord et qu'elle a promis : plus de scènes, plus de jalousie, soit. Elle tient mais elle est seule. Ses douleurs physiques sont de plus en plus terribles et elle n'a pour les calmer que la marijuana. Lui, il vit et voyage avec d'autres femmes. Sa liaison avec l'actrice Maria Félix fait scandale. Il revient toujours vers Frida puisqu'il a acquis de haute lutte le droit de ne plus se cacher d'elle et de ne plus lui mentir.

Organisée par une amie, une grande rétrospective de l'œuvre de Frida a lieu, le 13 avril 1953, à Mexico. Ses souffrances sont telles qu'elle est dans l'impossibilité de s'y rendre. Diego a l'idée de lui faire traverser Mexico jusqu'à la galerie dans le lit à baldaquin de ses premières œuvres. Tout Mexico est là. On boit. On chante. On danse. Frida parvient à sourire.

Quelques semaines plus tard, on l'ampute d'une jambe. Elle meurt le 13 juillet 1954. Sept jours après ses quarante-sept ans.

La dernière page de son *Journal* : « J'espère que la sortie sera heureuse – et j'espère ne pas revenir. »

La Duchesse de Langeais

Ce roman est un des sommets du romantisme français. Balzac écrit dans les premières pages de l'œuvre : « Mais il n'y a point de petits événements pour le cœur ; il grandit tout ; il met dans les mêmes balances la chute d'un empire de quatorze ans et la chute d'un gant de femme, et presque toujours le gant y pèse plus que l'empire. »

Une île en Méditerranée. Sur cette île, des carmélites déchaussées. Puis un général français, « un homme à cœur et face de lion » qui, d'un couvent l'autre, cherche depuis des années la femme qu'il aime et qui s'est enfuie. Par un heureux concours de circonstances, il réussit à pénétrer avec ses hommes dans l'église des carmélites. Les nonnes se réfugient pour la messe dans la tribune de l'orgue.

C'est de là, de ce jeu d'orgue, que le miracle va naître. Dans l'interprétation d'une musique de Rossini, « le compositeur qui a transporté le plus de passion humaine dans l'art musical », puis dans celle d'un *Te Deum*, « il fut impossible de ne pas reconnaître une âme française dans le caractère que prit soudain la musique. Le triomphe du Roi Très-Chrétien excitait évidemment la joie la plus vive au fond du cœur de cette religieuse. Certes elle était française. Bientôt le sentiment de la patrie éclata... Des mains espagnoles n'eussent pas mis, à ce gracieux hommage fait aux armes victorieuses, la chaleur qui acheva de déceler l'origine de la musicienne.

— Il y a donc de la France partout ? dit un soldat...

« Terrible sensation ! Espérer la résurrection d'un amour perdu, le retrouver encore perdu, l'entrevoir mystérieusement, après cinq années pendant lesquelles la passion s'était irritée dans le vide, et agrandie par l'inutilité des tentatives faites pour la satisfaire ! »

La musicienne s'appelle sœur Thérèse. Elle fut autrefois la duchesse de Langeais. Sœur Thérèse expie chez les carmélites le crime de la duchesse.

Elle a naguère allumé la passion dans le cœur du général et s'est jouée de lui pour de simples satisfactions d'amour-propre. Ces deux êtres qui auraient pu s'aimer ont vécu l'un pour l'autre une passion décalée dans le temps. La duchesse a tout fait pour attirer le général, pour le séduire, l'enflammer et le soumettre, se cachant à elle-même qu'elle l'aimait. Cette danse des sept voiles qui, sous couvert de morale et de religion, montre presque tout et ne donne presque rien, rappelle les approches codifiées de l'amour courtois. Pour en avoir fait les frais, Balzac en dénonce toute l'hypocrisie qui peut tourner au tragique : « Moi seul sais ce qu'il y a d'horrible dans *La Duchesse de Langeais*. »

Quand l'un aimait, l'autre faisait sa coquette et moquait son esclave. Quand l'autre tombe enfin dans le piège par elle-même tendu, il est trop tard. Elle est à son tour victime d'une passion à laquelle le général, calciné par de vains désirs, ne veut plus se fier. Trop longtemps repoussé, il a perdu sa foi en l'amour.

Elle fuit, désespérée, elle a tout gâché par sa faute. En religion, elle a beau désormais s'appeler Thérèse, elle n'a pas de la sainte les extases. La musique qu'elle joue sur l'orgue de la chapelle exprime la souffrance plus que la béatitude. C'est la douleur d'un amour qui n'a pas su exister.

« Mon amour s'allumait plus vif à chaque recherche vaine ; j'ai dépensé ma vie et les plus larges battements de mon cœur autour des murailles noires de plusieurs cloîtres. » Après cinq ans de recherches, l'homme qui l'a adorée, puis rejetée et aimée de nouveau, la retrouve enfin. Désespérée, elle vient tout juste de s'éteindre.

Balzac écrit *La Duchesse de Langeais* à chaud. Sa plaie n'a pas eu le temps de cicatriser. Elle est encore toute purulente. Il sait ce qu'il en coûte de s'éprendre d'une femme qui se fait aimer passionnément sans rien engager d'elle-même dans l'aventure. Il vient de le vivre. Il souffre. Il a comme d'habitude besoin d'argent. Il l'écrit.

La duchesse de Langeais s'appelle, dans la vie de Balzac, la marquise de Castries. C'est une des reines du faubourg Saint-Germain. Elle est séparée de son mari et les époux trouvent des avantages à cette situation. En revanche, la marquise de Castries est doublement meurtrie.

Une chute de cheval l'a rendue boiteuse et son amant, Victor de Metternich, fils du célèbre chancelier d'Autriche, vient de mourir.

Elle écrit à Balzac sous une fausse identité pour lui parler de son œuvre et lui dire combien elle l'admire. Une correspondance est échangée entre eux, avant que la marquise ne lui révèle sa véritable identité. Elle l'invite alors dans son bel hôtel dont il va devenir un habitué.

La marquise a tous les charmes de l'esprit et ceux du corps. Balzac s'éprend des uns et des autres. Tantôt la marquise repousse ses avances, tantôt elle attise ses ardeurs. De délai en délai, l'attente devient insupportable. Fou d'amour, Balzac s'agite et se plaint.

On ne saura jamais si la marquise de Castries employait, pour refuser à Balzac ce qu'il désirait tant, les mêmes arguments que la duchesse de Langeais avec le général.

La duchesse s'était d'abord souvenue fort opportunément qu'elle était mariée. Elle prétendait ne pas vouloir céder aux avances du général par respect envers son mari. Ensuite, elle mit en avant la religion. La coquette ne voulait rien renier de la foi de son enfance. Elle était croyante et l'adultère était pour elle un péché. Dans son roman, Balzac se plaît à railler une religion bonne à tout. À conforter les propriétaires et garantir la tranquillité des riches. À permettre aux duchesses d'être aimées sans avoir à aimer. À fournir enfin à la passion cet obstacle qui, la gênant, la fortifie. Ajoutons à cela que ladite religion permet à Balzac de démolir par l'absurde le code de l'amour courtois et d'écrire un de ses plus beaux romans.

La Duchesse de Langeais serait aujourd'hui impensable. La religion n'est plus un argument pour coquette, et, sur le marché actuel de l'offre et de la demande, ce genre de coquetterie est devenu une stratégie tout à fait obsolète.

Entre Balzac et nous, juste à mi-parcours, Proust a laïcisé le thème. Plus question de s'abriter derrière le rempart de la religion, mais chez lui, comme dans le Balzac de *La Duchesse de Langeais*, les passions sont toujours désaccordées. C'est l'angoisse de ne pas être aimé qui renforce l'amour et la jalousie qui engendre la passion. Si tu ne m'aimes pas, je t'aime. Et si je ne t'aime pas, tu m'aimes... Refrain bien connu !

La marquise de Castries invite Balzac, en août 1832, à venir la rejoindre dans sa résidence d'Aix-les-Bains. Il croit toucher au but. Ses attentes seront récompensées et ses espoirs réalisés. Il accourt. Il n'obtient rien d'autre que le plaisir de dîner avec elle et l'autorisation de l'appeler par son prénom. Il comprend soudain qu'on s'est moqué de lui. Il rentre à Paris, blessé, meurtri. « Je souffre par elle, mais je ne la juge pas », dit-il. Cependant, quelques mois plus tard, il aura moins d'indulgence.

Pour honorer ses contrats d'édition, il écrit la première version de *La Duchesse de Langeais* : « Cette quasi-duchesse... qui était venue à moi sous un incognito... Eh bien, cette liaison qui, quoi qu'on en dise, sachez-le bien, est restée par la volonté de cette femme dans les conditions les plus irréprochables, a été l'un des plus grands chagrins de ma vie... »

Durée

Roland Barthes dans *Fragments d'un discours amoureux* : « On me dit ce genre d'amour n'est pas viable. Mais comment *évaluer* la viabilité ? Pourquoi ce qui est viable est-il un Bien ? Pourquoi *durer* est-il mieux que *brûler* ? »

La passion ne se vit pas. Elle est vécue. Elle est même subie. Pour s'en défendre, on s'en prend au destin, c'est dire combien on se sent désarmé. Elle garde de ses origines étymologiques son caractère passif. Elle devient pourtant le maître de notre temps dans un présent réduit comme peau de chagrin à l'instant. Encore l'instant est-il à peine conscient, dans le bonheur extrême comme dans le malheur, lui-même extrême. Le passé existe seulement dans la mémoire que j'ai de ma passion et de son histoire. L'avenir n'est que dans l'attente de l'être aimé et dans l'espoir de sa venue. Si plus d'espoir, alors plus d'avenir. C'est la loi du genre.

Comment la passion songerait-elle à durer ? Elle a déjà trop à faire avec sa survie dans le présent. C'est la stratégie du sauve-qui-peut. Le pire n'est-il pas qu'on n'ait aucune envie d'être sauvé ? La passion ressemble à ces naines blanches, étoiles infiniment rétractées sur elles-mêmes, dont la densité extrême les amène à se perdre dans l'univers, absorbées par quelque trou noir.

Aujourd'hui, de nombreux jeunes couples croient pouvoir domestiquer la passion, et donc la faire durer. Ils se promettent de rester, chaque nuit et chaque jour, des ardents, de se posséder l'un l'autre, de ne désirer posséder que cela, de brûler sans cesse, de faire moult étincelles et jamais aucune cendre. Tout cela sur l'air connu : « Ils furent heureux et eurent beaucoup d'enfants. »

Ont-ils oublié de lire la notice ? La passion n'est pas un médicament générique dont l'amoralisme serait tombé dans le domaine public. La notice met en garde.

Dans quels cas ne pas l'utiliser :
— Insuffisance cardiaque ou extrasystole.
— Carence en amour.
— Intolérance à la haine et au sexisme.
— Besoin d'oxygène.

Comme tout produit actif, la passion peut entraîner la passivité du « patient » et un état dépressif, voire morbide.

Conservation : la DURÉE en est à ce point limitée que mieux vaut ne point indiquer la date limite d'utilisation sur le conditionnement.

Gardez cette notice, vous pourriez avoir besoin de la relire.

E

L'Empire des sens

L'Éternel Retour

L'Empire des sens

Tristan, au XXe siècle, aurait-il été japonais ? Se pourrait-il qu'Abélard, à Tokyo, eût été castré à sa demande expresse par son amante et que, suprême jouissance et extrême-onction, il en fût mort d'aimer ?

La bande-annonce, pastichant *Tristan et Iseult*, aurait pu être ainsi libellée : « Seigneurs, vous plaît-il de regarder un beau film d'amour et de mort ?... » Il s'agirait bien sûr de *L'Empire des sens* de Nagisa Oshima.

Sorti en 1976 au Japon, en France et ailleurs, ce manifeste de l'amour fou et de l'extase des sens répandit dans les salles, dites obscures, une sorte de terreur sacrée. On allait voir un porno exotique et on assistait, proprement fasciné, à un sacrifice. Au reste, le très grand producteur français, Anatole Dauman, n'avait-il pas lui-même demandé à Oshima de lui faire un film osé, voire pornographique s'il le souhaitait ? Oshima, scénariste et metteur en scène, s'inspira au départ d'une affaire criminelle qui avait bouleversé le Japon au cours de l'année 1936. Il en fit très vite sa chose. Un monument d'érotisme et de passion morbide.

Ancienne geisha, Sada est servante dans une auberge. Elle devient l'amante de Kichi, le mari de sa patronne. Jamais rassasiés d'eux-mêmes, ils tombent l'un et l'autre dans un délire sexuel incessant. Ils doivent quitter l'auberge pour s'enfermer dans leur amour. Comme Ariane et Solal, les personnages du roman d'Albert Cohen, *Belle du Seigneur*, ils se retrouvent seuls avec l'obsession de leur amour.

Chez Oshima, le rituel est exclusivement érotique mais le metteur en scène ne cherche ni à plaire ni à choquer en montrant de manière clinique les sexes en gros plan. En fait, sa caméra ne quitte pas les corps de Sada et de Kichi, comme eux-mêmes ne se quittent que pour se reprendre encore. Par son exigence infinie, la relation devient infernale.

Inspiré de Georges Bataille tout autant que du fait divers japonais, le film devait s'appeler dans un premier temps *La Corrida de l'amour*, et, comme dans toute corrida et dans toute relation où le morbide est au bout du délire, il y a mise à mort. Kichi se fait étrangler par sa maîtresse et meurt dans le triomphe de sa jouissance.

Quelques jours plus tard, on retrouve Sada dans les rues de Tokyo, serrant contre elle le sexe coupé de son amant, comme Mathilde de La Mole, dans *Le Rouge et le Noir*, la tête guillotinée de Julien Sorel.

« La sainteté, écrit Georges Bataille, demande la complicité de l'être avec la lubricité, la cruauté, la moquerie. »

L'Éternel Retour

Admirateur d'Édith Piaf et de Richard Wagner, Jean Cocteau actualise le mythe de Tristan et d'Iseult dans un film dont il est l'auteur et le scénariste, et que met en scène, banalement, Jean Delannoy. Nous sommes en 1942 et le titre : *L'Éternel Retour*, par sa référence nietzschéenne, amadoue bien à tort la censure allemande. Cet éternel retour-là n'a rien à voir avec Nietzsche, et Nietzsche rien à voir avec les nazis.

Dans le film, il y a la passion et la mort. Il y a le philtre et un oncle Marc, dans son château, trahi par les deux amants. Il y a surtout deux comédiens, Madeleine Sologne et Jean Marais, dont la beauté semble avoir été sculptée dans le marbre d'un Arno Breker, et qui feront de *L'Éternel Retour* ce qu'on appelle aujourd'hui un film-culte.

Sorti en 1943, c'est un des plus gros succès cinématographiques de l'Occupation. Il provoque sur les Champs-Élysées de véritables émeutes aux guichets des salles, tandis que les files d'attente s'impatientent sur des centaines de mètres. On manque de tout, mais, dans les mois à venir, toutes les femmes tenteront d'acquérir la célèbre coiffure et la blondeur de Madeleine Sologne (Iseult se prénomme Nathalie dans le film), tous les hommes voudront se faire tricoter le chandail en jacquard de Jean Marais (Tristan s'appelle Patrice). Les bébés nés en 1943-1944 sont tous des Patrice. Leurs successeurs deviendront Patrick avec l'arrivée des GI.

« Nous n'aimons pas M. Jean Cocteau, commente le speaker à la radio, mais il faut avouer que le film est admirable. » Une soirée de gala est organisée à Vichy, en présence du maréchal Pétain et de l'ambassadeur du Japon. Jean Marais a fait le voyage, Cocteau non. Et, comme chacun voit midi à sa porte, la critique anglaise soutient que ce Tristan en chandail, prêt à mourir de passion pour sa belle, tranche par son masochisme sur tous ces personnages aryens, musclés et triomphants.

F

Fan

Fatalité

La Femme d'à côté

Fiasco

Fan

Fan est une abréviation de l'anglais *fanatic.* Adjectif ou nom, le mot *fanatic* vient du latin *fanaticus,* « serviteur du temple ». Il a désigné d'abord tous ceux qui, se croyant inspirés par l'esprit divin à la manière des prêtres de Cybèle ou d'Isis, manifestaient un grand enthousiasme, ensuite tous ceux qu'aveuglait un zèle, intolérant et passionné, au service d'une religion ou d'une doctrine.

Les fans apparaissent au tout début du XXe siècle avec la survenue des premières stars du cinéma. Le fan n'existe pas sans la star et la star sans le fan. L'appellation même de star indique combien l'étoile à nulle autre pareille exige pour briller de tous ses feux que son éclat puisse se refléter dans l'adoration de ses fans et qu'il s'en nourrisse.

Comme le chevalier au XIIe siècle était censé adorer d'un amour de loin sa dame, le ver de terre est amoureux de son étoile. Ils demandent tous deux, chevalier et fan, la réciprocité de leur amour. Mais le fan sait qu'il ne l'obtiendra pas, puisque la star échappe à l'appropriation privée, et que fans et stars sont par définition de natures différentes. C'est pour cela que cette adoration payée seulement d'indifférence s'avère supportable, voire exaltante, tandis que la passion du chevalier amène celui-ci à revendiquer la réciprocité de son amour et à l'obtenir parfois.

Aujourd'hui, le culte des fans idolâtre moins les acteurs de cinéma qui sont descendus de leur voûte céleste et qui, par un phénomène d'identification, nous semblent plus proches. Ne nous rendent-ils pas visite à domicile grâce aux DVD et aux rediffusions de films à la télévision ? Les lumières et le maquillage ne les nimbent plus de ce halo de mystère et de splendeur que le noir et blanc conférait aux Greta, Marlène, Rita ou Rudolf. Ils n'ont plus l'expressivité animale et glorieuse d'un Marlon Brando, d'une Marilyn Monroe, d'une Elizabeth Taylor, ou celle d'une Brigitte Bardot ou d'un Alain Delon. Avec la mode d'un prétendu naturel obtenu à grands coups de chirurgie esthétique, les acteurs paraissent aujourd'hui de moins en moins parés de leurs beautés galactiques et ressemblent de plus en plus au garçon ou à la fille *next door*.

Pour le spectacle, le brillant et le tonitruant, le mystère parfois, chanteurs et chanteuses, rock stars surtout, ont pris leur place dans l'adoration des foules. On dirait que, du côté de James Dean, on a passé le flambeau aux enfants d'Elvis Presley et de Madonna, de l'autre côté du boulevard de la gloire. Adolescent, on envoyait naguère ses photos pour devenir comédien, on se bouscule à présent au *casting* de la Star Academy. Le mot star est de retour, curieusement associé à une académie qui n'en est pas une, alors que la star d'autrefois était par nature hors norme terrestre puisque supernova.

Le phénomène passionnel des fans, lui, n'a pas changé. Il se nourrit toujours à la fois de la présence de l'être adoré et de son absence, de son éloignement comme de sa proximité, du manque et de la satiété. Le tout, alimenté et amplifié par la presse, spécialisée ou non, et les scandales supposés, réels ou fabriqués. La drogue et le sexe pimentant l'ensemble. À noter que le talent n'est pas une infirmité rédhibitoire.

Le fan qui affiche sa star dans sa chambre et patiente des jours et des nuits devant son domicile dans l'espoir de l'apercevoir, le fan qui écrit à sa vedette chaque jour et ne reçoit jamais la moindre réponse personnelle, qui collectionne tous les objets lui ayant appartenu ou ceux qu'elle a seulement touchés, sans compter les produits dérivés, ce fan-là aime de passion. Il sublime dans ce culte, dérisoire et sacré, son manque d'amour. Dans la vie, il n'a sans doute personne à aimer. Autour de lui, il ne voit que l'affichage permanent de l'amour des autres. Il va faire mieux que tous ceux-là. Le manque engendre la surenchère. Le fan ne se contentera pas d'un amour de deux sous. Sa passion ne concernera pas une créature terrestre, forcement imparfaite. C'est l'amour d'un demi-dieu qu'il lui faut.

Edgar Morin écrivait dans son livre *Les Stars* : « Niaiserie sans doute !... Mais nos savants manquent de sérieux en refusant de traiter sérieusement la niaiserie. La niaiserie est *aussi* ce qu'il y a de plus profond en l'homme. Derrière le *star system,* il n'y a pas seulement la "stupidité" des fans... Il y a le cœur du monde. Il y a l'amour, autre niaiserie, autre humanité profonde. Il y a aussi cette magie que nous croyons réservée aux "primitifs" et qui est au cœur de nos vies civilisées. »

Et encore : « La star est vide de toute divinité comme les dieux. La star est riche de toute l'humanité comme les dieux. »

Fatalité

Il en va de la passion comme il en va, selon Jean Anouilh, de la tragédie.

Exercice : remplacer le mot *tragédie* par le mot *passion* dans cette phrase de l'auteur d'*Antigone* : « Et puis, enfin, c'est reposant la tragédie, parce qu'on sait qu'il n'y a plus d'espoir ; qu'on est pris, qu'on est enfin pris comme un rat, avec tout un ciel sur son dos. »

On en revient toujours aux origines du mot. Dans le mot passion, il y a passif. C'est le moment de lâcher prise, celui de « la délicieuse catastrophe ». À quoi bon se débattre plus longtemps puisque c'est « Vénus tout entière à sa proie attachée » ? On ne lutte pas contre la fatalité. Il existe toutes sortes de philtres, et chacun d'eux constitue un excellent alibi. De plus, la totale jouissance n'est-elle pas de sombrer ?

Ils le disent tous et chacun le dit à sa manière.

Wagner le fait chanter par son Tristan : « Pour quel destin suis-je né ? Pour quel destin ? La vieille mélodie me répète : Pour désirer et pour mourir ! Pour mourir de désirer ! »

Goethe fait se lamenter Werther : « Elle ne voit pas, elle ne sent pas qu'elle prépare le poison qui nous fera périr tous les deux ; et moi, j'avale avec délices la coupe où elle me présente la mort. »

Pétrarque écrit pour les beaux yeux de sa Laure :

Ô mort vivante, ô mal délicieux
Comment as-tu sur moi tel pouvoir, si je n'y consens ?
Parmi vents si contraires, sur une frêle barque
Je me trouve sans gouvernail en haute mer.

Ce même Pétrarque qui sait parfaitement analyser ses tourments, sans pour cela vouloir – ni pouvoir – s'y soustraire : « Des autres passions, je reçois des assauts fréquents, mais courts, momentanés. Ce mal-là, au contraire, me saisit quelquefois avec une ténacité telle qu'il m'enlace et me torture des journées et des nuits entières. Et ces moments-là, pour moi, ne ressemblent plus à la lumière et à la vie : c'est une nuit infernale et une cruelle mort. Et pourtant (voici bien ce qu'on peut appeler le comble des misères !) je me repais de ces peines et de ces douleurs-là avec une sorte de volupté si poignante que, si l'on vient m'en arracher, c'est malgré moi ! »

« Ô brûlure suave ! » s'exclame saint Jean de la Croix. N'y a-t-il pas d'étranges similitudes entre les tourments de la passion et l'extase des mystiques ? Regardez Thérèse d'Avila en pâmoison sculptée à Rome dans le marbre baroque du Bernin. Écoutez la même sainte dire les mots de la jouissance et du supplice : « C'est un martyre à la fois délicieux et cruel. » Et ailleurs : « L'âme... voudrait ne jamais voir finir son tourment... Une fois livrée à ce supplice, elle voudrait y passer ce qui lui reste de vie. »

Celui ou celle que j'aime, j'ai tout à la fois le sentiment de l'avoir choisi à l'exclusion de tous les autres et de m'être laissé imposer ce choix puisqu'il m'est impossible de m'y soustraire. « Parce que c'était lui, parce que c'était moi. » À aucun moment, semble-t-il, il n'a pu en être autrement. Suis-je le jouet d'une fatalité qui me subjugue et suscite mon désir ? Ai-je choisi mon aimé, ma moitié d'orange, à la forme de ma forme pour retrouver avec lui une unité primordiale, ou dans l'espoir d'une jouissance infinie ? Dans les deux cas, n'y a-t-il pas, sous-jacente, une idée de prédestination ? On l'appelle *fatalité* dans les extrémités de la passion.

Aux premiers instants de la rencontre, il y a l'émerveillement. Comme la route a semblé longue ! Nous sommes enfin arrivés à cet endroit où seul l'inouï peut se produire. Nous le savons. Nous venons de l'apprendre et c'est ce qui nous émerveille. Aucune jouissance, aucune contorsion pieuse ou libidineuse, n'excédera en intensité et en fulgurance cet instant-là. C'est ça le philtre de Tristan. C'est ça le hasard objectif de Breton. C'est ça l'évidence de la passion. Autosuggestion peut-être, mais on a su prendre le risque de sortir sans paratonnerre et sans boussole.

Octavio Paz[1] écrit : « Le hasard objectif de la mythologie de Breton joue le rôle du philtre magique dans la légende de *Tristan et Iseult,* et celui de l'aimant dans les métaphores de la poésie de la Renaissance. »

Dans *Un amour de Swann*, la petite phrase de Vinteuil, cette musique que les deux amants ont entendue aux premiers instants de leur amour, leur tient lieu de philtre (et de filtre) : « La petite phrase continuait à s'associer pour Swann à l'amour qu'il avait pour Odette... À voir le visage de Swann pendant qu'il écoutait la phrase, on aurait dit qu'il était en train d'absorber un anesthésique qui donnait plus d'amplitude à sa respiration... Quelle étrange ivresse il avait à dépouiller son âme la plus intérieure de tous les secours du raisonnement et à la faire passer seule dans le couloir, dans le filtre obscur du son. »

La fatalité est une création *a posteriori* pour Proust : « Les premières apparitions que fait dans notre vie un être destiné plus tard à nous plaire, prennent rétrospectivement à nos yeux une valeur d'avertissement, de présage. »

Pour Freud, ce sont les tendances infantiles qui créent le champ aimanté. La passion s'en vient à pousser sur les terres archaïques du refoulement. Avant de choisir l'objet de son amour, chacun définirait par lui-même un ensemble de demandes et d'attentes et répéterait sa vie durant, de coups de foudre en échecs, la même structure d'exigences amoureuses et érotiques. Le choix amoureux n'est pour Freud qu'un choix apparent.

Je me dirige vers l'autre. Cet autre me plaît. Cet autre

1. Octavio Paz, *La Flamme double, amour et érotisme,* Gallimard.

me bouleverse. Je crois sentir d'instinct que c'est celui-là à l'exclusion de tous les autres. Selon Freud, je suis en fait agi par mon inconscient. Il présuppose dans le nouvel objet de mon amour la satisfaction de mes attentes et de ma libido. Mon histoire amoureuse, dans ce qu'elle a de plus infantile et de plus archaïque, détermine seule mon choix. Elle est, en psychanalyse, mon poison et mon philtre. Elle fait de ma passion une sorte de maladie auto-immune.

Quand la raison peine à trouver des raisons, on a recours à la légende. Elles sont nombreuses à illustrer la fatalité de la passion. Une des plus anciennes, et sans aucun doute la plus connue, nous vient du *Banquet* de Platon. C'est Aristophane qui est censé la raconter : « Premièrement, l'espèce humaine comportait en effet trois genres ; non pas deux comme à présent, mais en outre du mâle et du femelle, il y en avait un troisième, qui participait de ces deux autres ensemble, et dont le nom subsiste de nos jours, bien qu'on ne voie plus la chose elle-même : il existait en effet un genre distinct, l'androgyne, qui, pour la forme comme par le nom, participait des deux autres ensemble, du mâle comme de la femelle. »

Ces premiers hommes s'étant révoltés contre les dieux, Zeus décida : « ... Je m'en vais sectionner chacun en deux, et, en même temps qu'ils seront plus faibles, en même temps ils seront pour nous d'un meilleur rapport, du fait que le nombre en aura augmenté. »

Sitôt dit, sitôt fait : « ... Quand la nature de l'homme eut été ainsi dédoublée, chaque moitié, regrettant sa propre moitié, s'accouplait à elle ; elles se passaient leurs bras autour l'une de l'autre, elles s'enlaçaient mutuellement dans leur désir de se confondre en un seul être, finissant par mourir de faim, et, en somme, de l'inaction causée par leur refus de faire quoi que ce soit l'une sans l'autre. »

À suivre chez Platon le récit d'Aristophane, on a le sentiment qu'il anticipe par cette recherche de l'unité perdue le couple de ces deux émouvants forçats de l'amour que sont, chez Albert Cohen, Ariane et Solal : « Ainsi, c'est depuis un temps aussi lointain, qu'est implanté dans l'homme l'amour qu'il a pour son semblable : l'amour rassembleur de notre primitive nature ; l'amour qui, de deux êtres, tente d'en faire un seul, autrement dit, de guérir l'humaine nature !... Notre antique nature était celle que j'ai dite, et nous étions d'une seule pièce ! Aussi bien est-ce au désir et à la recherche de cette nature d'une seule pièce, qu'on donne le nom d'amour. »

Dans les années 30, une jeune femme, Marcelle Sauvageot, qui fut professeur au collège de Charleville, se débat contre la maladie. Elle reçoit de l'homme qu'elle aime passionnément une lettre de rupture. Il lui annonce qu'il va en épouser une autre. Elle se met à écrire au bord de la mort un court récit, *Laissez-moi*, son seul livre et qui n'était pas *a priori* destiné à la publication. C'est une réponse à l'amant perdu. C'est une trace de vie dans le désert. C'est un cri qui n'est pas de soumission.

Ses ultimes mots : « Danser, c'est le rythme de vie le plus heureux ; danser quand on croyait ne plus le faire, c'est une victoire gagnée... »

Au cours de son récit, Marcelle Sauvageot évoque à son tour la fatalité de la passion : « Une légende japonaise, je crois, prétend qu'à la naissance la lune attache par un ruban rouge le pied d'un futur homme au pied d'une future femme. Pendant la vie le ruban est invisible, mais les deux êtres se cherchent et, s'ils se trouvent, le bonheur pour eux est sur terre. Il en est qui ne se trouvent pas ; alors leur vie est inquiète et ils meurent tristes : pour eux le bonheur commencera seulement dans l'autre monde : ils verront à qui le ruban rouge les attache. Je ne sais si je trouverai en ce monde le ruban rouge qui m'attache ; je crois que cette légende est, comme toutes les légendes, une consolation poétique. Celui pour qui l'on est fait, n'est-ce pas celui pour qui l'on accepte d'être fait ? Celui-là, pour moi, eût pu être vous. »

Prédestination et choix en viendraient à coïncider, n'était l'autre, le propriétaire du ruban complémentaire, qui n'a pas su voir, ou qui a depuis oublié, à qui son ruban rouge l'avait primitivement attaché. Les légendes, grecques ou japonaises, tentent de justifier l'amour fusionnel par la recherche de l'unité perdue. Cependant, dans le Meccano universel, il y a un grand désordre et les pièces humaines se cherchent à travers l'espace et le temps sans se trouver. De plus, si par chance elles se rencontrent enfin, elles ne peuvent accepter de se joindre jusqu'à se confondre sans abdiquer une part de cette liberté, illusoire certes, mais à laquelle chaque humain se trouve attaché.

C'était le 6 octobre d'une année déjà lointaine et qui me semble pourtant proche. Au tout début de ce bel après-midi ensoleillé, quand je suis descendue d'un autobus parce que, au bord du trottoir, un homme que je ne connaissais pas me souriait et me faisait signe avec une détermination que je ne savais pas à l'époque être sa règle, je ne me suis pas dit le voici celui qui porte le ruban rouge et qui m'est destiné. J'ai pensé dans un éclair que j'allais répondre à l'injonction qui m'était faite et que l'on verrait ensuite la couleur du ruban. Il faisait beau. Je venais de publier mes deux premiers livres. J'avais déjà vécu tous les désordres, j'avais si souvent fui la passion des autres que je n'étais pas disposée à accepter une nouvelle prison, et, si je doutais de tout, je ne voulais pas encore croire à ma faillite intime. Je suis descendue. Il portait le bon ruban.

« Celui pour qui l'on est fait, écrit Marcelle Sauvageot, n'est-ce pas celui pour qui l'on accepte d'être fait ? » Elle trace la ligne de partage entre l'amour et la passion.

La Femme d'à côté

La Femme d'à côté, de François Truffaut, ou, « Je t'aime, je te tue ».

C'est le grand film français de la passion, une passion d'autant plus dévastatrice qu'elle est vécue au quotidien par des gens dits normaux, et que, contrairement à *Adèle H.*, cet amour-passion est réciproque. Il est vrai que les deux amants ont les visages et les corps, pour la première d'une Fanny Ardant, qui ne portera sans doute jamais mieux son nom que dans ce film réalisé par un homme qui la découvre et qui l'aime, et pour le second d'un Gérard Depardieu brisé, qui s'abandonne tel Tristan à son destin tragique. Avec ces deux-là, dangereusement aimantés l'un par l'autre, et avec une simple histoire de fait divers, François Truffaut oublie soudain sa retenue et son ironie policée. La violence fulgurante du geste de Fanny Ardant au dernier acte fait franchir à son cinéma la frontière du tragique. Non seulement tous deux meurent d'aimer, mais ils meurent en faisant l'amour. En fait, ce n'est pas un film sur la passion. *La Femme d'à côté* est LE film-passion.

L'idée de départ chez Truffaut : les retrouvailles inattendues, dans deux maisons voisines, de deux personnes qui se sont aimées, Mathilde et Bernard. Le hasard immobilier entre dans le jeu de la fatalité. Des fenêtres de chacune des deux maisons, on voit les lumières de l'autre. Ce voisinage obligé est une tentation permanente, une sorte de philtre d'amour aussi puissant que le vin herbé de *Tristan et Iseult*. Impossible pour eux de s'éviter, d'autant plus que leurs conjoints ignorent leur amour passé.

Tout commence dans le calme d'un confort bourgeois dans la campagne proche de Grenoble. Il y a des enfants qu'on élève le mieux possible, des dîners entre amis et des parties de tennis. Premier élément inquiétant, l'histoire de Bernard et de Mathilde est racontée par Odile Jouve, la gérante du club de tennis, dont la claudication est due aux suites d'une tentative de suicide. Au moment où précisément Mathilde et Bernard se découvrent voisins, l'ancien amant d'Odile Jouve, celui qui l'a tant fait souffrir, lui annonce qu'il va revenir la voir. Au jour prévu, elle préfère s'enfuir à Paris pour éviter le danger d'une rechute dans le tragique.

Huit ans plus tôt, Mathilde et Bernard se sont aimés et déchirés. Accablé par la passion possessive et orageuse de Mathilde, Bernard a pris l'initiative de rompre et Mathilde est restée des mois durant dans cet état dépressif que François Truffaut a bien connu. Il était dans cet état-là quand il a esquissé la première mouture de son scénario. Dès que Bernard et Mathilde se retrouvent, tout ce qu'ils ont vécu depuis, le mariage, la famille, le confort, tout est d'un coup balayé. Et cette fois, si la tempête Mathilde souffle toujours aussi fort, la passion est désormais réciproque et inexorable. Elle devient invivable, à la fois pour eux et pour leurs proches.

Ils se retrouvent à l'hôtel, près de chez eux. Ces rendez-vous clandestins, loin de les apaiser, sont chaque fois une brûlure supplémentaire. À l'illusion de la possession succède toujours la dépossession. À peine s'est-on pris qu'il faut déjà se déprendre.

Un simulacre de meurtre éclate alors en pleine fête familiale. Fou de jalousie, Bernard se précipite sur Mathilde et la roue de coups devant le regard effaré des conjoints et des enfants. Ils promettent, ils se promettent, de ne plus jamais se rencontrer. Ils vont se retrouver pourtant pour se perdre à jamais dans la nuit de leur étreinte.

La nuit est toute bleue, d'un bleu sombre. Truffaut a fait du bleu, dans ce film, la couleur de la tragédie. Réveillé par un volet qui claque, Bernard se relève. Mathilde et sa famille ont déménagé après le scandale. Bernard se dirige vers leur maison vide. Sans doute a-t-il deviné qu'elle viendrait le rejoindre. Elle est venue, fascinée. Mathilde l'attend dans l'abîme de ce bleu de nuit, serrant contre elle son petit sac à main.

Comme huit ans plus tôt et comme à chaque rencontre, leurs corps sont trop aimantés l'un par l'autre, dans la nuit de la maison vide, pour que leurs regards ou leurs mots prennent le temps de se glisser entre eux. Ils font l'amour à même le sol. Ils font l'amour à même la mort. Ces deux corps ne veulent plus en faire qu'un. Cependant, sans se déprendre de l'étreinte de Bernard, Mathilde cherche de la main gauche son petit sac. Elle en sort un revolver avec lequel elle tue Bernard au plus fort de leur jouissance. Retournant l'arme contre elle, elle se tue.

Ainsi s'achève le récit d'Odile Jouve. « Un beau conte d'amour et de mort. »

Fiasco

Le mot est emprunté à la locution italienne, *par fiasco*, qui signifie : essuyer un échec. En 1822, Stendhal l'introduit dans la langue française avec le sens de défaillance sexuelle. Le rapide « succès » du mot s'explique sans doute aussi par la contamination de sens avec l'adjectif flasque.

Stendhal n'ignore pas qu'en parlant de la sexualité des amants, en évoquant sans ambages ce qui se taisait depuis l'origine des temps, il va non seulement choquer, mais être rejeté ou censuré.

Sur son premier manuscrit de *De l'amour*, il note : « Forme. Mettre le chapitre des fiascos exactement à la fin après les pensées détachées, de manière qu'on puisse le détacher avec un coup de ciseau. » Il pensait confier à des amis des exemplaires de son livre non expurgé. En fait, quand il fit éditer *De l'amour*, en 1822, le chapitre des fiascos ne fut pas imprimé. Il faut attendre l'édition posthume du livre, en 1853, pour trouver le chapitre LX, titré : « Des fiasco ».

Bien avant qu'il soit question pour Stendhal d'évoquer dans *De l'amour* les pannes masculines et de montrer à quel point elles concernent tout autant l'état psychologique de l'individu que la mécanique de son sexe, il a pris soin, dès le premier chapitre, de mentionner d'autres mésententes entre la passion et le plaisir, et, celles-là, les femmes aussi peuvent les connaître : « Le plaisir physique... n'a qu'un rang subordonné aux yeux des âmes tendres et passionnées... les transports de l'amour-passion ont presque fait oublier les plaisirs du corps. »

Ce chapitre des fiascos se place dans la continuité de Montaigne qui écrit : « Ce malheur n'est à craindre qu'aux entreprises où notre âme se trouve outre mesure tendue de désir et de respect. »

Et Stendhal de renchérir : « Plus un homme est éperdument amoureux, plus grande est la violence qu'il est obligé de se faire pour oser toucher aussi familièrement, et risquer de fâcher un être qui, pour lui, semblable à la Divinité, lui inspire à la fois l'extrême amour et le respect extrême. »

Une seule remarque. En homme timide (ou orgueilleux ? La peur d'être jugé, jaugé, comparé...), en homme épris, Stendhal s'abrite derrière la prétendue pudeur de l'être aimé et qu'il ne faudrait pas « risquer de fâcher ». Objection : s'il arrive que l'aimée prenne l'initiative, le fiasco en est-il pour autant exclu ? La suite du chapitre fournit la réponse (et l'on pourrait ajouter que l'évolution des mœurs la confirme) : « Pour peu que vous ayez de passion pour une femme, ou que votre imagination ne soit pas épuisée, si elle a la maladresse de vous dire un soir, d'un air tendre et interdit : "Venez demain à midi, je ne recevrai personne", par agitation nerveuse, vous ne dormirez pas de la nuit : l'on se figure de mille manières le bonheur qui nous attend ; la matinée est un supplice ; enfin, l'heure sonne, et il semble que chaque coup de l'horloge vous retentit dans le diaphragme. Vous vous acheminez vers la rue avec une palpitation ; vous n'avez pas la force de faire un pas. Vous apercevez derrière sa jalousie la femme que vous aimez ; vous montez en vous faisant courage... et vous faites le *fiasco d'imagination*. »

Ce thème est le sujet d'un des plus beaux romans de Stendhal : *Armance*.

De nos jours, combien malheureux sont les hommes qui, ressemblant à Stendhal au déduit plus qu'en écriture, craignent d'affronter les femmes du temps présent ! N'exigent-elles pas tout, et l'amour-passion, et le plaisir fou ? Sans doute n'offrent-elles pas le temps à leurs hommes de changer grâce à la cristallisation une simple aventure en une passion, mais elles évitent par la même occasion de transformer une belle érection en un fiasco, tant la volupté et la passion font mauvais ménage.

La fonction créant l'organe, le dérèglement de cette même fonction ne suscite-t-il pas chaque fois son palliatif ? Les Tristan n'avalent plus par erreur mais par choix le philtre d'amour et les don Juan, sportifs de haut niveau, n'hésitent pas à se doper. Les uns et les autres ont de moins en moins confiance en eux, alors la pharmacopée est là pour leur porter assistance. La potion magique pour les hommes, la chirurgie esthétique pour les femmes. Nous vivons une époque formidable !

G

Goethe et *Werther*

La Guerre de Troie

Goethe et *Werther*

Roland Barthes écrit, dans *Fragments d'un discours amoureux*, à propos de la Charlotte de *Werther* : « On dirait une grosse pigeonne, immobile, tassée dans ses plumes, autour de laquelle tourne un mâle un peu fou. »

Goethe n'a que vingt-cinq ans lorsqu'il écrit *Werther*. Quelques mois plus tôt, Frédéric II, roi de Prusse, regrette qu'il n'y ait pas de véritable littérature en langue allemande. Les différents États allemands, qui ont tous le même solfège, semblent faire éclore tout naturellement de très grands musiciens, en revanche aucune grammaire allemande n'a réussi à imposer ses règles aux dialectes, trop nombreux et trop divers. Frédéric II en déduit qu'à son plus grand regret, il n'y aura sans doute jamais de littérature allemande. Goethe va lui administrer un bien agréable démenti.

Le succès de son roman est tel que sa parution à Leipzig, en 1774, est une date de la civilisation européenne. Toute l'Europe veut vivre et mourir « à la Werther » et ses souffrances engendreront le préromantisme. Goethe lui-même se trouva plus tard excédé par cette expression sans cesse employée à son propos : « le célèbre auteur de *Werther* » :

> Que de fois j'ai maudit les pages insensées
> Que par le monde envoya ma juvénile douleur !

Il dira cependant à Eckermann : « La félicité contrariée, l'action entravée, les désirs insatisfaits sont de tous les temps et adviennent à un chacun. Il serait fâcheux qu'au moins une fois dans sa vie chacun n'ait pas une époque où *Werther* lui semble avoir été écrit spécialement pour lui. »

De plus, on sait (cf. l'entrée Création) ce que *Werther* emprunte à la vie personnelle du jeune Goethe et comment il a croisé sa propre histoire sentimentale avec celle, beaucoup plus tragique, d'un ami qui, trop malheureux en amour, s'est suicidé comme Werther d'une balle de pistolet.

À noter le titre complet de l'œuvre : *Les Souffrances du jeune Werther*, qui dit passion dit souffrances. Et, avec Goethe dans ce premier roman, qui dit souffrances dit mort. C'est un livre par lettres. À la différence des *Liaisons dangereuses* ou de *La Nouvelle Héloïse*, le destinataire de ces lettres est censé être toujours le même et il ne répond jamais. Le dénouement est rapporté par l'éditeur puisque Werther au bord de l'abîme n'est plus en mesure d'écrire.

L'histoire se résume en peu de mots. Un jeune homme, Werther, tombe passionnément amoureux d'une jeune fille, Charlotte, qui est fiancée à un autre. À aucun moment Charlotte ne songe à rompre ses fiançailles pour se précipiter dans les bras de Werther. Incomprise, la passion du jeune homme tourne au désespoir. Il emprunte à un ami ses pistolets et se suicide.

L'Europe découvre avec ce roman qu'on peut mourir d'amour. Il y a une contagion de pays à pays. Mme de Staël va jusqu'à s'effrayer du nombre de suicides de tout jeunes hommes. « *Werther*, dit-elle, a causé plus de dégâts que la plus belle fille du monde. »

Si tous ne meurent pas, tous sont touchés. On s'habille à la Charlotte et à la Werther. On souffre comme ce héros qui se moque bien de l'héroïsme. Goethe lui-même dans une lettre s'étonne de voir les Français, eux aussi, céder à la « fièvre werthérienne ». De lecture en lecture, *Werther* fait entrer la sensibilité européenne dans le préromantisme. Mœurs villageoises et présence de la nature. Désirs inassouvis et passions à vif. Amour et mort. Sans compter cette

Mélancolie déjà venue d'Allemagne avec Dürer et qui s'installe durablement en Europe avec *Werther*, malgré Goethe qui n'aura de cesse de déplorer par la suite cette complaisance allemande qui se vautre dans ses propres tourments.

Le personnage lui-même deviendra la mesure de tout désespoir amoureux. Tolstoï écrit dans *Anna Karénine*, à propos de la mère de Vronski : « Elle s'était aussi laissé dire que loin d'être le brillant caprice qu'elle aurait approuvé, cette passion tournait au tragique à la Werther, et risquait de faire commettre à son fils force sottises. »

La Guerre de Troie

Au commencement était l'*Iliade* et son trio de l'adultère : Hélène, Ménélas, Pâris.

La belle Hélène, épouse du roi Ménélas, est enlevée par le beau Pâris, prince de la cité rivale. S'agit-il à travers ce rapt d'une déclaration de guerre ? Ou de la naissance d'une passion, entre un Pâris aux manières expéditives et une Hélène qui semble consentir à son enlèvement ? Pâris s'éprend-il de l'épouse de son rival Ménélas pour satisfaire ce que René Girard appelle son « désir mimétique » et qui consiste à désirer ce que l'autre désire ? La plus belle femme du monde antique est l'objet du désir des autres avant même de déclencher la guerre qui amène les Grecs à laver leur humiliation dans le sang des Troyens.

La fatalité est tueuse d'hommes et créatrice de beauté. Homère fait dire à Hélène : « Sur nous Zeus a mis un destin malheureux, pour que plus tard, nous soyons chantés dans la postérité. »

Dans l'*Iliade*, l'action se passe dix ans après l'enlèvement d'Hélène et se déroule en cinq journées seulement. Autant dire que les raisons de la guerre, déjà chimériques au départ, se perdent dans la nuit des temps. On ne se réfère plus à l'enjeu du conflit. On préfère évoquer les dieux, ce qui est un autre mot pour dire la fatalité. Hélène est devenue plus sage, et, si la sensualité de Pâris la comble encore, elle a parfois la nostalgie des beaux Achéens qu'elle a connus par le passé.

Ajoutons que cette guerre de Troie n'a jamais existé et que ses héros sont fictifs. L'*Iliade* est une œuvre poétique créée par l'imagination du grand Homère. C'est pour cela qu'elle dit la vérité. Elle montre en outre, quelques millénaires avant Freud, combien les pulsions sexuelles et les instincts guerriers sont liés. Jusqu'au vocabulaire de la passion et celui des faits d'armes qui sont sans cesse contaminés l'un par l'autre.

Denis de Rougemont montre dans *L'Amour et l'Occident* que la passion d'amour et la passion militaire mettent en jeu les mêmes volontés de puissance : « Personne n'ose dire : je veux la guerre ; non plus que dans l'amour-passion, les amants ne disent : je veux la mort. Seulement, tout ce que l'on fait prépare cette fin. Et tout ce que l'on exalte y trouve son sens réel. »

Le personnage central de l'*Iliade* est Achille. Le valeureux est voué par les dieux à mourir jeune et dans une totale solitude intérieure. Il est le modèle de tous les héros à venir depuis ceux de l'épopée jusqu'à ceux des romans.

Quand l'*Iliade* commence, Achille ne veut plus combattre. Il conteste la répartition du butin de guerre et les armées des Achéens sont immobilisées par son refus. Agamemnon tente de passer outre et donne l'ordre de reprendre les combats. Achille reste sous sa tente. Son ami Patrocle ira combattre et mourir à sa place.

Achille, fou de douleur, Achille que les arguments d'Ulysse n'avaient pas su convaincre, qui ne s'était pas laissé intimider par la pression de ses compagnons d'armes ni par celle des dieux, Achille reprend aussitôt les armes pour venger la mort de Patrocle. Ses ennemis tremblent à sa seule vue tant ils ont eu déjà à pâtir de ses fulgurants exploits. Lui, c'est Hector qu'il va tuer, malgré l'oracle qui lui a prédit la mort s'il s'en prenait au grand prince troyen.

Dans *Le Banquet,* Platon fait dire à Phèdre : « Ils [les dieux] ont fait honneur à Achille, le fils de Thétis, et ils l'ont envoyé aux Îles des Bienheureux, parce que, instruit par sa mère que s'il tuait Hector, il périrait lui-même, que, s'il ne le tuait pas, il reviendrait chez lui et y terminerait sa vie dans la vieillesse, il eut le courage, en ne renonçant pas à venger Patrocle, son amant, de choisir, non pas seulement de mourir pour lui, mais de mourir du trépas de celui-ci... Achille, plus beau non pas seulement que Patrocle, mais même, nous dit-on, que tous les héros sans exception, et encore imberbe, beaucoup plus jeune par conséquent, ainsi d'ailleurs que l'affirme Homère. »

Certains ont pensé que Patrocle et Achille n'étaient liés que par une amitié, ce qui n'est pas rien si l'on songe à celle qui unissait Montaigne et La Boétie : « Parce que c'était lui, parce que c'était moi. » Cependant, on voit clairement chez Platon que le monde antique tenait cette amitié pour de l'amour, sinon de l'amour-passion. Il ajoute : « Bref, ce qu'a dit Homère de *la fougue qu'insuffle* à quelques-uns des héros la Divinité, voilà ce qu'aux amants procure Amour et dont il est le principe. »

H

Haine

Happy end

Les Hauts de hurlevent
ou *Wuthering Heights*

Héloïse et Abélard

Haine

Non seulement il y a de la haine dans la passion, mais la passion est souvent plus proche de la haine que de l'amour. On ne tue pas toujours. Il est rare cependant qu'on ne rêve pas de meurtre dans les excès du désespoir et de la jalousie. C'est Racine et cet aveu d'Hermione dans *Andromaque* :

> Où suis-je ? Qu'ai-je fait ? Que dois-je faire encore ?
> Quel transport me saisit ? Quel chagrin me dévore ?
> Errante, et sans dessein, je cours dans ce palais.
> Ah ! ne puis-je savoir si j'aime, ou si je hais ?

L'être que j'aime ne commet-il pas lui-même le pire des crimes en me privant de son amour ? Que puis-je faire d'autre que riposter et me défendre en le tuant à mon tour ? « Qu'il meure », conclut Hermione, arrivée au point d'intersection de l'amour et de la haine :

> C'est donc moi qui l'ordonne ?
> Sa mort sera l'effet de l'amour d'Hermione ?...
> Je n'ai donc traversé tant de mers, tant d'États,
> Que pour venir si loin préparer son trépas ?
> L'assassiner, le perdre ?...

Si c'est d'amour que je souffre le plus, je songe à me supprimer. Mais si ma vanité m'aveugle, je songe à le tuer. La vie ne sera-t-elle pas insoutenable sans l'autre ? Dans le secret des boîtes crâniennes naissent et s'agitent de nombreux crimes passionnels qui ne seront jamais commis. Le plus souvent, les mains ne se mettent pas en mouvement pour accomplir l'acte et la haine va lentement se déposer jusqu'à obstruer tous les vaisseaux.

La passion n'a jamais été honorable et c'est parce qu'elle ne l'est pas qu'elle est capable de tout. On a toujours su en Occident qu'elle était ce mélange inextricable d'amour et de haine, de vanité et d'humiliation, de désir et de dépit.

Déjà au IIIe siècle avant notre ère, un poème de Théocrite parle d'amour mais aussi de haine. On est loin de l'idéalisme de Platon. En le traduisant, Marguerite Yourcenar a intitulé ce poème : *Les Philtres magiques.* Toujours les philtres ! C'est le long monologue d'une jeune femme pauvre qui a été abandonnée par l'homme qu'elle a aimé dès le premier regard.

« Pourquoi, cruel Éros, t'es-tu attaché à ma chair comme une sangsue ? Pourquoi suces-tu mon sang noir ? » Elle sait qu'il s'agit d'un voyou et elle n'a pas grande estime pour lui. Elle ne peut s'empêcher de l'aimer passionnément, et, incapable de se passer de lui, elle prépare en secret non des philtres d'amour, mais des philtres de mort.

Quand son amant revient la voir, elle parle puis se tait, toute fascinée par l'aimé comme Sappho ou comme Phèdre : « Une sueur de glace me couvrit tout entière... je ne pouvais prononcer une parole, pas même ces balbutiements avec lesquels les enfants appellent leur mère dans le sommeil ; et mon corps, inerte, était celui d'un mannequin de cire. »

Elle n'habite pas un palais comme les héroïnes raciniennes, mais ce sont les mêmes tourments et les mêmes désirs d'amour et de vengeance. Les couteaux sont affûtés, les poisons se préparent (Racine, a-t-on dit, en savait quelque chose), « c'est Vénus tout entière à sa proie attachée ». Loin de Platon, le mal et la souffrance apparaissent dans l'amour et le changent en passion. Ce qui nous fait du bien a un pouvoir sur nous, ce qui nous fait du mal peut aussi nous attirer, les deux, le plaisir et la douleur, se mêlent jusqu'à l'extrême violence. Et Édith Piaf de chanter :

Je l'ai tellement dans la peau qu'j'en suis marteau,
Dès qu'il s'approche de moi, j'ai le cœur qui bat.
Je sens qu'il me rendra folle...

Au XVIIIe siècle, Julie de Lespinasse, mourante d'amour et de maladie, écrit à l'amant volage : « Vous savez bien que, quand je vous hais, c'est que je vous aime à un degré de passion qui égare ma raison. »

Lorsque Phèdre découvre l'amour partagé d'Hippolyte et d'Aricie, sa haine, latente jusque-là, éclate et se déchaîne. Elle pouvait tolérer qu'Hippolyte ne l'aimât point s'il n'aimait personne. C'est, de la part du jeune homme, cette indifférence universelle qui avait permis à Phèdre de trouver de la volupté dans le secret d'une passion qui n'était pas partagée. Tout s'écroule pour elle du jour où elle doit se rendre à l'évidence. Aricie et Hippolyte sont jeunes et beaux. Aricie et Hippolyte s'aiment. Alors rien ne peut plus arrêter sa haine. Elle va dénoncer Hippolyte à Thésée, son mari, qui est aussi, comme dans les familles recomposées, le père d'Hippolyte. Elle accuse le jeune homme de ses propres crimes. Dans la Bible, la femme de Putiphar, amoureuse d'un Joseph qui repousse ses avances et ses provocations, se venge en le dénonçant à son mari, la harceleuse se prétendant la harcelée.

Si la haine est grande pourvoyeuse de crimes, elle va rarement dans la vie jusqu'à ces extrémités. La tragédie et l'opéra sont là pour ça ! Mais nombre de relations passionnelles se trouvent sournoisement minées par la haine.

Il y a les comptables de l'amour. Comment, me direz-vous, rien de moins exalté qu'un comptable ! Voire ! Ceux qui ont l'esprit assez étriqué pour exiger, à la suite de savants calculs, que l'avantage amoureux soit toujours porté à leur bénéfice, ceux qui veulent être les gagnants permanents au jeu du qui-de-nous-deux-est-aimé-le-plus, ceux-là, la jalousie toujours en éveil, sentent la haine fortifier leur insatisfaction. Ne veulent-ils pas posséder l'autre ? Le seul moyen pour eux de se convaincre de l'amour de l'être aimé, n'est-ce pas, après avoir abattu le grand fauve, de s'essuyer les pieds sur sa dépouille ? Il y a toujours de la haine de soi à l'origine de la haine de l'autre.

Dans *Psychologie des foules et analyse du moi,* Freud écrit : « ... Presque tout rapport affectif intime de quelque durée entre deux personnes – relation conjugale, amicale, parentale et filiale – contient un fond de sentiments négatifs et hostiles, qui n'échappe à la perception que par suite du refoulement. »

Constatant qu'en effet, personne ne supporte trop longtemps qu'on empiète sur son intimité (À quoi tu penses ?), Freud rappelle la célèbre parabole de Schopenhauer : « Par un jour d'hiver, des porcs-épics, en compagnie, se serraient très près les uns des autres pour éviter, grâce à leur chaleur réciproque, de mourir de froid. Bientôt, cependant, ils sentirent leurs piquants réciproques, ce qui de nouveau les éloigna les uns des autres. Mais lorsque le besoin de se réchauffer les amena de nouveau à se rapprocher, ce second mal se renouvela, si bien qu'ils furent ballottés entre les deux souffrances jusqu'à ce qu'ils aient finalement trouvé une distance moyenne leur permettant de tenir mieux. »

Happy end

Qu'est-ce qu'un mélo ? Un amour contrarié par tant d'obstacles qu'il tourne à la passion, et qui pourtant finit bien.

Le mélo doit répondre à un double désir. Le désir romantique de souffrir : jamais rien ne s'arrange et la vérité est dans le pire. Le désir bourgeois de voir tout s'arranger pour peu qu'on y mette du sien : c'est le *happy end.*

Pour notre plus grand plaisir, le cinéma a longtemps célébré le règne du mélo. Il y avait au dénouement, et en gros plan, le baiser des deux stars. Ils furent heureux... Et il n'était même pas nécessaire qu'ils eussent beaucoup d'enfants pour qu'on les imaginât heureux quand on quittait la salle. Heureux, nous l'étions aussi. Nous avions vécu près de deux heures la passion amoureuse, comme au bon vieux temps de *Tristan et Iseult.* Le baiser final nous avait délivrés de cette terrible tension.

Il y a cependant des exceptions à la règle du *happy end.* Dans *Autant en emporte le vent*, rien ne s'arrange vraiment à la fin. Jamais Scarlett n'a réussi à se faire aimer d'Ashley et jamais elle n'a réussi à aimer Rhett Butler.

En littérature, il arrive même que le *happy end* cache, ou annonce, la fin de la passion. *Un amour de Swann* s'achève dans le désamour et l'indifférence, alors même qu'Odette de Crécy réussit à devenir Mme Swann. Épouser cette femme qui ne l'a sans doute jamais aimé, c'est pour Swann ne plus craindre de la perdre, et par là ne plus courir le risque de l'aimer. Supprimer le manque supprimerait l'amour. Théorie masochiste avec laquelle on peut ne pas être d'accord. Le pire n'est pas toujours certain.

Les Hauts de Hurlevent ou *Wuthering Heights*

John Cowper Powys écrit à propos du roman d'Emily Brontë : « Impossible d'oublier en quel temps et en quel lieu on a lu *Wuthering Heights*. En lisant ces lignes, chacun de mes lecteurs poussera tout à coup un profond soupir à la pensée de sa jeunesse enfuie et se rappellera où, pour la première fois, il s'est senti saisi à la gorge par la puissance tragique et tendre de son génie fatal... »

C'était l'hiver, en effet. Il faisait froid à Lyon, et je devais avoir treize ans. Rentrée la première à la maison, je m'étais empressée de tisonner le feu avant de me plonger dans mon livre. J'avais choisi *Les Hauts de Hurlevent* dans la bibliothèque du collège. Dès les premières pages, Heathcliff et Cathy sont devenus pour moi, enfant unique, mon frère et ma sœur. L'histoire semblait incroyable, pourtant je me trouvais de plain-pied avec eux au point d'en oublier tout le reste. Jamais deux êtres réels ne m'avaient paru plus vivants que ces deux-là. Je n'ai pas vu le mal. J'ai à peine senti la souffrance. Surgi de la lande à l'état brut, je n'ai vu que ce bloc de passion dont la rudesse fascinait mes treize ans.

Attention ! *Les Hauts de Hurlevent* ne sont pas à l'usage exclusif des adolescentes exaltées ou des écrivains mélancoliques. Georges Bataille écrit dans *La Littérature et le Mal* : « Elle [Emily Brontë] laissait un petit nombre de poèmes et l'un des plus beaux livres de la littérature de tous les temps, *Wuthering Heights*. Peut-être la plus belle, la plus profondément violente des histoires d'amour... »

Encore Georges Bataille : « Qu'il s'agisse d'érotisme pur (d'amour-passion) ou de sensualité des corps, l'intensité est la plus grande dans la mesure où la destruction, la mort de l'être transparaissent... D'aucun amour d'êtres mortels, ceci ne peut être dit plus à propos que de l'union des héros de *Wurthering Heights*, de Catherine Earnshaw, de Heathcliff. Personne n'exposa cette vérité avec plus de force qu'Emily Brontë. »

Où Emily Brontë a-t-elle puisé cette force ? Mystère ! Stupéfiant mystère de la création ! Cette jeune femme, morte à trente ans et auteur d'un seul livre – hormis quelques poèmes – n'est à peu près jamais sortie du presbytère de son pasteur de père et n'a jamais connu la passion dont elle déchaîne les fureurs dans son chef-d'œuvre. Peut-être est-ce précisément cette vie de recluse qui lui permit de s'affranchir dans son roman de tous les préjugés moraux, de piétiner toutes les règles sociales et de se construire par l'écriture un autre monde, encore plus brutal que celui qui l'entourait mais moins ennuyeux, un monde où la seule manière de vivre et de mourir est d'aimer jusqu'à la démence.

Toujours Georges Bataille : « On sait que les trois sœurs Brontë, en même temps que dans l'austérité du presbytère, ont vécu dans le tumulte surchauffant de la création littéraire. »

Heathcliff, le personnage d'Emily Brontë, est mû par deux passions qui se nouent, se renforcent et s'étranglent l'une l'autre, la passion de la révolte et la passion amoureuse. Il est un enfant trouvé que le père de Cathy a ramené un soir à la maison, empaqueté et plié sous son manteau. Il n'a pas de nom. Le père de Cathy lui donne celui de Heathcliff qui fut le prénom d'un de ses fils mort en bas âge.

Prétendu bohémien et maltraité par tous, le petit noiraud aura son enfance sauvée par l'amour que lui porte la jeune Cathy. Ils vivent ensemble dans un monde païen où les beautés brutales de la nature sont encore des remparts contre la sauvagerie des hommes. Et eux-mêmes, enfants d'hommes, ne sont pas privés de cette sauvagerie. Cathy en vient à redouter la passion qu'elle inspire à Heathcliff. Elle arrive à l'âge où elle aimerait être traitée en dame. Aussi va-t-elle trahir Heathcliff et se trahir elle-même en épousant le jeune propriétaire d'un château voisin. Alors se déchaînent la passion, la révolte et la violence de Heathcliff.

Il y a dans *Les Hauts de Hurlevent* tous les paroxysmes de la passion, mais aussi quelques moments d'une grande douceur. Cette confidence de Cathy : « Aussi ne saura-t-il jamais combien je l'aime, et cela non parce qu'il est beau, Nelly, mais parce qu'il est davantage moi-même que je ne le suis. » Elle l'aime tant, elle l'a tant aimé quand ils étaient enfants et qu'ils vivaient totalement l'un pour l'autre, qu'elle ne parviendra pas à trancher dans le vif de cet amour et qu'elle en mourra. « Je suis Heathcliff », affirme-t-elle.

Pour la fille du pasteur, en tous les cas pour ses personnages, il n'y a pas de salut. Pas de salut dans la mort. Pas de salut après la mort. Encore que, dans son complet désespoir, Heathcliff en vienne à souhaiter qu'après sa mort, le fantôme de la jeune femme n'arrivant pas à trouver le repos, ce qui serait une manière de se survivre, revienne chaque nuit le tourmenter. L'absence définitive de Cathy lui est insupportable. Mieux vaudrait la malédiction et mieux vaut l'enfer.

Et pour Emily Brontë – l'ennui dans le presbytère et le chaos à l'extérieur – mieux vaut ce rêve tragique qui enchante sa jeune vie et transgresse les lois du monde. Alors qu'elle se meurt d'un excès de vie, sans doute a-t-elle mis beaucoup de ses désirs dans un amour à ce point fusionnel qu'il semble se situer au-delà de la sexualité. De plus, dans *Les Hauts de Hurlevent*, la passion naît chez des êtres très jeunes qui ont le pressentiment qu'ils mourront jeunes. Jeunesse et fatalité jouent le rôle d'accélérateurs de particules amoureuses. Qu'en serait-il aujourd'hui où la vie s'allonge ? Où la vie contient plusieurs vies ?

Si Heathcliff ne trouve jamais la paix, il y a tout à la fin une sorte de rémission chez Cathy. C'est peut-être l'acte de foi ultime qu'Emily Brontë arrache à la fatalité de son mal : « Je vois là un repos que ni la terre ni l'enfer ne peuvent troubler, et j'éprouve la certitude d'un au-delà sans terme et sans ombres – l'Éternité gagnée – où la vie est sans limites dans sa durée comme l'amour dans sa sympathie, comme la joie dans sa plénitude. »

Héloïse et Abélard

Pour l'amour courtois, tous les obstacles qui s'opposent à la passion, loin de la détruire, sont amenés à la renforcer. Aucun amour ne fut semé de plus d'obstacles que celui d'Héloïse et d'Abélard, qui naquit au commencement du XIIe siècle, à l'époque justement de l'amour courtois.

On connaissait leur histoire grâce au récit de Pierre Abélard lui-même, dans *Historia calamitatum,* écrit une quinzaine d'années après les faits, et grâce à quelques lettres que les anciens amants échangèrent beaucoup plus tard, Héloïse étant devenue prieure du Paraclet. Rappelé par ses disciples à reprendre des leçons publiques, jugées trop novatrices et trop brillantes par ses détracteurs, ce qui lui vaut d'être poursuivi pour hétérodoxie, Abélard est à ce moment-là engagé dans une vie monastique tout comme Héloïse.

Un manuscrit, retrouvé tardivement à l'abbaye de Clairvaux, est venu s'ajouter à ces précédents textes. Il contient des extraits de lettres et de poèmes qu'une femme et un homme auraient échangés au XIIe siècle et qu'un copiste, bibliothécaire de l'abbaye, a reproduits à la fin du XVe. Ces textes furent d'abord publiés, en 1974, sans que leurs auteurs fussent formellement identifiés. L'analyse permettait seulement d'affirmer que ce couple, qui échangeait des lettres à la fois passionnées et savantes, était contemporain d'Héloïse et d'Abélard, et leur ressemblait beaucoup.

En 2005, Sylvain Piron franchit le pas. Il traduit et publie chez Gallimard *Lettres des deux amants*, avec la mention : attribuées à Héloïse et Abélard.

Dans sa présentation, il souligne combien ces *Lettres*, conservant leur anonymat, n'en garderaient pas moins leurs grandes qualités littéraires et tout leur intérêt. Il se trouve néanmoins que ce couple, Héloïse-Abélard, est assez singulier, voire exceptionnel en ce commencement de XIIe siècle, pour être ici reconnu : « La femme dépeint son ami comme le maître le plus brillant de France, devant qui s'inclinent les montagnes. Plus notable encore, elle lui reconnaît deux talents rarement associés : "nourri au bercail de la philosophie", il est aussi devenu "compagnon des poètes". Pour sa part, entre autres louanges, il lui répond en l'appelant "la seule disciple de la philosophie parmi toutes les jeunes femmes de notre époque". »

C'est en effet, hormis leur passion réciproque, ce qui les rend uniques et reconnaissables entre tous.

La femme supposée être Héloïse écrit dans les *Lettres des deux amants* : « Depuis que nous nous sommes vus et nous sommes parlé l'un à l'autre, toi seul m'as plu par-dessus toutes les créatures de Dieu, et toi seul j'ai aimé, t'aimant, je t'ai cherché, te cherchant, je t'ai trouvé, t'ayant trouvé, je t'ai désiré, te désirant, je t'ai choisi, t'ayant choisi, je t'ai placé avant tout autre dans mon cœur et je t'ai élu, toi seul parmi des milliers... »

Héloïse existait avant même de rencontrer son illustre amant. À vingt ans, elle était déjà renommée pour son savoir et son talent littéraire. Sa famille l'avait justement envoyée auprès de son oncle Fulbert, chanoine de Notre-Dame, pour développer ses dons et enrichir son érudition. C'est là qu'elle rencontre Pierre Abélard, de vingt-deux ans son aîné, philosophe et théologien adulé par ses étudiants et ses disciples de la montagne Sainte-Geneviève, mais connu aussi au fin fond des provinces françaises comme le serait aujourd'hui une rock star.

Héloïse suggère dans les *Lettres* qu'elle a pris elle-même l'initiative de leur rencontre. Son oncle a accepté qu'Abélard vienne l'instruire, peut-être a-t-il été flatté que le grand penseur de l'époque se penche sur le cas de sa jeune protégée. Si l'étude de la théologie n'est pas absente de leurs échanges, au point que leur correspondance à venir s'inspire beaucoup des textes sacrés, la passion les submerge d'emblée. Mais ces deux-là avaient tant à partager et semblaient si proches l'un de l'autre par leur goût du savoir et par celui de la vie, que, dans des circonstances plus clémentes, ils auraient sans doute réussi à adoucir le tranchant de leur passion jusqu'à la transformer en un amour durable et fort.

Au reste, l'amante des *Lettres* le promet à son amant : « À celui dont j'étais fidèlement éprise jusqu'à ce jour, qui ne sera désormais plus aimé par les liens d'une passion maladive : l'engagement ferme pourtant de l'affection et de la foi. »

L'amant des *Lettres* répond à l'amante : « Mais je reçois tes lettres avec une telle avidité qu'elles me paraissent toujours brèves, car elles comblent et attisent à la fois mon désir, à la façon dont la boisson échauffe d'autant plus qu'elle désaltère celui qui souffre des fièvres... Tous deux, nous partageons un amour entier, attentionné et sincère, puisque rien n'est doux, rien n'est paisible pour l'autre, s'il n'est profitable aux deux. »

Les obstacles ne leur ont laissé aucun répit et cette passion n'a jamais pu devenir en fait un amour « profitable aux deux ». Quand l'oncle Fulbert découvre que le célèbre enseignant et philosophe qu'il prenait pour un modèle de vertu, et qu'il hébergeait sous son propre toit, entretient une liaison avec sa jeune nièce, celle-ci est aussitôt éloignée de Paris sans qu'Abélard sache où retrouver sa trace.

Héloïse dans les *Lettres* : « En toi, j'ai ce que j'ai cherché, je tiens ce que j'ai voulu, j'ai embrassé ce que j'ai désiré ; de toi seul les façons me conviennent. Personne, sauf la mort, ne t'enlèvera à moi, car pour toi je n'hésiterai pas à mourir. »

C'est peut-être quand il retrouve le lieu où elle a dû se cacher qu'Abélard écrit : « Me séparer de toi, même si la mer se déversait entre nous, serait impossible... Qu'ils médisent donc, qu'ils calomnient, qu'ils mordent, qu'ils croupissent sur place, que notre bonheur fasse leur amertume : toi, pourtant, tu seras ma vie, mon esprit, mon réconfort dans les difficultés et pour finir ma joie parfaite. »

À peine rentrée à Paris, Héloïse découvre qu'elle est enceinte et les deux amants décident de fuir ensemble. Elle est déguisée en nonne, et c'est dans cet équipage qu'elle va se réfugier au Pallet, près de Nantes, dans la famille d'Abélard, où ils seront unis par un mariage décidé pour tenter de calmer la colère de l'oncle Fulbert.

Ce mariage, il est probable que c'est Abélard qui l'a voulu. Il peut craindre que le chanoine ne vienne dans sa fureur briser sa carrière. Il est en revanche bien incapable d'imaginer ce qui va lui arriver entre les mains de ses assassins. Quant à Héloïse, elle se moque de tout ce qui ne concerne pas son amour. Elle n'a pas besoin du mariage pour aimer Abélard et elle n'a pas non plus besoin de donner de gages à la société. En dépit des mœurs du temps, elle a choisi d'étudier quand les autres femmes ne savent pas lire. Elle n'a pas attendu le sacrement du mariage pour aimer, sous le toit même de son chanoine d'oncle, l'homme de France le plus savant dans les sciences divines et philosophiques.

Abélard se partage désormais entre son glorieux enseignement à Paris et ses séjours auprès d'Héloïse, mais la rumeur de scandale gonfle et se répand. De plus, dans une des *Lettres*, Héloïse paraît avoir été blessé par le peu d'enthousiasme qu'aurait manifesté Abélard à l'annonce d'une naissance à venir. Elle lui écrit : « Je suis déjà lasse et je ne peux te répondre, car tu prends les choses douces pour des fardeaux et en cela tu attristes mon esprit. »

Leur mariage aurait dû rester secret, or très vite la nouvelle s'ébruite et ne calme pas les esprits. Sans doute leur fils, Astrolabe, est-il déjà né quand Abélard qui craint pour le sort d'Héloïse la fait venir à Argenteuil dans l'abbaye où elle a passé ses années d'enfance et dont elle ne garde pas le meilleur souvenir. C'est à ce moment-là que le pire a lieu.

Ce doit être au cours de l'été 1117 que la terrible vengeance de l'oncle Fulbert germe dans ce cerveau détraqué par la haine, l'intolérance et le fanatisme. Il s'est mis dans la tête de punir Abélard là où il aurait selon lui péché. Il paye un domestique, à son tour chargé de trouver et de payer des sbires. Les sbires suivent à la lettre les ordres du chanoine, répercutés par le domestique. Ils s'introduisent de nuit chez Abélard, et, le maîtrisant, aussitôt l'émasculent. Ils le laissent pour mort. Mort, il ne l'est pas. Vivant, il ne l'est plus.

C'est ainsi qu'une passion si belle finit en une grappe de sang dans les mains des tueurs.

J

Jalousie

Jalousie

Roland Barthes dans *Fragments du discours amoureux* : « La jalousie est une équation à trois termes permutables (indécidables) ; on est toujours jaloux de deux personnes à la fois : je suis jaloux de qui j'aime et de qui l'aime. »

Roland Barthes définit de la sorte une jalousie à trois : le couple, quel qu'il soit, et la tierce personne qui menace de s'immiscer dans ce couple préexistant pour en former un autre avec l'une de ses deux composantes. Dans ce cas, on dit communément que la jalousie se trouve justifiée.

N'y a-t-il pas rupture de contrat ? N'ai-je pas à défendre mon bien ? Et l'autre que j'aime, n'est-il pas mon bien le plus cher ? N'en va-t-il pas de ma survie ? J'ai besoin de l'autre pour vivre alors je me bats pour le garder, avec lui ou contre lui. Seul le résultat compte et ce résultat désiré, c'est que un et un continue à être égal à deux, que ces deux-là persistent face au monde entier dans leur être-à-deux. Cet amour n'est pas opérable, dit Proust dans *Un amour de Swann* : « Et cette maladie qu'était l'amour de Swann avait tellement multiplié, il était si étroitement mêlé à toutes les habitudes de Swann, à tous ses actes, à sa pensée, à sa santé, à son sommeil, à sa vie, même à ce qu'il désirait pour après sa mort, il ne faisait tellement plus qu'un avec lui, qu'on n'aurait pas pu l'arracher de lui sans le détruire lui-même à peu près tout entier : comme on dit en chirurgie, son amour n'était plus opérable. »

Quand l'amour, devenu passion, est à ce point inopérable, ce n'est pas d'une tierce personne qu'on est jaloux mais du monde entier, avec ou sans raison. On peut suivre ou faire suivre sa femme ou son homme, la (le) traquer jour et nuit, interroger sa messagerie ou lui faire les poches, tout cela pour trouver l'indice, la preuve, le signe, la confirmation de son malheur. Quand on entre dans ce processus, impossible d'en sortir. La machine à suspicion s'autoalimente.

Marcel Proust, maître en jalousie : « ... il ne pouvait penser sans une grande lassitude que le lendemain il faudrait recommencer de chercher à savoir ce qu'Odette avait fait... Cette nécessité d'une activité sans trêve, sans variété, sans résultats, lui était si cruelle qu'un jour, apercevant une grosseur sur son ventre, il ressentit une véritable joie à la pensée qu'il avait peut-être une tumeur mortelle, qu'il n'allait plus avoir à s'occuper de rien, que c'était la maladie qui allait le gouverner, faire de lui son jouet, jusqu'à la fin prochaine. »

Toujours Proust : « Il est vrai que Swann n'était guère plus avancé quand il avait certains renseignements. Savoir ne permet pas toujours d'empêcher, mais du moins les choses que nous savons, nous les tenons, sinon entre nos mains, du moins dans notre pensée où nous les disposons à notre gré, ce qui nous donne l'illusion d'une sorte de pouvoir sur elles. »

Proust a fait d'Odette le personnage capable de susciter et d'entretenir toutes les jalousies d'un Swann. Elle a cette opacité qui rend fou. Rien en elle ne se laisse traverser par la lumière. Par aucune lumière, ni celle de l'intelligence, ni celle de la morale, ni celle de l'amour. Swann ne sait rien d'elle. Ni ce qu'elle pense (la fameuse question des jaloux : « À quoi penses-tu ? » qu'il faudrait traduire par : « À qui penses-tu ? »), ni même si elle pense. Ni qui elle rencontre, ni comment elle vit. Quant à l'amour, il ignore si elle est capable, tout en le monnayant, d'en éprouver les plaisirs et les affres. Jusqu'à sa beauté qui a quelque chose d'opaque.

« Il en arrivait à regretter chaque plaisir qu'il goûtait près d'elle, chaque caresse inventée et dont il avait eu l'imprudence de lui signaler la douceur, chaque grâce qu'il lui découvrait, car il savait qu'un instant après, elles allaient enrichir d'instruments nouveaux son supplice. »

De plus, Odette est une courtisane. Elle appartient à tous pour peu qu'on y mette le prix, ainsi tous les désirs se fixent-ils sur celle dont Swann souhaiterait, lui, avoir l'exclusivité. Sa passion devient le négatif de l'amour. Plus elle se sert de lui et lui ment, plus il la méprise. Plus il la méprise et plus il l'aime. Il lui est impossible de sortir de cette relation sado-masochiste. Il faudrait pour cela qu'il puisse transformer sa passion en amour et parier, à la manière de Pascal, sur la liberté de l'autre. Il est trop jaloux pour le faire. De plus, il aime passionnément Odette pour ses défauts, parce qu'elle est menteuse et infidèle. Le jour où, lassé de tout, il l'épousera, ce ne sera certes pas par amour, mais par indifférence. Devenue sa prisonnière, il n'a plus besoin de l'aimer. Chez Proust, la passion est condamnée à s'autodétruire.

Swann est conscient de la morbidité de son amour : « Considérant son mal avec autant de sagacité que s'il se l'était inoculé pour en faire l'étude, il se disait que, quand il serait guéri, ce que pourrait faire Odette lui serait indifférent. Mais du sein de son état morbide, à vrai dire il redoutait à l'égal de la mort une telle guérison, qui eût été en effet la mort de tout ce qu'il était actuellement. »

Ils seront malheureux et auront une fille, Gilberte, qui, à son tour, fera souffrir le narrateur.

C'est le constat le plus désenchanté de toute la littérature. La dernière phrase de *Un amour de Swann* : « Dire que j'ai gâché des années de ma vie, que j'ai voulu mourir, que j'ai eu mon plus grand amour, pour une femme qui ne me plaisait pas, qui n'était pas mon genre ! »

Chez Proust, la jalousie est à ce point constitutive de la passion qu'il y revient encore à la dernière page de son œuvre. Il s'agit bien sûr de l'insurpassable *Temps retrouvé* qui se lit à chaque âge de la vie avec une lumière différente. Loin de s'estomper avec le vieillissement du lecteur – on est un peu moins du côté des aubépines –, la lumière sur ce *Temps retrouvé* se fait avec l'âge encore plus crue et douloureuse, mais aussi plus effrayante. Et, à la toute dernière page de l'immense œuvre, c'est sur le pire de la jalousie, une jalousie essentielle et mortelle, que revient l'auteur.

Comme le Temps, le corps aimé recèle des souvenirs qu'il peut avoir lui-même oubliés, qui sont à jamais indéchiffrables, mais qui continuent à exister en lui, qui sont devenus sa chair, sa chair tant désirée. Il n'y a pas de Champollion pour explorer cette langue morte inscrite au plus profond de l'être aimé : « Et c'est parce qu'ils contiennent ainsi les heures du passé que les corps humains peuvent faire tant de mal à ceux qui les aiment, parce qu'ils contiennent tant de souvenirs de joies et de désirs déjà effacés pour eux, mais si cruels pour celui qui contemple et prolonge dans l'ordre du temps le corps chéri dont il est jaloux, jaloux jusqu'à en souhaiter la destruction. »

Dans la vie cependant, on n'a pas toujours vocation à aimer les demi-mondaines ou les don Juan, à être jaloux en permanence du monde entier. La jalousie en revient alors à l'équation à trois termes que posait d'entrée Roland Barthes, le troisième terme étant le ou la rival(e).

Dans ce cas, il y a ceux qui veulent savoir et ceux qui préfèrent ignorer, ceux qui sont jaloux et ceux qui, comme moi, prétendent un peu trop vite pour être crus, et pour le croire eux-mêmes, ne pas l'être. Il y a aussi ce que Simone de Beauvoir appelait les amours contingentes, ces belles rencontres, à ne pas confondre avec les amours essentielles qui voudraient durer une vie entière. Mais tous les classements, toutes les analyses, tous les contrats et toutes les promesses, tout l'attirail du confort et de la prétendue sagesse, volent en éclats pour peu qu'on soit personnellement atteint au cœur.

C'est à ce moment-là que la jalousie permet une seconde cristallisation, beaucoup plus forte que la première. On aime jusqu'au désespoir ce que l'on craint de perdre. L'amour est soudain réveillé et on le ressent *a posteriori* plus fusionnel qu'on ne le pensait. Si la douleur est telle, n'est-ce pas justement parce que l'autre est moi-même ? Nous nous confondons. En me l'arrachant, on s'en prend à moi. C'est ma propre chair qu'on tranche pour mieux nous diviser. Nous étions un. Nous ne pouvons être deux moitiés. Sa moitié à lui, comment pourrait-elle s'apparenter à une autre moitié, étrangère ? Et moi, comment pourrais-je continuer à vivre, réduit à n'être qu'une moitié de moi-même ?

L'amour ne paraît jamais aussi fusionnel que lorsqu'il cesse de l'être. Privé de ma moitié qui faisait mon tout, je suis seul, nu et amputé. Je ne peux accepter qu'elle continue à vivre, à vivre sans moi, à vivre avec l'autre. Je ne vois pas dans le troisième terme de l'équation un rival mais un assassin. Mon assassin. C'est à cet endroit-là que peut se commettre le crime passionnel sur fond inconscient de légitime défense.

Il arrive que le fait d'apprendre qui est le (la) rival(e) apporte un certain soulagement. Une simple photo peut redonner à la tierce personne une dimension simplement humaine. Notre imagination, stimulée comme jamais par la jalousie, en avait fait l'ennemi aux pouvoirs invincibles, à la beauté ou à la virilité (c'est selon) sans pareille. Ce n'est que cela ! est-on enclin à s'exclamer au vu de la chose. Quoique haïssable, la simple réalité peut requinquer un narcissisme par trop mis à mal. Quant à savoir qui des hommes ou des femmes seraient les plus jaloux, il est impossible de le dire. La jalousie dépend de l'ego et non du sexe de chaque individu.

Dans le film de François Truffaut *Jules et Jim*, adapté du roman d'Henri-Pierre Roché, il y a une permutation des trois termes de l'équation. Pour une fois, la rivalité amoureuse ne tourne pas à la querelle de deux propriétaires se disputant le même bout de terrain. Une femme (Jeanne Moreau) aime deux hommes qui sont aussi deux amis, et, selon les moments, elle vit avec l'un ou avec l'autre. Leur amitié n'exclut pas la jalousie, mais ils parviennent à la dépasser tant ils ont le sentiment de s'aimer l'un l'autre en l'aimant, elle. Le désir mimétique, loin de les opposer, tente de les unir. C'est une très belle combinaison où la femme mène le jeu. Pour l'avoir pratiquée jadis avec un certain plaisir, je sais combien son équilibre est incertain et qu'elle peut à tout moment tourner au drame.

Le film de François Truffaut est gai, brillant, les acteurs sont superbes. La Catherine de Jeanne Moreau est sans doute un des plus beaux personnages féminins du cinéma français, ce qui n'empêche pas le commentaire de François Truffaut, à propos du couple et de l'amour, d'être aussi pessimiste que le fut l'œuvre de Proust : « C'est également une histoire sur l'amour, dit-il, avec cette idée que, le couple n'étant pas toujours une notion réussie, satisfaisante, il semble légitime de chercher une morale différente, d'autres modes de vie, bien que tous ces arrangements soient voués à l'échec. »

C'était en effet une époque, l'avant et l'après-Mai 68, où l'on faisait des essais. L'amour était l'objet d'étude préféré, et, méthode expérimentale oblige, on n'hésitait pas à payer de sa personne. Les femmes avaient encore tout à conquérir et le jeu (je ?) semblait ouvert. La vie communautaire et la sexualité partagée et prétendument généreuse, selon les théories de Wilhelm Reich, devaient même supprimer les dernières traces de jalousie. Je donne tout, je partage tout, je jouis avec tous et toutes. Plus facile à dire qu'à vivre, les expériences ont fait long feu.

Nous sommes maintenant revenus à nos jalousies archaïques. Celle de l'homme qui contrôle la transmission de ses gènes. J'enferme ma femme pour être sûr que mon enfant est bien mon enfant. Celle de la femme qui doit tout faire pour conserver son homme, qui la protège et lui permet de mieux nourrir ses enfants. Dans *Totem et Tabou*, Freud montre que nous sommes les lointains héritiers de ce monde qui avait à combattre pour sa survie. Ajoutez à cela la grande peur de la solitude et le manque de confiance en soi. La jalousie n'est une preuve d'amour que dans un raisonnement par l'absurde.

K

Karénine, Anna

Karénine, Anna

Grand roman de l'adultère avec Anna, Vronski et Karénine.

Grand roman de l'amour avec Kitty et Levine.

Grand roman de la passion avec Anna et Vronski.

Anna Karénine est écrit par un Tolstoï de quarante-huit ans au sommet de son art. Quand il n'écrit pas, Tolstoï monte son cheval Délire.

Le roman s'ouvre par cette phrase que nombre de romanciers rèvent d'avoir écrite : « Les familles heureuses se ressemblent toutes ; les familles malheureuses sont malheureuses chacune à leur façon. »

Et le roman de commencer par un constat d'adultère. Anna Karénine, qui vient tout juste de rencontrer Vronski, n'est pas encore la pécheresse qu'elle deviendra. C'est son frère qui, à ce moment-là, trompe sa femme avec l'institutrice française de ses enfants. On frôle la catastrophe. On pleure et on se dispute. Anna réussit à réconcilier les deux époux. Tout paraît s'arranger, puisque tout va de nouveau selon les normes du temps. Il y a fort à parier que le frère d'Anna retombera dans d'autres aventures et que sa femme sera amenée à se résigner. L'infidélité n'est pas très grave quand on est un homme. Ce n'est qu'un préambule. La vraie tragédie peut commencer.

Comme pour Flaubert avec *Madame Bovary*, un fait divers est à l'origine d'*Anna Karénine*. En janvier 1872, une femme se jette sous un train de marchandises à la gare de Iassenki, toute proche de la propriété de Tolstoï, Iasnaïa Poliana. L'écrivain va voir le cadavre de la jeune femme, qui est déposé dans un des bâtiments de la gare. Il aurait même assisté à son autopsie. Il apprend, effaré, qu'elle s'est jetée sous un train parce que son amant, un ami et voisin de Tolstoï, l'aurait abandonnée.

En mars de l'année suivante, il écrit les premières pages d'*Anna Karénine*. Après des années de doute, il est porté par ce nouveau projet, mais son enthousiasme ne dure pas. Il se remet à douter et son travail avance par à-coups. Entre-temps, il va à la chasse aux loups ou forme des instituteurs pour les enfants de ses paysans.

Les premiers chapitres du roman paraissent en feuilleton dans le *Messager russe*, en janvier 1875. Tolstoï est étonné par l'ampleur de son succès. Il a pourtant des difficultés à poursuivre l'écriture d'*Anna Karénine*. Il a mis trop de lui-même dans ce personnage de Levine qui souhaiterait poursuivre une vie apaisée et familiale à la campagne.

Avec Anna en revanche, son auteur a des rapports ambigus. Il est à ce point fasciné par sa créature qu'il cherche à la rejeter, d'où la complexité du personnage qui échappe à son créateur et à sa rationalité. Ce n'est pas seulement une femme qui tente de vivre sa passion en marge d'une société qui va s'empresser de la broyer, sa passion ne rend pas Anna Karénine passive. Elle est ô combien vivante et inattendue dans ses volontés comme dans ses revirements. Elle ne subit que ses propres choix.

Si elle avoue sa passion à son mari avant même que celui-ci ne l'ait interrogée, c'est que ce mari pour elle, comme pour la princesse de Clèves, est la figure de Dieu. On se confesse à lui et on le défie. À l'image d'une société étriquée et oppressive, Karénine reste dans l'esprit d'Anna le juge et l'accusateur. Elle ne pourra jamais se défaire de sa culpabilité de femme adultère : « Oui, ces baisers, elle les avait achetés au prix de son honneur ; oui, cette main qui lui appartenait pour toujours était celle de son complice... Son visage était d'autant plus pitoyable qu'il n'avait rien perdu de sa beauté. »

C'est à cette Anna Karénine qu'il n'aime pas, que Tolstoï confie au dénouement la résolution par le suicide de ses propres tourments. Il est à ce moment-là lui-même hanté par la mort, comme Anna, comme Levine, et comme cette femme dont il a vu le cadavre dans la gare voisine. Il chasse avec ses chiens mais sans fusil pour ne pas être tenté de retourner son arme contre lui-même. Dans sa propriété d'Iasnaïa Poliana, on cache toutes les cordes afin qu'il ne risque pas de se pendre. Ne passe-t-il pas aux aveux quand il écrit à propos de Levine : « Ainsi donc, impuissant à sonder le mystère de l'existence et hanté de ce fait par l'idée du suicide, Levine ne s'en frayait pas moins d'une main et d'un pas fermes un chemin bien à lui dans la vie » ? C'est dans ce moment troublé de sa vie que Tolstoï écrit *Anna Karénine*, ce chef-d'œuvre.

Personnages parfaitement dessinés dont les mystères sont pourtant loin de s'épuiser une fois le livre refermé. Destins individuels s'inscrivant dans un paysage russe au tournant de son histoire : « ... Anna aussi bien que Vronski, semblables à des navigateurs auxquels la boussole prouverait qu'ils vont à la dérive sans qu'ils puissent arrêter leur course, car reconnaître cette erreur de direction équivaudrait à reconnaître leur perte... leur éloignement de cette norme qu'ils ne connaissaient que trop bien sans vouloir s'y soumettre. »

Les premiers brouillons d'*Anna Karénine* étaient intitulés : *Deux mariages, deux couples*. C'est dire à quel point Tolstoï soulignait dans son projet initial la différence de nature des deux couples, d'une part l'amour avec Kitty et Levine, de l'autre la passion avec Vronski et Anna Karénine.

Si la passion conduit au pire, l'amour ne se vit pas non plus sans angoisse, d'autant qu'il apparaît chez Kitty comme une solution de remplacement. Dans un premier temps, elle a repoussé l'amour de Levine. À ce moment-là, elle aimait passionnément Vronski qui, follement épris d'Anna, l'a rejetée. Après une longue période de désespoir, elle a peu à peu consenti à l'amour de Levine, jusqu'à réussir à le vivre avec toute la force d'une vitalité renaissante.

Quant à Levine, son amour pour Kitty n'a jamais failli. Malgré l'humiliation qu'elle lui a naguère infligée, il l'a attendue. Timide, introverti, il a un temps plongé lui aussi dans le désespoir. C'est au fond du gouffre qu'ils se sont rejoints, découvrant enfin qu'ils sont faits l'un pour l'autre ou décidant de l'être. Ils vont construire ensemble un îlot de bonheur qui ressemble à celui de Tolstoï avec sa famille à Iasnaïa Poliana. Cependant, et c'est bien là que culmine le pessimisme de Tolstoï, Levine n'y trouve pas l'apaisement. De même que la passion a amené Anna à se précipiter sous un train, la sagesse de Levine et l'amour de Kitty ne parviendront pas à guérir ses humeurs noires.

À peine sent-on dans les dernières pages comme une rémission : « Oui, la révélation au monde de la loi du bien est la preuve évidente, irrécusable, de l'existence de Dieu. »

Levine est sur le point de révéler à Kitty cette confiance nouvelle qu'après tant d'inquiétudes, il a fini par ressentir, et puis il se ravise : « Ce secret n'a d'importance que pour moi seul et aucune parole ne saurait l'expliquer. Ce sentiment nouveau ne m'a ni changé, ni ébloui, ni rendu heureux comme je le pensais : de même que pour l'amour paternel, il n'y a eu ni surprise ni ravissement. Dois-je lui donner le nom de foi ? Je n'en sais rien ; je sais seulement qu'il s'est glissé dans mon âme par la souffrance et qu'il y est fermement implanté. »

L

Lettres portugaises

Lilith

Louise Labé

Lettres portugaises

Cinq lettres. À peine une quarantaine de pages. Des mots qui brûlent. La grâce d'une écriture : « Je n'ai bien connu l'excès de mon amour que depuis que j'ai voulu faire tous mes efforts pour m'en guérir... J'ai éprouvé que vous m'étiez moins cher que ma passion, et j'ai eu d'étranges peines à la combattre, après que vos procédés injurieux m'ont rendu votre personne odieuse. »

Et encore : « Je déteste votre bonne foi, vous avais-je prié de me mander sincèrement la vérité ? Que ne me laissiez-vous ma passion ?... Pourquoi m'avez-vous fait connaître l'imperfection et le désagrément d'un attachement qui ne doit pas durer éternellement, et les malheurs qui suivent un amour violent, lorsqu'il n'est pas réciproque ? »

Ces mots-là n'ont sans doute pas été écrits par une femme. L'origine des *Lettres portugaises* pose en effet la question du sexe des écrivains, du sexe des créateurs. Y a-t-il une écriture féminine ? Et, prenant les siècles à témoin, pourquoi ne pas la compléter par cette question complémentaire : y a-t-il une écriture masculine, voire virile ? Est-ce que, dans mon écriture, le marqueur du genre sexuel prime les autres données, historiques, sociales, familiales, culturelles, esthétiques... ?

Un an avant *Bérénice* de Racine, neuf ans avant *La Princesse de Clèves* de Mme de Lafayette, les *Lettres portugaises* paraissent anonymement en 1669. Le succès est immense.

Morbides et magnifiques, elles vont contribuer à l'émergence de la passion en littérature. Désormais, Mme de Sévigné appelle toute lettre d'amour fou une « portugaise » et celle qui l'écrit se voit attribuer le même nom.

Faute de signature, les *Lettres* sont attribuées à une véritable religieuse portugaise. Un proche du roi, Gabriel-Joseph de La Vergne, comte de Guilleragues, les aurait traduites. Ce Guilleragues est un fin lettré, ami de Racine, de Boileau et de Mme de Sévigné. Il est le secrétaire de la chambre et du cabinet de Louis XIV.

On croit à l'authenticité des *Lettres*. Et, pour en revenir à notre question liminaire sur le sexe des écrivains, La Bruyère souligne dans ces *Lettres* les caractéristiques, selon lui, de l'écriture féminine : « Ce sexe va plus loin que le nôtre dans ce genre d'écrire... il n'appartient qu'à elles de faire lire dans un seul mot tout un sentiment et de rendre délicatement une pensée qui est délicate ; elles ont un enchaînement de discours inimitable, qui se suit naturellement, et qui n'est lié que par le sens. »

Un siècle plus tard, Jean-Jacques Rousseau sera plus clairvoyant avec des arguments exécrables. On eût préféré qu'il se trompât : « Les femmes en général n'aiment aucun art, ne se connaissent à aucun, et n'ont aucun génie... Ce génie qui consume et dévore, cette brûlante éloquence, ces transports sublimes qui portent le ravissement jusqu'au fond des cœurs, manqueront toujours aux écrits des femmes : ils sont froids et jolis comme elles ; ils auront tant d'esprit que vous voudrez, jamais d'âme ; ils seraient cent fois plutôt sensés que passionnés... Je parierais tout au monde que les *Lettres portugaises* ont été écrites par un homme. »

Il faut attendre 1939 pour qu'on en vienne à penser que le traducteur des *Lettres portugaises* pourrait bien être en réalité leur auteur. Ce n'est en fait qu'à partir de 1960, et grâce aux recherches de Jacques Rougeot et de Frédéric Deloffre, que le témoignage d'une religieuse portugaise devient une œuvre littéraire écrite par Guilleragues. Ils le prouvent en démontrant d'abord qu'elles n'ont rien de portugais dans le vocabulaire et dans le style, et qu'elles ont tout en revanche de la thématique amoureuse développée dans les cercles que fréquente Guilleragues, et plus particulièrement dans le salon de Mme de Sablé.

On découvre enfin que les *Lettres* auraient dû être publiées en même temps que des épigrammes et madrigaux, titrés *Valentins* et dédiés à Mme de Sablé. Et l'on sait que Guilleragues est un des auteurs de ce texte collectif. Il est probable que les *Valentins* aient été retirés de la publication pour que Guilleragues, traducteur supposé des *Lettres*, ne puisse être soupçonné d'en être aussi l'auteur. À noter que le talent de Guilleragues est tel qu'il réussit à introduire dans le désespoir de cette femme abandonnée par son amant quelques touches d'humour, humour noir sans doute, mais humour tout de même.

Tout est sujet à interprétation dans cette œuvre si brève, et dès la première phrase : « Considère, mon amour, jusqu'à quel excès tu as manqué de prévoyance. »

L'attaque est directe. Elle garde pourtant quelque chose de doux et de voluptueux : le tutoiement, l'inversion des mots : « Considère, mon amour... »

Ce « Considère, mon amour » a été au centre des commentaires. À qui cette femme s'adresse-t-elle ? à son amant qui vient de la quitter ? ou bien au sentiment de l'amour que cet homme a suscité chez elle, à cette entité qui est tout ce qui lui reste de son amant ? Choisissant la première hypothèse, l'interprétation moderne semble bien inspirée. Il est cependant à noter que la religieuse voussoie son amant dans tout le reste du texte, et que, dans cette première hypothèse, elle ne le tutoierait que dans cette seule phrase.

Cette femme écrit à celui qu'elle aime. Elle goûte, elle savoure ces mots qui sont autant d'aveux de sa passion. Au reste, les plus prudes de ses contemporains se sont effarouchés de ce langage aux inflexions d'emblée si intimes et si sensuelles. De nouvelles versions ont transformé le « Considère, mon amour » en un banal « Considère, mon cher » ! De même, on a supprimé dans certaines versions l'aveu explicite, toujours dans la première lettre, de la passion charnelle qui la liait à son amant. La jouissance d'une femme, qui plus est d'une religieuse, écorchait les oreilles des dévots : « Et pourquoi ferais-je des efforts pour ne plus me souvenir de tous les soins que vous avez pris de me témoigner de l'amour ? Je serais bien ingrate si je ne vous aimais avec les mêmes emportements que ma passion me donnait, quand je jouissais des témoignages de la vôtre. »

Plus étonnante encore que la sensualité avouée de cette femme, c'est l'absence chez elle de tout repentir. Son état religieux ne l'amène ni à regretter ni à se confesser. Les *Lettres* ne s'adressent pas à Dieu. Elles parlent à l'amant. La religieuse se fait belle en écriture comme on se fait belle pour rencontrer l'aimé. Si elle évoque au passage son état religieux, ce n'est certes pas pour se reprocher de l'avoir trahi, c'est au contraire pour se féliciter qu'il lui ait permis de rencontrer plus facilement son amant. La chose aurait été plus difficile, fait-elle remarquer, si elle avait été mariée !

Non seulement elle ne se repent pas de l'avoir aimé, mais elle voudrait l'avoir aimé davantage : « Si je vous aimais autant que je vous l'ai dit mille fois, ne serais-je pas morte il y a longtemps ?... Traitez-moi sévèrement ! Ne trouvez point que mes sentiments soient assez violents ! Soyez plus difficile à contenter !... Adieu, je voudrais bien ne vous avoir jamais vu. »

L'écriture de Guilleragues est si ductile qu'elle lui permet de glisser une note d'humour dans le phrasé de sa nonne. L'écrivain accable l'amant volage, et le comte flatte du même coup le roi qu'il sert : « ... mais vous avez voulu profiter des prétextes que vous avez trouvés de retourner en France ; un vaisseau partait : que ne le laissiez-vous partir ? Votre famille vous avait écrit : ne savez-vous pas toutes les persécutions que j'ai souffertes de la mienne ? Votre honneur vous engageait à m'abandonner : ai-je pris quelque soin du mien ? Vous étiez obligé d'aller servir votre roi : si tout ce qu'on dit de lui est vrai, il n'a aucun besoin de votre secours, et il vous aurait excusé. »

À peine la religieuse semble-t-elle souffrir d'avoir été abandonnée, qu'elle s'empresse de revendiquer l'infinie volupté de l'amour, rendant négligeable le plaisir vaniteux de celui qui se contente d'être aimé et qui n'aime pas ou qui aime moins : « Je regrette pour l'amour de vous seulement les plaisirs infinis que vous avez perdus... Ah ! si vous les connaissiez, vous trouveriez sans doute qu'ils sont plus sensibles que celui de m'avoir abusée, et vous auriez éprouvé qu'on est beaucoup plus heureux, et qu'on sent quelque chose de beaucoup plus touchant, quand on aime violemment, que lorsqu'on est aimé. »

Il y a chez elle une manière presque mystique de revendiquer la passion tout entière, avec ses extases et ses abîmes de désespoir. Dans ses *Lettres* cependant, elle semble se douter que son amant ne reviendra pas et qu'elle l'a perdu à jamais. Elle n'est déjà plus dans les paroxysmes de la douleur. On dirait que, de la fenêtre de son couvent, elle a suivi jusqu'à la ligne d'horizon l'éternelle disparition de son bateau. Impossible à ce moment-là de parler, encore moins d'écrire. Dans l'œil du cyclone, il peut y avoir des cris, des appels et même des mots, il n'y a jamais d'écriture. Le temps de la veille et de la révolte a depuis passé. Sa douleur n'est certes pas calmée, mais la plainte s'est adoucie. Sa voix ressemble alors au lamento racinien, quand l'héroïne tragique ne sombre pas dans les excès de la fureur.

Elle dit, la Portugaise : « Je vous ai aimé comme une insensée ; que de mépris j'ai eu pour toutes choses ! »

Et aussi : « Que ferais-je, hélas ! sans tant de haine et sans tant d'amour qui remplissent mon cœur ? »

Et encore : « Je vous conjure de me dire pourquoi vous vous êtes attaché à m'enchanter comme vous avez fait, puisque vous saviez bien que vous deviez m'abandonner ? Et pourquoi avez-vous été si acharné à me rendre malheureuse ? Que ne me laissiez-vous en repos dans mon cloître ? ... Adieu, aimez-moi toujours ; et faites-moi souffrir encore plus de maux. »

Et enfin, dernière phrase de la dernière lettre : « ... mais je ne veux plus rien de vous, je suis une folle de redire les mêmes choses si souvent, il faut vous quitter et ne penser plus à vous, je crois même que je ne vous écrirai plus ; suis-je obligée de vous rendre un compte exact de tous mes divers mouvements ? »

Lilith

Dans la tradition populaire juive, Lilith serait la toute première femme, la mauvaise Ève. Présentation de Lilith par le plus français des poètes allemands, Heinrich Heine :

> Je te salue aussi, Lilith,
> Mère des péchés, serpent lubrique !
> Enseigne-moi tes cruautés
> Et l'art délicieux du mensonge !

Elle est certes plus proche de Carmen que de la dame du roman courtois. C'est la compagne rêvée par Baudelaire dans *Le Vin des amants* :

> Mollement balancés sur l'aile
> Du tourbillon intelligent,
> Dans un délire parallèle,
> Ma sœur, côte à côte nageant,
> Nous finirons sans repos ni trêves
> Vers le paradis de mes rêves !

On l'appelle Lilith dans la tradition juive. On peut aussi l'appeler Hécate (Paul Morand), Carmen (Mérimée), Lola (Heinrich Mann), l'Ange bleu (Josef von Sternberg). Créée par Héphaïstos, elle s'appelle Pandora chez les Grecs où elle est également la première femme. Chargée d'apporter aux hommes tous les bonheurs et tous les malheurs, elle répand pour eux le contenu de son vase. Seul l'espoir reste au fond, et les hommes en seront privés.

Elle est la femme fatale, celle qui fascine, obsède et détruit. Elle est la dévoreuse, la lubrique, la mangeuse d'hommes. Sa beauté est une offense. Son vagin, dit la légende, est denté. Sa voix est celle des sirènes, Ulysse dut se faire attacher au mât de son vaisseau pour ne pas succomber à son appel. Elle a les accents de la Lorelei sur les rives du Rhin.

Elle est la vamp du cinéma américain. Vamp, vampire, elle suce le sang de ses victimes. Elle a parfois le visage magnifique d'Ava Gardner dans le film, *Pandora*, d'Albert Lewin. Elle est pour les hommes ce que le Minotaure, depuis le surréalisme et surtout depuis Picasso, est pour les femmes. Cette dévoreuse peut à son tour aimer être dévorée et dire, comme Zeus à Europe, ou Mme Martineau-Gouly à Vincent dans *La Disgrâce*, du même auteur, bouffe-moi !

Louise Labé

Et voici que surgit une autre affaire littéraire. Après ces *Lettres portugaises* écrites non par une femme mais par un fin lettré du nom de Guilleragues, Louise Labé, la sensuelle Louise Labé, ne serait plus Louise Labé [1]. Un chœur de poètes réunis à Lyon autour de Maurice Scève aurait publié sous ce nom de Louise Labé un dialogue en prose de *Folie et Amour*, trois élégies et vingt-trois sonnets, toutes pièces d'évidence inoubliables quelle que soit l'authenticité de la signataire.

Il y a, aux alentours de l'année 1555, un moment de grâce à Lyon. On construit à la toscane les maisons lyonnaises. On peint dans les ocres les façades des quais de Saône. L'amour est à l'honneur. Des poètes le chantent. Entre Rhône et Saône, un souffle nouveau arrive d'Italie. Il apporte avec lui les vers de Dante et le toscan de Pétrarque. On assiste à la renaissance des corps et des esprits. La toute jeune imprimerie trouve à Lyon sa ville d'élection. La cour et le roi s'y installent à plusieurs reprises et font de Lyon pour un temps la capitale de la France. On aime et on crée. On aime parce que l'on crée et l'on crée parce que l'on aime.

Dans cette ville soudain inspirée, le chant qui sait le mieux prendre chair est celui d'une femme. On l'appela Louise Labé. D'autres la surnommèrent la belle Cordière, faisant allusion à l'épouse d'un cordier lyonnais qui aurait été une

1. Mireille Huchon, *Louise Labé, une créature de papier*, Droz.

courtisane de grande renommée. C'est tout ce que l'on croit savoir d'elle, même si de nombreuses biographies lui furent par la suite consacrées et si, à Lyon, on montre encore au numéro 28 de la place de l'Hôpital l'imposte d'un porche d'entrée qui aurait donné accès, au XVIe siècle, à la maison de Louise Labé. Là précisément, elle aurait reçu dans son salon la fine fleur de la poésie lyonnaise.

Le fait même de publier est pour une femme, au XVIe siècle encore, une sorte d'attentat à la pudeur. Avant la prétendue Louise Labé, il n'y eut guère que Marie de France, au XIIe siècle, qui s'y risqua, protégée qu'elle était par son statut aristocratique, et Christine de Pisan, au siècle suivant. Quant à Marguerite de Navarre, contemporaine de Louise, elle n'avait rien à craindre du roi de France, François Ier était son frère, de plus son mari, le roi de Navarre, était maître chez lui.

Il eût été plus risqué pour une simple roturière d'exprimer dans ses poèmes, si beaux fussent-ils, les émois de la passion. Ce que Sappho pouvait se permettre dans la Grèce antique devenait au beau milieu du XVIe siècle lyonnais un défi esthétique. Sans doute ce défi fut-il lancé, non par une poétesse isolée, mais par quelques-uns des plus grands poètes de la même époque et de la même ville. La sincérité en prend un coup, mais l'art en sort vainqueur :

> Je vis, je meurs ; je me brûle et me noie.
> J'ai chaud extrême en endurant froidure :
> La vie m'est et trop molle et trop dure.
> J'ai grands ennuis entremêlés de joie.

Chez celle qu'on appelle sans doute à tort Louise Labé, la passion cesse d'être morbide. C'est l'absence de désir qui conduit à la mort.

> Tant que mes yeux pourront larmes épandre,
> À l'heur passé avec toi regretter :
> Et qu'aux sanglots et soupirs résister
> Pourra ma voix, et un peu faire entendre...

Dans ma prime jeunesse, j'ai enseigné dans un établissement lyonnais qui portait le nom de Louise Labé, et, à ce moment-là, je me suis sentie appartenir à cette ville et à son histoire parce que je m'identifiais à Louise, comme d'autres à un footballeur ou à un chanteur... Avons-nous tous été abusés ? Louise, la lyrique, Louise, la charnelle, n'a sans doute jamais existé. Il faut s'y faire, Louise n'était qu'un leurre, ô combien séduisant. C'est pour moi une grande déception, même si je n'ai jamais cessé de penser qu'en littérature il n'y a pas plus de genre féminin que de genre masculin. Je puise dans les mots de Marc Fumaroli un certain réconfort : « *Exit* Louise Labé... Ce que ce recueil abandonne dans l'ordre romantique de la "sincérité", il le gagne dans l'ordre du sentiment de l'art, de sa puissance à prêter la parole à l'éternelle violence androgyne du désir, mais aussi de l'ironie supérieure avec laquelle il se joue et se moque de sa propre puissance d'illusion et de déception. Merci, Madame. »

M

Mariage

Masochisme

Mystiques

Mariage

Né au XIIe siècle, l'amour courtois a reçu l'imprégnation cathare et l'influence des mystiques arabes. On peut aussi dire que la crise du mariage a favorisé l'éclosion de l'amour courtois, qu'elle lui a permis de répandre ses fruits amoureux et poétiques comme autant de contre-poisons.

Peu de temps auparavant, dans la seconde partie du XIe siècle, le pape Grégoire VII a d'une part interdit le mariage des clercs et d'autre part renforcé les règles sacramentelles de ce même mariage. Il y a désormais séparation entre les laïcs qui sont sur cette terre pour procréer et les clercs qui y sont pour prier et parfois pour créer.

Le mariage repose sur des bases matérielles et sociales. Il se veut à l'image de l'union du Christ et de son Église. Dans *De l'amour*, Stendhal se permettra cette plaisanterie, quelques siècles plus tard : « Il ne faut pas de divorce parce que le mariage est un *mystère*, et quel mystère ? L'emblème de l'union de Jésus-Christ avec son Église. Et que devenait ce mystère si l'*Église* se fût trouvée un nom du genre masculin ? »

Renforcé au XIIe siècle, ce sacrement du mariage tient d'autant moins compte des sentiments des époux qu'il veut assujettir la sexualité.

Déjà Paul, dans son Épître aux Corinthiens : « Je pense qu'il est bon pour l'homme de ne point toucher de femme. Toutefois pour éviter l'impudicité, que chacun ait sa femme, et que chaque femme ait son mari... Car il vaut mieux se marier que de brûler. » Le mariage est un pis-aller qui permet de structurer la société. Il est surtout le plus efficace des contre-passions : « Il vaut mieux se marier que de brûler. »

Augustin écrivait à propos de la sexualité : « ... Dans cette soumission des organes génitaux aux seules impulsions de la libido, hors de tout contrôle de la volonté, apparaît à l'évidence la punition infligée à l'homme pour cette première désobéissance. » Il entend bien sûr par « première désobéissance » le péché originel.

La condamnation de la chair par les cathares est encore plus définitive. Pour eux, tout ce qui appartient à ce monde imparfait ne peut être que l'œuvre du diable. Contre cette dictature du pire, contre cette vision uniformément diabolique des êtres et des choses, le peuple réagit par le rire, et par ce qu'on appellera l'esprit gaulois, tandis que, dans toutes les cours et dans tous les châteaux, on se met à chanter ce qu'on nommera l'amour courtois.

Le culte de Marie, la mère de Jésus, ne prend son essor qu'au XIIe siècle. Il faut, à ce moment-là, offrir une sorte de compensation aux femmes qui n'ont aucune identité propre dans le mariage, le féminin s'abolissant dans le masculin dans une sorte de parodie de l'amour fusionnel. L'autorité sur chaque femme revient toujours au parent masculin le plus proche en ligne masculine. La virginité est la règle impérative pour l'accession au mariage, la fertilité est ensuite la raison nécessaire et suffisante d'un bon mariage. L'Église va offrir aux femmes une autre figure tutélaire, celle de Marie-Madeleine, la femme de chair qui n'en devint pas moins la servante du fils de Dieu. Il n'appartient pas à toutes les femmes d'être nées sans péché comme Marie, mais toutes, selon les Pères de l'Église, ont fauté comme Marie-Madeleine, donc toutes peuvent être comme elle sauvées On ne doit pas désespérer le sexe dit faible.

Et pendant ce temps-là, Héloïse écrit à Abélard : « Jamais, Dieu le sait, je n'ai cherché en toi rien d'autre que toi.. Certes le nom d'épouse semble plus sacré et plus fort, mais j'ai toujours mieux aimé celui de maîtresse, ou, si tu me pardonnes de le dire, celui de concubine et de prostituée. »

Et pendant ce temps-là, les troubadours qui exaltent l'amour de la dame peuvent aussi rabaisser la femme. La misogynie et la courtoisie font bon ménage, et le mythe de la chasteté ne contredit qu'en apparence la réalité de la jouissance. René Nelli écrit : « Il n'est pas question de voir dans la chasteté, ainsi feinte, une habitude ni un reflet des mœurs, mais un hommage "religieux" rendu par l'imperfection à la perfection. »

Dans l'amour courtois, la passion amoureuse se situe toujours hors du mariage. Quand il doit se séparer d'Iseult la blonde, Tristan décide, sans que personne l'ait forcé à le faire, d'épouser l'autre Iseult, Iseult aux blanches mains. Ce mariage ne sera jamais consommé, sa volonté entrant en guerre avec son désir. Non seulement la passion n'existe pas dans le mariage, mais le désir même en est exclu.

Iseult la blonde en fait la démonstration en osant affronter le jugement de Dieu. Elle doit se saisir à main nue d'une barre de fer portée au rouge. Si elle n'est pas brûlée, preuve sera faite de son innocence. « Entre mes cuisses n'entra homme, dit-elle, si ce n'est Marc et le lépreux. » Marc est son époux. Quant au lépreux, il s'agit de Tristan qui ainsi « déguisé » lui a fait franchir la rivière à califourchon, expression particulièrement explicite dans ce cas.

Le jugement de Dieu sera rendu en faveur d'Iseult. Aucune brûlure dans sa paume. Bien malgré lui, Dieu a couvert son infidélité et son subterfuge. La mort des amants sauve *in extremis* la morale de l'histoire. De manière bien plus tragique, Abélard sera émasculé par les sbires que l'oncle d'Héloïse lui a envoyés pour le punir d'avoir trop aimé.

Au XVIIIe siècle, c'est toujours la même condamnation du mariage. Julie de Lespinasse écrit : « Tout homme qui a du talent, du génie, et qui est appelé à la gloire, ne doit pas se marier. Le mariage est un véritable éteignoir de tout ce qui est grand et qui peut avoir de l'éclat. »

D'un siècle à l'autre, les écrivains et leurs personnages se répondent pour condamner le mariage. Pour la princesse de Clèves, il fut une prison. Pour la duchesse de Langeais, il ne sert qu'à alimenter sa stupide coquetterie qui consiste à ne pas aimer qui elle aime. Anna Karénine sait pour sa part que le mariage lui vaut condamnation devant Dieu et les hommes. Pour Ariane, la Belle du Seigneur, le mariage ne compte pas plus qu'un fétu de paille, elle le brise entre ses jolies mains dans un éclat de rire. Elle ne l'emportera pas au paradis, ni dans celui de Dieu, ni même dans celui des amants.

Comme Tolstoï, qui ne pouvait s'empêcher de réprouver la passion capricieuse de son Anna, Albert Cohen se fait lui aussi le juge de son Ariane et, contre l'adultère, se porte au secours du mariage. Après l'évocation des amants les plus beaux, Albert Cohen s'acharne, avec beaucoup d'entrain, à les ridiculiser : « Ô les sales nostalgiques yeux de l'idiote bientôt adultère, ô sa bouche bée devant les nobles discours de son prince charmant porteur de dix mètres d'intestins. Ô l'idiote éprise d'ailleurs, de magie, de mensonge. Tout du mari l'agace. La radio du mari et son inoffensive habitude d'écouter les informations trois fois par jour, pauvre chou... »

Il va même, à peine ironique, jusqu'à justifier l'injustifiable, l'unilatérale soumission de la femme dans la tradition du mariage qui lui fait obligation de porter le tchador ou de se raser la tête : « Dès le premier jour du mariage, les Juives de stricte observance se rasaient le crâne et mettaient perruque. J'aime. Plus de beauté, Dieu merci. Par contre, la plus belle vedette de cinéma, justement parce qu'elle se croit irrésistible et prend des poses de grande charmeuse avec son derrière, et qu'elle n'est que cela, pour la punir de sa beauté, corne du diable, je l'imagine aussitôt violemment purgée et en grands maux de ventre, et alors elle perd aussitôt sa splendeur, et je ne veux plus d'elle ! Qu'elle reste sur son siège ! Mais une Juive à perruque ne perd jamais son prestige, car elle s'est mise sur un plan où les misères physiques ne peuvent plus découronner. J'ai perdu le fil. Où en étais-je avec l'idiote ?... »

Si la manière d'envisager aujourd'hui le mariage a bien changé, ce n'est certes pas à cause de ce vibrant appel à la tradition. L'institution n'a plus rien de contraignant. On peut toujours en sortir par le divorce, à condition d'avoir pu conquérir et préserver son indépendance économique. La fonction sociale du mariage et son caractère sacramentel se sont estompés. Le sacré n'est plus à chercher dans le religieux, on l'a transféré du côté de l'amour.

Il n'y a plus en principe de mariages de convenances. On ne se marie plus parce qu'il le faut, on choisit de se marier, et avec qui se marier. L'amour est la condition nécessaire et suffisante. Ce mariage qui n'est plus guère déterminé par des raisons familiales, sociales ou religieuses, pourrait être l'occasion d'un grand brassage des fortunes, des ethnies, des diplômes et des cultures. Il n'en est rien. Le cœur manque d'imagination. Il lui arrivait de se montrer plus intrépide du temps où il était pourtant dangereux de prendre des risques.

Le choix de se marier est une décision d'autant plus personnelle et volontaire qu'on peut aussi bien s'aimer (ou aussi mal) hors mariage. De plus, le mot adultère semble aujourd'hui périmé et le mot mariage s'avère bien étroit pour contenir toutes les configurations du couple. Quand deux personnes vivent ensemble, quels que soient leurs sexes, opposés ou semblables, la notion de couple l'emporte sur celle d'époux. En revanche, partout où il y a couple, on trouve une affirmation d'amour, ou son désir ou son illusion. À moins de déplorer son manque ou sa fin, il est toujours la clef de voûte de l'ensemble.

Si on parle d'adultère, on souffre encore de l'infidélité de l'autre. Il n'y a plus d'interdits, mais il y a toujours des obstacles, le pire étant que la personne aimée ne m'aime pas ou ne m'aime plus, et ce sont toujours les obstacles qui attisent la passion.

La liberté de chacun a beau s'écrire dans la loi, l'amour être libre, le mariage et le divorce ne dépendre que du libre choix des impétrants, il y a quand même des crimes passionnels. Il y en a ailleurs que dans les romans, ailleurs que sur la scène de l'opéra. Il y a en a dans ce qu'on appelle la vraie vie, celle de tous les jours. Il y a ceux qui tuent, il y a aussi ceux qui blessent. Celui qui subit et celui qui commet. Le *je-t'aime-je-te-tue* n'a pas fini de faire des dégâts. Née de l'adultère et d'un mariage longtemps liberticide, la passion ne s'est pas éteinte, loin de là, avec la liberté sexuelle et le mariage d'amour. Peut-être est-elle même plus violente et plus possessive.

Quand il n'y a plus d'obstacles extérieurs, c'est en soi et c'est dans l'autre que se découvrent les obstacles les plus infranchissables. La guerre n'est plus entre deux familles, entre deux clans, comme dans *Roméo et Juliette*, la guerre n'est plus contre la société de son temps, contre son hypocrisie et sa bigoterie, comme dans *Anna Karénine*, la guerre a lieu entre deux ego. On a du mal à se dire *je t'aime*, mais on demande sans cesse *est-ce que tu m'aimes ?* Loin de vouloir affirmer son amour, on cherche dans l'autre à assouvir son besoin d'être aimé. Chacun joue à celui qui sera le plus aimé comme, dans la fratrie, on se disputait pour obtenir et pour garder l'amour de la mère. Il y a réciprocité dans la demande plus souvent que dans l'offre et la passion s'enflamme dans le frottement de deux ego toujours insatisfaits.

Masochisme

Au XVIIIe siècle, Julie de Lespinasse écrit : « Oui, il y a une espèce de douleur qui a un tel charme, qui porte une telle douceur dans l'âme, qu'on est tout prêt à préférer ce mal à ce qu'on appelle plaisir. »

Toujours Julie de Lespinasse : « Oui, je le répète : je préfère mon malheur à tout ce que les gens du monde appellent bonheur ou plaisir ; j'en mourrai peut-être, mais cela vaut mieux que de n'avoir jamais vécu. »

La passion est un élan qui porte hors de soi-même et mène irrémédiablement à la rencontre de l'aimé et au désir de se fondre en lui. Si le vocabulaire amoureux emprunte à celui de la guerre, c'est que pour conquérir l'aimé chacun se sent capable de combattre, et même ceux qui se croyaient les plus pacifistes peuvent dans un surcroît de passion envisager de prendre les armes. Mais ce chant guerrier pour peu qu'il ne débouche d'emblée sur une victoire tourne vite au lamento. C'est une plainte qui se nourrit d'elle-même. Elle dit toujours que la douleur est insupportable, mais qu'elle ne doit surtout pas cesser. Elle me tue, elle me fait du bien. C'est quand je crois en mourir qu'elle me fait me sentir vivant.

Delectatio morosa. Délectation morose. Morose ne signifiant pas ici triste, mais lent. Une délectation qui s'attarde comme une caresse très intime, comme le ravissement de sainte Thérèse vue par le Bernin. Cette délectation voluptueuse s'apparente à l'extase des mystiques.

Dans *Le Lys dans la vallée* de Balzac, Mme de Mortsauf reconnaît trop tard qu'elle a refusé l'amour et qu'elle va mourir en n'ayant rien vécu : « ... mais il y a d'excessives voluptés à se sentir brisée par celui qu'on aime. »

Dans son dandysme qui est à la fois celui du malheur et celui de la volupté, Baudelaire n'exclut pas cette sorte de délectation. Dans *La Mort des amants* :

> Un soir fait de rose et de bleu mystique
> Nous échangerons un éclair unique,
> Comme un long sanglot, tout chargé d'adieux.

Auquel répond *La Fin de la journée* :

> La nuit voluptueuse monte,
> Apaisant tout, même la faim,
> Effaçant tout, même la honte,
> Le poète se dit : Enfin !

Est-il besoin de rappeler le long cortège des croisés de la passion, ces flagellants de l'amour courtois ? À ne pas confondre avec ceux qui, se rendant en Terre sainte, massacraient le tout-venant pour mieux délivrer le tombeau du Christ. Les croisés de la passion proclament que leur souffrance est leur plaisir, il fonde de la sorte le grand modèle occidental de l'amour-passion. Langage des poètes, depuis Pétrarque (« Ô mort vivante, ô mal délicieux »), et Apollinaire :

> C'est la chanson des rêveurs
> Qui s'étaient arraché le cœur
> Et le portaient dans la main droite

jusqu'à Dominique Aury avec O comme *Histoire d'O.* Ce roman est conçu dans la clandestinité de son amour pour Jean Paulhan. Elle veut étonner chez lui l'homme de lettres en écrivant ce qu'aucune femme avant elle n'a écrit et subjuguer l'amant en mettant en scène quelques-uns de ses propres fantasmes dans l'espoir de le troubler à vie. C'est en sacrifiant le corps et la vie d'O – O comme le ô du plaisir et de la souffrance, une voyelle qui est en soi une sorte d'oxymore et qui se trouve être aussi la lettre préférée de Jean Paulhan –, c'est en menant d'étape en étape ce chemin volontaire de tous les outrages jusqu'à l'anéantissement complet que Dominique Aury, sous le secret du pseudonyme de Pauline Réage, écrit un traité de masochisme à l'usage de celles qui se veulent un maître et de ceux qui se cherchent une esclave (cf. l'entrée *O* (*Histoire d'*)) : « Qu'à être prostituée elle dût gagner en dignité étonnait, c'est pourtant de dignité qu'il s'agissait. Elle en était éclairée comme par le dedans, et l'on voyait en sa démarche le calme, sur son visage la sérénité et l'imperceptible sourire intérieur qu'on devine plutôt qu'on ne le voit aux yeux des recluses. »

Mais cette déréliction, mais cette délectation, mais ce ravissement et cette volupté qui confinent à la mort, sont empruntés aux mystiques. C'est Jean de la Croix :

Je suis vivant sans vivre en moi
Et si puissant est mon désir
Que je meurs de ne pas mourir

Le même Jean de la Croix :

Si je me réjouis Seigneur
De l'espérance de ta vue
Rien qu'à t'imaginer perdu
Je sens redoubler ma douleur
Vivant en si grande frayeur
Désirant de tout mon désir
Je me meurs de ne pas mourir

Mystiques

Avant même la Passion de Jésus et la proclamation du Christ, dieu d'amour, il y avait déjà convergence des visions érotiques et religieuses dans l'Inde du dieu Krishna ou dans le Cantique des cantiques, attribué à tort, semble-t-il, à Salomon. Il s'agit bien sûr d'amour, non de passion, et, en ce qui concerne le Cantique, d'un amour heureux et partagé que l'auteur prend bien soin de ne pas confondre avec « la passion, cruelle comme le Chéol ; ses fièvres sont des fièvres de feu, une flamme de Yah ».

Les traditions juive et chrétienne font du Cantique des cantiques une allégorie de l'union supposée de Dieu et d'Israël ou de Dieu et de son Église. La sensualité et l'imagination transfigurent la dévotion. À moins que ce ne soit le contraire. Freud voit dans l'extase des mystiques une sorte de coït ou de spasme cérébral. Mais existe-t-il dans l'humain quelque chose qui ne soit pas cérébral ?

Déjà, au IXe siècle, la voie de l'islam soufi prononce des mots que, quelques siècles plus tard, les mystiques chrétiens, Jean de la Croix ou Thérèse d'Avila, ne démentiront pas : « Jusques à quand y aura-t-il entre Toi et moi le moi et le Toi ? Supprime entre nous mon “moi” ; fais qu'il devienne tout entier ton “Toi” et ne sois plus mon “moi”. Mon Dieu, si je suis avec Toi, je vaux mieux que tous, et si je suis avec moi-même, je vaux moins que tous... Mon Dieu, si je T'aime, rien de moins étonnant, puisque je suis Ton serviteur, faible, impuissant, et nécessiteux... »

Pour le musulman soufi, *Houbb* signifie à la fois passion dévorante et amour divin. Le langage des mystiques chrétiens est-il de même une matérialisation du spirituel ou bien une sublimation de phénomènes physiologiques ? Thérèse d'Avila est-elle une érotomane ? Ou bien les amants passionnés sont-ils des mystiques qui s'ignorent ?

Jean de la Croix, dans le *Cantique spirituel*, cette *Chanson entre l'Âme et l'Époux* :

> Mais où t'es-tu caché
> Me laissant gémissante mon ami
> Après m'avoir blessée
> Tel le cerf tu as fui
> J'ai couru criant tu étais parti…
>
> Faisons l'amour ami
> Allons tous deux nous voir en ta beauté
> Sur le mont où jaillit
> L'eau en sa pureté
> Pénétrons plus profond dans les fourrés

Denis de Rougemont : « La mystique d'Occident est une autre passion dont le langage métaphorique est parfois étrangement semblable à celui de l'amour courtois. Nos littératures sont pour une bonne partie des laïcisations du mythe. »

Les vrais mystiques se méfient de ce que Jean de la Croix appelle lui-même « la luxure spirituelle », il y aurait une facilité à se laisser aller à l'extase comme d'autres aux transes de la passion amoureuse. Il en vient à penser, à la manière des bouddhistes, que l'excès de désir finit par supprimer le désir. Ce n'est pas le fiasco sexuel, tel que Stendhal en introduit le mot dans le vocabulaire français et dans la littérature, c'est même à l'opposé une sorte de plénitude et un apaisement. Jean de la Croix décrit de la sorte celui qui parvient à cet état : « Rien ne le pousse vers le haut, et rien ne l'attire vers le bas. »

Et Thérèse, cette même Thérèse, parle de « brûlure

suave » et s'écrie : « C'est un martyre à la fois délicieux et cruel. L'âme ne voudrait jamais voir finir son tourment. » Cette Thérèse-là aspire à une sorte de désintoxication de l'âme, et, sa liberté reconquise, à transcender sa passion de Dieu, à la fondre dans un amour serein. Elle met en garde ses jeunes nonnes, leur recommandant en termes précis de ne pas confondre leurs simples émois intimes avec le ravissement de l'extase divine.

Balzac déconseille à Mme Hanska la lecture des mystiques qu'il traite de « poison », ajoutant : « Il y a les folies de la vertu, comme les folies de la dissipation. » En revanche, dans *La Duchesse de Langeais*, si Balzac oppose bien l'amour aux folies de la passion, il le fait avec une ardeur et un vocabulaire empruntés aux grands mystiques : « Les hommes qui ont assez de force pour teindre leur âme d'un sentiment unique ressentent des jouissances infinies en contemplant par échappées toute une vie incessamment ardente, comme certains religieux pouvaient contempler la lumière divine dans leurs extases. »

Il arrivait aux dames du temps jadis, aux hommes aussi, de passer de la passion amoureuse à la solitude du couvent. L'être aimé pouvait les avoir déçus ou trahis, la société les avoir condamnés à la réclusion pour le reste de leurs jours. Un désir d'absolu montait parfois de leurs corps et de leurs esprits ravagés par la passion, un désir qui aspirait à ce que Jean de la Croix et le Dao appellent l'obscurité, l'obscurité du divin indifférencié.

Christiane Singer dans son récit de la vie d'Héloïse et d'Abélard, *Une passion*, fait dire à Héloïse : « Seules les âmes ébranlées jusque dans leurs fondements par la passion ont la chance de voir s'écrouler l'édifice de leur moi, de devenir les chantiers du divin. »

Dans *Fragments du discours amoureux*, Roland Barthes évoque cette double obscurité, qui est celle de l'amour et celle des mystiques : « J'éprouve tour à tour deux nuits, l'une bonne, l'autre mauvaise... Le plus souvent, je suis dans l'obscurité même de mon désir... Mais, parfois aussi, c'est une autre Nuit... je pense à l'autre calmement, tel qu'il est ; je suspends toute interprétation : j'entre dans la nuit du nonsens ; le désir continue de vibrer (l'obscurité est translumineuse), mais je ne veux rien saisir... Je suis là, assis simplement et paisiblement dans l'intérieur noir de l'amour... Je substitue seulement une nuit à l'autre. Obscurcir cette obscurité, voilà la porte de toute merveille. »

N

Naissance de l'amour

Narcissisme

Naissance de l'amour

Longtemps les hommes et les femmes se sont répartis inégalement leurs rôles, comme Stendhal ne manque pas de le constater dans *De l'amour* : « La dissemblance entre la naissance de l'amour chez les deux sexes doit provenir de la nature de l'espérance qui n'est pas la même. L'un attaque et l'autre défend ; l'un demande et l'autre refuse ; l'un est hardi, l'autre très timide. »

Féministe avant l'heure, Stendhal appela de tous ses vœux la liberté des femmes et introduisit dans *De l'amour* un chapitre titré « De l'éducation des femmes », mais il n'eut pas le temps de les voir changer selon ses vœux. Au siècle suivant, Roland Barthes, dans *Fragments du discours amoureux*, ne répartit plus les rôles selon les sexes, mais selon la chronologie et l'intensité du sentiment : « Chaque fois qu'un sujet "tombe" amoureux, il reconduit un peu du temps archaïque où les hommes devaient enlever les femmes. »

Dans la Genèse, le combat a lieu entre le bien et le mal, entre Dieu et le diable, aussi Satan s'empresse-t-il de séduire la femme. Dans les guerres des récits légendaires, les femmes sont le prétexte des combats. Quand les hommes se battent, c'est que le rapt de la femme a déjà eu lieu ou qu'il se prépare. Dans la guerre de Troie, Pâris a enlevé Hélène. Les rôles sont toujours distribués d'avance, à l'élément masculin l'action, l'attaque, la conviction, voire le rapt, aux femmes la passivité et la séduction, les rougissements et les feintes. Dans la pratique, les choses n'étaient peut-être pas aussi simples, mais elles nous sont parvenues à travers le récit des hommes, c'est donc ce que nous croyons en savoir.

Aujourd'hui, les femmes de la société occidentale ne manifestent plus, aux premiers temps de l'amour, des comportements à ce point différents de ceux des hommes. Elles n'attendent plus d'être choisies. Elles possèdent à présent l'art et la manière de signifier leur propre choix et leur propre inclination amoureuse. On ne fait plus tapisserie en attendant l'élu ou celui qui se prétend tel. On se lance seule sur la piste, on fait les gestes en espérant que la rencontre de l'être aimé sera donnée de surcroît. L'attaque et l'esquive peuvent se pratiquer d'un côté comme de l'autre, la séduction et le refus également. On s'aime ou on ne s'aime pas. Les jeux du chat et de la souris, les coquetteries de Célimène et surtout celles de la duchesse de Langeais, dans le roman de Balzac, ont perdu de leur pertinence. Au reste, il serait difficile de les mettre de nos jours sur le compte de la pudeur, de la morale, *a fortiori* de la religion, on les imputerait immanquablement à un calcul machiavélique, à la vanité ou au narcissisme.

La vraie passion a toujours ignoré les jeux de la coquetterie. Elle ignore les convenances et toutes les règles, qu'elles soient sociales ou religieuses. Elle est fulgurante dans ses commencements, même si elle est parfois annoncée par un état de vacance et d'attente. « Levez-vous, orages désirés !... » Le besoin d'aimer peut en effet précéder la rencontre, et, plus ce besoin est fort, plus grande sera la folie à venir.

La première rencontre, même anodine, a souvent un sens, peut-être lui en attribue-t-on un *a posteriori*. Quand Werther voit pour la première fois Charlotte, elle est en train de couper des tartines pour ses frères et sœurs auprès desquels elle joue le rôle de mère, la leur étant morte. Sans doute la vision de cette très jeune femme pourvoyeuse d'amour et de nourritures a-t-elle toutes les chances de fasciner un Werther dont le désir d'amour confine au cannibalisme.

Certains (ou certaines) se sont violemment épris d'une autre personne dans des circonstances pourtant peu favorables. Sur un bateau, il n'est pas toujours nécessaire de boire un philtre pour tomber amoureux comme Tristan et Iseult. Il se peut qu'un mal de mer déclenche chez l'un des désordres peu ragoûtants, qui susciteront aussitôt chez l'autre un désir irrépressible de calmer la souffrance et une sorte de disposition messianique, engendrant à son tour un amour fou.

La Phèdre de Racine n'a pas choisi la passion. Elle est frappée par la foudre :

> Je le vis, je rougis, je pâlis à sa vue.
> Un trouble s'éleva dans mon âme éperdue.
> Mes yeux ne voyaient plus, je ne pouvais parler,
> Je sentis tout mon corps et transir, et brûler.

Aucun bonheur possible pour elle. La passion, qui pour d'autres apparaît au moment de la première rencontre comme un hasard magnifique, une chance somptueuse, se découvre d'emblée aux yeux de Phèdre comme une catastrophe.

> Je reconnus Vénus, et ses feux redoutables,
> D'un sang qu'elle poursuit tourments inévitables.

Dans l'opéra de Wagner, *Tristan et Isolde*, la passion est en revanche réciproque. Isolde est loin d'être un personnage passif. C'est elle qui fait servir sur le bateau la boisson qui s'avère être un philtre d'amour, c'est elle qui guérit Tristan, c'est elle enfin dont l'absence tue son amant. Elle est à la naissance de leur passion. Elle détermine aussi leur mort qui, scellant leur union, est aussi leur triomphe.

Narcissisme

Selon Ovide, Narcisse est ce jeune homme qui, dégoûté du reste du monde, mourut en contemplant dans l'eau le reflet de sa propre image. Le jeune homme inspira les peintres. D'abord ils le supposèrent beau, ensuite ils virent dans son visage penché sur le miroir des eaux la figure allégorique de la peinture, et plus particulièrement celle du portrait. Parmi tous ces Narcisse, celui que l'on attribue au Caravage est une sorte de diamant noir.

Jamais aucun philosophe ne définira avec autant de volupté et de morbidesse les rapports de Narcisse avec la passion que ne le fait Albert Cohen, dans *Belle du Seigneur* : « ... elle s'est approchée de la glace du petit salon, car elle a la manie des glaces comme moi, manie des tristes et des solitaires, et alors, seule et ne se sachant pas vue, elle s'est approchée de la glace et elle a baisé ses lèvres sur la glace. Notre premier baiser, mon amour. Ô ma sœur folle, aussitôt aimée, aussitôt mon aimée par ce baiser à elle-même donné. Un battement de paupières, le temps d'un baiser sur une glace, et mon âme s'est accrochée à ses longs cils recourbés. »

C'était la naissance de la passion. Et maintenant, son triomphe, qui est aussi le triomphe du double narcissisme des amants : « Solal et son Ariane, hautes nudités à la proue de leur amour qui cinglait, princes du soleil et de la mer ; immortels à la proue, et ils se regardaient sans cesse dans le délire sublime des débuts. »

Et encore : « ... ô nuit, ô amour de moi en moi sans cesse enclose et sans cesse de moi sortie et contemplée et de nouveau pliée et en mon cœur enfermée et gardée... »

Enfin, quand la passion perd de son ardeur et que Narcisse y supplée : « Maintenant, se représenter qu'elle était lui et voir impartialement si elle lui plairait tout à l'heure... En somme, pensa-t-elle, elle n'avait pas tellement besoin de lui. Elle était seule en ce moment, et pourtant elle était heureuse. »

L'amour-passion, se confondant avec l'exaltation du narcissisme, éprouve le besoin de se décrire et de se parler pour mieux jouir de lui-même. Ce sont les confidences autour de la machine à café ou les interminables téléphonages entre ami(e)s. C'est le désir d'afficher quelque chose que l'on pense hors norme, exceptionnel, et qui l'est puisqu'il remet en jeu l'essentiel de sa vie. La moindre amourette peut prendre les accents d'une quête du Graal, tant est forte la nostalgie de l'amour-passion à une époque où tout se vaut.

La vraie passion se nourrit de son secret, mais elle ne peut se résoudre à se taire, aussi s'épanche-t-elle dans une sorte de monologue intérieur dont la volupté s'apparente à l'autoérotisme. Ainsi, dans *Werther* : « Elle m'aime ! Combien je me deviens cher à moi-même, combien... j'ose te le dire à toi, tu m'entendras... combien je m'adore depuis qu'elle m'aime ! »

Mais, bien avant Goethe, Pétrarque déjà évoquait les tourments délicieux de l'autocontemplation : « ... Ces moments-là, pour moi, ne ressemblent plus à la lumière et à la vie : c'est une nuit infernale et une cruelle mort. Et pourtant ! (voici bien ce qu'on peut appeler le comble des misères !) je me repais de ces peines et de ces douleurs-là avec une sorte de volupté si poignante que, si l'on vient m'en arracher, c'est malgré moi ! »

Chez Wagner, la brûlure de la passion divinise Tristan au point de le faire s'écrier, au comble de ses souffrances : « Seul je suis – Moi, le monde. »

C'est sa passion que Tristan aime, il l'aime plus qu'il n'aime Isolde, et, au-delà de cette passion, il convoite la mort qui le délivrera de son moi, jugé inconsciemment coupable. L'instinct de mort consume sa vie.

D'une manière plus prosaïque, on aime chez l'autre ce qu'on aurait souhaité posséder soi-même et que l'on n'est pas certain d'avoir en propre. L'être aimé se substitue à cet idéal du moi qu'on ne parvient pas à atteindre. On aime aussi ce qui, valorisant l'objet aimé au regard des autres, flatte par ricochet sa propre vanité et renforce son ego.

Freud écrit dans *Psychologie des foules et analyse du moi* : « Dans l'état amoureux une certaine quantité de libido narcissique déborde sur l'objet... On l'aime à cause des perfections auxquelles on a aspiré pour le moi propre et qu'on voudrait maintenant se procurer par ce détour pour satisfaire son narcissisme. »

Pour Freud, les données initiales d'un amour déterminent sa nature et sa durée, à moins qu'elles ne puissent être changées en cours de route et que la passion ne parvienne à se faire amour : « L'amour sensuel est destiné à s'éteindre dans la satisfaction ; pour pouvoir durer, il faut qu'il soit pourvu dès le début de composantes purement tendres, c'est-à-dire inhibées quant au but, ou bien qu'il subisse une transformation de ce type. »

La belle et étonnante Lou Andreas-Salomé complète pour sa part la pensée de Freud en restituant au narcissisme sa part glorieuse. Le véritable amour de soi n'a de cesse que de poursuivre sa propre réalisation. Lou Andreas-Salomé voit en lui le moyen pour le créateur d'aller puiser son matériau au plus profond de lui-même. La seule alchimie consistant à rendre universel le singulier. De même, l'énergie positive du narcissisme permet par un travail sur soi de devenir soi-même plus que soi-même, de se rendre plus aimable à l'aimé et peut-être moins exigeant avec lui.

Comme le montre Albert Cohen, son Ariane de *Belle du Seigneur* se trompe quand elle se contente de s'aimer sans agir. Elle ne voit en Solal que le spectateur de son propre narcissisme. Au reste, le compliment s'adresse aussi à Solal dont un surcroît de lucidité semble aggraver le cas. Leur amour ne se reflète pas au fond de leurs prunelles ou dans la gémellité de leurs regards. Ce sont leurs deux narcissismes qui s'épousent dans le reflet des eaux.

O

O (Histoire d')

Obscène

Obstacle

Odhri

O (*Histoire d'*)

J'ai découvert *Histoire d'O* quelques années après sa parution. Le livre était encore interdit d'affichage et interdit de vente aux mineurs. J'avais dû demander à une amie, majeure depuis peu, d'aller m'acheter dans la grande librairie lyonnaise de la place Bellecour cette *Histoire d'O* dont mon jeune âge m'interdisait l'accès.

J'étais à cette époque-là étudiante en lettres pour le plaisir et surveillante d'externat pour le profit (des plus maigres, il va sans dire). Je me souviens d'avoir lu *Histoire d'O* pendant les heures d'étude, assise à un bureau en surplomb, exposée au regard en contre-plongée de lycéennes qui avaient mon âge à un ou deux ans près. J'avais pris soin de couvrir le livre de ce papier uniformément bleu qui enveloppait alors tous les ouvrages à vocation scolaire. Les blouses des élèves que je surveillais avec la plus grande sévérité, ne voulant pas être surprise et dérangée en si troublante compagnie, étaient toutes de ce même bleu passé, passé par les lessives trop nombreuses, passé comme mes souvenirs qui remontent à présent avec le O d'*Histoire d'O*. Remugle des vieux salons aux portes capitonnées comme celles des asiles psychiatriques. Instruments de torture. Tout l'attirail du train fantôme. Et cette musique cristalline, ténue et pourtant harmonieuse, d'une langue élevée à la haute école du classicisme.

Ce qui me choqua, ce qui me révolta, ce ne fut pas tant le récit d'une Pauline Réage dont j'ignorais tout, que la préface signée d'un Jean Paulhan dont je ne savais rien. De ce jour, j'ai toujours pris soin de ne lire les préfaces qu'après la lecture des livres eux-mêmes. Ce que je n'ai pu supporter dans celle-ci, c'est la justification, voire la glorification, que l'auteur faisait de l'esclavage. Je découvrais le livre en pleine guerre d'Algérie et je lisais que Jean Paulhan comparait le personnage d'O à ces esclaves noirs de la Barbade qui, se voyant libérés en 1838 par une nouvelle ordonnance de leur gouvernement, auraient supplié leur ancien maître de bien vouloir maintenir sur eux leur autorité. Comme ce dernier repoussait leur requête, ils n'auraient pas hésité à le tuer, lui et sa famille. Paulhan établissait un parallèle entre l'attitude de ces esclaves qui étaient supposés vouloir rester esclaves et celle du personnage d'O qui, pensant retenir l'homme qu'elle aimait, revendique, comme une marque d'élection, les supplices et les viols qu'il lui inflige : « ... c'est que les esclaves... étaient amoureux de leur maître, c'est qu'ils ne pouvaient se passer de lui, ni de leur esclavage. »

J'avais découvert deux ans plus tôt, grâce au film *Nuit et Brouillard* d'Alain Resnais, ce que Claude Lanzmann appellera plus tard *Shoah*. J'avais appris notre passé sur l'échiquier contrasté des guerres coloniales. Et je lisais en guise de préface à un roman que j'avais cru libertin (libertin comme liberté) : « Chose étrange, le bonheur dans l'esclavage fait de nos jours figure d'idée neuve. Il n'est guère plus de droit de vie et de mort dans les familles, ni aux écoles de châtiments corporels et de brimades, ni dans les ménages de correction conjugale, et l'on met à tristement pourrir dans les caves les mêmes hommes que d'autres siècles décapitaient fièrement en place publique. » N'était-ce pas tout confondre, le masochisme privé avec l'esclavage barbare, l'archaïque avec le superfétatoire ?

Cet éloge de la soumission était assez insupportable pour qu'ensuite le récit de Pauline Réage me parût surprenant certes, mais moins révoltant que ne l'était sa préface. En effet, O n'était pas née esclave, elle le devenait de son propre chef, sauf à penser que les femmes naîtraient et vivraient pour la satisfaction d'un genre masculin se complaisant dans leur humiliation et leur souffrance. Ce n'était pas ce qu'attendait de la vie, de *sa* vie, la jeune femme que j'étais et qui lisait *Histoire d'O* en surveillant l'étude des élèves de terminale. La révolution des femmes n'avait pas encore changé la société, mais la contraception allait bientôt lui en fournir les armes.

Dans la lumière présente, le livre n'en est pas moins scandaleux, mais il l'est d'une manière différente. Bien sûr, le bruit des chaînes, la sophistication des machines à faire souffrir et l'absence totale d'humour peuvent un demi-siècle après sa parution porter à sourire. Cependant, dans tous les intégrismes religieux présents, il y a des règles à l'encontre des femmes qui passent en cruauté les pratiques d'*Histoire d'O*. On a beau savoir que ce ne sont pas les auteurs ou les lecteurs de polars qui s'en vont assassiner leurs proches, que ce ne sont pas les admirateurs de Sade et de Georges Bataille qui édifient les camps d'extermination, on se sent toujours coupable de frémir au spectacle d'une chair de femme saccagée.

Car elle est belle, dans *Histoire d'O*, la victime consentante. Elle est belle dans son château-prison où, allant audevant des désirs de son amant, elle se livre au gouvernement de ces hommes qui en usent et en abusent. D'autant plus belle qu'elle s'offre à nos fantasmes magnifiée par une écriture à la fois glacée et ductile. Ce langage décrit avec précision les lieux et les faits, et, restant à la surface des choses, rejette toute analyse psychologique pour mieux côtoyer des abîmes dans lesquels il ne tombe jamais. Ce qui pourrait devenir insupportable – un déballage de viandes à l'étal d'un boucher – se coule dans la fantasmagorie d'un conte pour *grandes* personnes.

Longtemps, on a ignoré qui se cachait derrière le nom de Pauline Réage. Quand j'ai lu pour la première fois le livre, son identité m'importait peu, d'autant plus que je devais être persuadée qu'il s'agissait en réalité d'un homme. En dépit de son goût affiché pour la parure, pour le crissement des failles et pour le poli de l'ébénisterie, l'auteur ne pouvait pas être une femme, car je n'imaginais pas qu'une femme pût formuler avec une telle intrépidité ce curieux *cogito* : je souffre donc je suis.

Je voyais tant de femmes souffrir autour de moi et qui n'avaient pas choisi leur souffrance. J'avais eu pour ma part, à un âge précoce, quelques avant-goûts d'un enfer qui ne me donnait pas la moindre envie de m'y abîmer. Non seulement je ne voulais pas croire qu'une femme pût s'humilier et s'anéantir de la sorte dans sa douleur, une douleur acceptée sinon voulue, mais je ne croyais pas non plus qu'un homme pût le lui demander, voire le souhaiter.

Sans doute avais-je oublié les macérations de l'enfance. On rêve de devenir la sainte de ses livres d'images et l'on offre à Dieu ses mille douleurs, imaginaires ou non. Ce n'est pas à Dieu mais à son amant, d'abord à René, ensuite à sir Stephen auquel le premier l'a livrée, que le personnage d'O offre le bouquet de ses souffrances avec, en guise de récompense, le chiffre de son propriétaire marqué au fer rouge sur ses reins. Sans compter les anneaux qui bringuebalent avec leurs chaînes entre ses cuisses. Ailleurs, ne les passe-t-on pas dans les naseaux des bœufs[1] ? Comparaison désobligeante pour pratique humiliante... Peut-être est-ce en souvenir d'O que j'ai peu goûté par la suite les anneaux, les chaînes et les bagues ? Pour cela que je n'ai jamais porté d'alliance ni désiré que l'être aimé en portât une ? Peut-être est-ce aussi pour cela que je n'ai jamais souhaité exhiber par des signes extérieurs ce qui se passe dans l'intimité du cœur et du corps ?

La soumission volontaire d'O à son maître, jusqu'à l'anéantissement total et à la mort, serait comparable aux pratiques mystiques qui mènent à l'extase. Cependant, chez Thérèse d'Avila comme chez Jean de la Croix, l'extase n'est pas en soi un but, seul Dieu l'est. Thérèse n'en finit pas de mettre en garde ses jeunes émules, les enjoignant de ne pas confondre les voluptés accidentelles avec l'infini de l'amour divin. O serait en quelque sorte une couventine incontinente.

---

1. Dans le créole de l'île Rodrigue, les vaches ainsi parées sont appelées *bague-nez-nez*.

Au reste, sir Stephen qui, comme Dieu, comprend tout et fournit le dogme et le bon usage du dogme, ne s'y trompe pas. Si O accepte volontiers de se plier à la règle, c'est qu'en fait elle y trouve son bénéfice. En l'offrant aux sévices d'autres hommes, son amant lui permet de lui être infidèle et de pouvoir jouir elle-même de son infidélité. En réalité, les fouets, les cravaches et tous ces divers instruments de torture, lui font payer d'avance, et à un prix plus élevé, le plaisir à venir, tandis qu'à confesse, on s'en tire après coup avec seulement trois Pater et trois Ave. De plus, le plaisir d'O reste discret et s'efface toujours devant les exigences de son amant.

C'est de passion qu'il s'agit dans *Histoire d'O*. Aucune trace d'amour. Aucun partage. Aucun dialogue. L'autre n'est que l'instrument de sa propre névrose passionnelle. On s'abandonne à lui comme le mystique s'abandonne à la volonté de Dieu. On en vient à ne plus s'appartenir, à sortir de soi. Dans *L'Empire des sens*, ou, plus ou moins explicite, dans *Histoire d'O*, le dénouement ne peut être que la mort. L'ultime abandon de la mort.

À l'époque où je découvrais *Histoire d'O*, je croyais encore que l'écriture avait un sexe, que l'écrivain était porteur dans le moindre de ses textes de toute son histoire inscrite dans l'Histoire. Ce livre dont l'érotisme me troublait, dont le nihilisme me révoltait, ne pouvait pas avoir été écrit par une femme. Seul un esprit masculin avait pu imaginer une telle mise en scène où d'emblée revenaient aux hommes les rôles sadiques, et, pour leur complaire, aux femmes les emplois masochistes. Les anciennes hiérarchies n'étaient-elles pas de la sorte respectées ? Le scandale, si scandale il y avait, n'était-il pas d'oser mettre des mots sur des fantasmes, tout en s'abstenant de pervertir la hiérarchie des sexes ? Le personnage d'O ne souffrait-il pas avant tout du syndrome de la favorite, qui doit satisfaire sans gémir à tous les besoins de son seigneur et maître sous peine d'être abandonnée au profit d'une rivale ? N'était-ce pas là le rôle traditionnellement dévolu aux maîtresses, aux égéries et autres courtisanes ?

Dans la fascination exercée par *Histoire d'O*, sa naissance clandestine a compté. Le mystère seyait à ce troublant philtre où se mêlaient, sans jamais verser dans le ridicule, l'obscénité des situations avec l'insatiable désir d'absolu, le tout servi par une écriture élégante jusqu'à l'affectation. Que l'auteur soit une femme m'a par la suite étonnée, d'autant plus que l'éditeur de mon roman *L'Été de la Saint-Valentin*, l'un de mes deux premiers livres, n'était autre que ce même Jean-Jacques Pauvert, celui à qui Jean Paulhan avait apporté le manuscrit d'*Histoire d'O*, écrit par une dénommée Pauline Réage dont le nom figure à jamais sur le petit livre jaune des origines.

C'était donc Dominique Aury qui se cachait derrière le pseudonyme de Pauline Réage. Elle se cachait comme on se cache pour mieux jouir du spectacle. Elle se cachait parce qu'elle aimait plus que tout le secret. Une habitude de la clandestinité qu'elle avait acquise dans les groupuscules d'extrême droite, fréquentés de très près avant la guerre de 39-45. Ce goût de l'action clandestine et son admiration pour Jean Paulhan avaient fait entrer la jeune intellectuelle dans la Résistance. Ensuite, grâce à ce même Jean Paulhan avec lequel elle partageait une passion secrète, toujours le secret, elle était entrée chez Gallimard et avait régné plus de vingt ans sur la littérature française. Impératrice impeccable, efficace et discrète, le teint diaphane, la silhouette fine, sanglée dans de petits tailleurs noirs et stricts comme un uniforme. Bien sûr, la rumeur circulait qu'elle aurait pu être l'auteur de la fameuse *Histoire d'O*, mais personne n'en avait la certitude, n'étaient quelques subtiles connaisseurs de la chose érotique, comme l'écrivain André Pieyre de Mandiargues, ou Régine Deforges, amie de Dominique Aury, qui écrivit en 1975 : *O m'a dit, entretien avec Pauline Réage*[1].

Auteur d'un seul roman qui la rendit célèbre dans le monde entier sous un nom d'emprunt, Dominique Aury poussa le goût de la clandestinité jusqu'à multiplier les pseudonymes. Elle était née Anne Desclos. Elle prit comme nom de journaliste, puis d'éditrice, celui de Dominique Aury. Elle

---

1. Éditions Jean-Jacques Pauvert, 1975.

s'était plu à choisir ce prénom de Dominique qui, ne possédant pas de marqueur sexuel, lui permettait de brouiller encore les pistes, d'autant plus que, comme O, elle aimait aussi les femmes. Elle eut deux grandes passions qui restèrent l'une et l'autre clandestines, Thierry Maulnier, et bien sûr Jean Paulhan. Ce fut pour Jean Paulhan qu'elle devint Pauline Réage, celle qui écrit *Histoire d'O.* Sans doute arriva-t-elle avec le O de cette voyelle unique à son ultime métamorphose. Elle ne fut plus à ce moment-là que ce cri de passion. Elle ne fut plus que cet aveu en forme de livre.

Elle a cependant écrit *Histoire d'O* sans songer vraiment à voir son livre publié. Elle l'écrit pour Jean Paulhan et pour lui seul. Craint-elle son abandon, comme O celui de sir Stephen ? Craint-elle l'infidélité de son amant et de ne plus être pour lui la seule ? En tout cas, Dominique Aury s'apprête à lui faire ce présent que personne d'autre au monde n'aurait pu lui offrir. Ce livre restera unique dans la vie de son auteur et dans celle de son amant, unique comme l'est la souffrance d'O offerte à l'homme qu'elle aime.

Jamais aucun livre ne fut écrit avec un tel désir de se faire aimer par son destinataire. Jamais sans doute, une écrivaine n'est allée de la sorte au-devant des désirs de son amant. Paulhan sait de quoi il parle, quand il écrit dans sa préface : « Il se peut qu'Héloïse, quand elle écrivait à Abélard : “Je serai ta fille de joie”, n'ait pas simplement voulu faire une jolie phrase. Sans doute l'*Histoire d'O* est-elle la plus farouche lettre d'amour qu'un homme ait jamais reçue. »

Tout cela a lieu au cœur des années 50 et dans un climat de clandestinité qui rappelle aux deux amants leurs années de Résistance. Rendez-vous secrets. Voitures garées en double file avec moteur qui tourne. Il est marié, elle ne l'est plus et elle ne tient pas du tout à le redevenir. On passe sans cesse d'une voiture à l'autre pour mieux brouiller les pistes. Elle lui tend une grande enveloppe. Il s'en empare et l'emporte aussitôt. Il lit. Ce qu'il lit n'est pas banal, même aux yeux d'un grand éditeur qui en a vu d'autres – il est un fin connaisseur des érotiques du XVIIIe siècle – et d'un homme réputé gourmand en matière de femmes.

C'est lui qui parlera très vite de publication. Le comité de lecture chez Gallimard, ignorant bien sûr que l'auteur appartient à la maison, juge le manuscrit excellent, mais Gaston Gallimard, sous la pression de Jean Dutourd, refuse un texte trop scandaleux sous une signature de femme. Jean Paulhan le confie alors à l'éditeur Jean-Jacques Pauvert. Ce dernier est tout jeune dans le métier, et, s'il a déjà bien des exploits à son actif, il ne chasse pas sur les mêmes terres que Jean Paulhan, qui est de loin son aîné. Le livre va paraître la même année que *Bonjour tristesse*, le premier roman de Françoise Sagan. Une même facture classique pour deux œuvres dont les différences montrent à l'évidence que la palette des femmes peut être tout aussi versicolore que celle des hommes et que le sexe de l'écriture est aléatoire.

Les deux livres ont marqué leur époque. Le succès de *Bonjour tristesse* fut foudroyant et immédiat, celui d'*Histoire d'O* scandaleux, élitiste et souterrain. Le second attendit 1974 pour apparaître au grand jour en faisant son entrée dans Le Livre de Poche. Traduit dans le monde entier, il appartient désormais au patrimoine national, mais toujours sous le masque de Pauline Réage. Dominique Aury ne sortit de la clandestinité qu'aux derniers moments de sa vie, *avouant* enfin dans une interview pour la presse américaine qu'elle était bien l'auteur d'*Histoire d'O*.

Le lecteur, la lectrice du livre, celle que je fus, celle que je suis, tous et toutes avons éprouvé face à ce texte des sentiments ambivalents et des émotions contradictoires. On peut n'y voir qu'un conte porno pour adultes avec un Prince charmant qui fait violer Blanche-Neige par les sept nains. On peut rejeter avec dégoût cette débauche de sadisme dont l'univers nazi a fourni le modèle insurpassable et inspiré aussi le film *Portier de nuit* de Liliana Cavani, interprété par la belle Charlotte Rampling. On peut enfin trouver dans *Histoire d'O* la quête mystique d'un absolu à travers la passion amoureuse. Encore une fois, on n'en finit pas de voyager au pays des oxymores.

Obscène

Déjà Thomas Mann, dans *La Montagne magique* : « ... ces deux syllabes [amour] finirent par lui paraître très répugnantes, elles étaient associées à une image comme du lait mouillé, quelque chose de blanc bleuâtre, de douceâtre... »

Au XXe siècle, c'est aux alentours des années 70 que le rejet du sentiment amoureux se fit sentir. En témoigne Roland Barthes qui, malgré l'air du temps, osa publier *Fragments du discours amoureux* : « Discréditée par l'opinion moderne, la sentimentalité de l'amour doit être assumée par le sujet amoureux comme une transgression forte, qui le laisse seul et exposé ; par un renversement des valeurs, c'est donc cette sentimentalité qui fait aujourd'hui l'obscène de l'amour. »

L'obscène, au moment où Roland Barthes écrit, n'est plus dans l'obscénité – pornographie and Co – mais dans le sentiment amoureux et dans son expression. À noter qu'à la même heure, le roman se trouve lui-même discrédité par une critique imprégnée de structuralisme et que Barthes, avec ses *Fragments*, se permet un livre structural sur un sujet racinien, vulgarisé par *Nous Deux* (cf. la citation page suivante). Une fois encore, preuve est faite que l'univers romanesque et le monde des sentiments ont partie liée. Cervantès et Flaubert nous l'ont déjà dit chacun à sa manière. Et c'est dans cette même période de dépression à la fois romanesque et affective qu'à contre-courant j'ai publié le même jour mes deux premiers romans, et qu'un mois plus tard, j'ai rencontré l'amour avec le dédicataire du présent ouvrage.

Barthes parle d'un renversement historique. Ce n'est plus l'exhibition sexuelle que l'on taxe désormais d'obscène, c'est le sentiment que l'on prétend à présent censurer au nom d'une morale tout aussi ridicule que celle qui l'a précédée : « Lorsque j'imagine gravement de me suicider pour un téléphone qui ne vient pas, il se produit une obscénité aussi grande que lorsque, chez Sade, le pape sodomise un dindon... L'impôt moral décidé par la société sur toutes les transgressions frappe encore plus aujourd'hui la passion que le sexe... *Nous Deux* – le magazine – est plus obscène que Sade... (J'achète *Nous Deux* pour vérifier si cela est encore vrai. J'évite de l'acheter où l'on me connaît. C'est donc déjà vrai que sa demande est obscénité. Je ne ferais pas tant de manières si je devais m'approvisionner en opuscules porno.) »

La passion ? Une souffrance, ô combien inutile ! – mais la souffrance a-t-elle jamais une utilité ? – quand tant d'hommes par le monde meurent de faim, quand tant d'autres meurent d'un autre mal d'amour, celui du sida... Le discrédit du sentiment a accompagné la libération de la sexualité, comme si la passion ne pouvait naître que sur des terres ingrates et austères. Ce discrédit a été renforcé par un nouveau cléricalisme de l'engagement politique placé sous le signe de Marx et de Freud.

En ce qui concerne Albert Cohen, qui eut la malchance éditoriale de faire paraître *Belle du Seigneur* en plein Mai 68, la passion est par nature obscène dans la mesure où elle est la volonté de posséder l'autre. Il s'agit d'une possession au sens magique et religieux. Ariane veut posséder Solal et Solal craint d'être possédé par Ariane comme on peut l'être par le diable : « Possédée et sous lui, elle l'entourait et le serrait fort de ses bras et de ses cuisses repliées qui le sanglaient aux reins, et il avait peur d'être ainsi maintenu et harnaché, peur de cette inconnue sous lui en grand égarement magique, absente d'elle-même, prophétesse en mal sacré d'orgasme, le regardant soudain avec un religieux sourire de folle qui le voulait tout, dangereusement voulait tout de lui, voulait sa force et s'en nourrir, l'aspirant, aimant, vampire, voulait le garder dans le monde obscur. »

« Vampire », le mot est lâché. Vampire, goule, suceuse de sang et de sperme. Voici la mauvaise femme, héritière en droite ligne de la première femme, de Lilith, celle qui avant Ève apporta aux hommes le mal. Elle réside là, finalement, l'obscénité, dans cette passion devenue pour Solal un piège. Il ne voit plus en Ariane que la dévoreuse, la vamp hollywoodienne, la Rita Hayworth que l'on traque dans les mille miroirs de l'érotisme, la Pandora qui renaît de l'eau avec la belle peau ruisselante d'Ava Gardner.

Solal s'aperçoit un peu tard qu'avec une bourgeoise vouée à la frigidité, il aurait pris beaucoup moins de risques qu'avec son Ariane. Le pire ne serait-il pas qu'Ariane ne soit justement restée la froide bourgeoise qu'elle était avant de rencontrer Solal et qu'elle n'ait fait avec lui qu'interpréter le rôle de sa vie ? Certes son interprétation est excellente, mais le génie d'Albert Cohen n'est-il pas de savoir mettre à nu, au-delà du romantisme amoureux, la nature obscène du cabotinage au cœur même de la passion ?

Obstacle

De même que les gens heureux n'ont pas d'histoire, l'amour qui ne rencontre pas d'obstacle, réel ou imaginaire, majeur ou fantasmé, n'est pas de la passion.

Ce théorème de la passion s'exprimait d'une autre manière au temps de l'amour courtois (XIIe siècle) où l'on soutenait que : « Cela n'est plus amour, qui tourne à la réalité. » Autrement dit, l'amour normalement consommé dans le mariage (imposé) n'est pas de l'amour et n'a rien à voir avec ce que l'amour courtois appelle en provençal *fin amor* et qui signifie de fait la passion. Souvenons-nous de Tristan, grand chantre de l'obstacle : « Dieu ! comment se peut-il faire que plus m'est loin plus la désire ? »

Saint Augustin n'avait pas manqué de nous prévenir, depuis le péché originel, la mécanique masculine peut se révéler défaillante et devenir par là même le principal obstacle à la réalisation de son propre désir. Le péché d'Ève et d'Adam porte en lui sa sanction. Adam a désobéi à Dieu, et c'est en guise de punition que sa propre volonté va désormais lui désobéir : « Ce membre, sans cette honteuse *libido*, aurait pu obéir à la volonté à laquelle tant de membres obéissent de nos jours. Ne remuons-nous pas nos mains et nos pieds comme nous le voulons pour réaliser les actes qui leur sont propres ?... Ces membres auraient pu servir avec obéissance les hommes sur un signe de leur volonté. »

Avant qu'ils eussent péché avec le serpent, sans doute

Adam et Ève pouvaient-ils s'aimer sereinement, et Adam maîtrisait-il selon sa volonté ses érections. Depuis, c'est une autre affaire, et Augustin de déplorer : « Parfois cette émotion se produit fâcheusement alors qu'on ne la désire pas ; parfois elle est défaillante, alors qu'on la recherche obstinément : la concupiscence brûle dans l'âme, elle reste glacée dans le corps. »

Longtemps après saint Augustin, le sujet fera florès avec Stendhal qui osera de nouveau évoquer l'affaire. Mieux, il introduira un mot italien dans le vocabulaire français, c'est le fameux *fiasco**.

Pour Stendhal, il va de soi que le fiasco se situe dans la tête et non dans le sexe. La raison, si raison il y a, en est l'excès de passion, et, finalement comme chez les mystiques, l'excès de désir tue le désir. Dans ce cas, la passion ne risque pas de sombrer dans les habitudes et dans la facilité. Et Stendhal de renchérir : « La seule manière de tuer l'amour-passion est d'empêcher toute cristallisation par la facilité. » Grâce au fiasco, on se trouve à l'abri de ce genre d'inconvénient.

L'obstacle est parfois de la part des amants une invention voluptueuse qui leur permet de renouveler et de renforcer le désir par une chasteté intermittente. Ainsi Tristan et Iseult, ayant depuis trois ans échappé à la surveillance du roi Marc et se trouvant enfin libres dans la forêt du Morois, en viennent-ils à placer une épée entre leurs deux corps. Quand les gens du roi Marc vont finir par les retrouver, ils seront endormis côte à côte mais séparés de la sorte. On peut aussi se demander pourquoi Tristan, laisse repartir si facilement Iseult pour la cour et pourquoi Iseult obéit à l'injonction du roi Marc, son époux. En ont-ils assez de ce collage qui ne les tient plus assez fort collés l'un à l'autre ? Ont-ils pensé que leur amour grâce à une nouvelle séparation redeviendrait fou, ce qui ne manquera pas d'arriver ?

Aujourd'hui, l'obligation de jouissance est impérative comme l'était autrefois la règle de fidélité. De médiocres Tristan vivent des amours successives, se prenant soudain pour de médiocres don Juan. Anne F. Garréta écrit dans

---

* Voir entrée, page 143.

Pas un jour : « Vous vous enverrez en l'air et ce sera le paradis sur terre (mais en quoi cela diffère-t-il du vieux credo selon quoi vous vous enverrez en terre et ce sera le paradis aux cieux ?). »

Dans *Belle du Seigneur* déjà, Albert Cohen condamnait aux travaux forcés amoureux Ariane et Solal, pathétiques et ridicules, dans leur prison d'amour : « Leur pauvre vie. Parfois le recours aux méchancetés forcées, sans nulle envie d'être méchant, mais il fallait mouvementer leur amour, en faire une pièce intéressante avec rebondissements, péripéties, réconciliations. Recours aussi aux imaginations jalouses pour la désennuyer et se désennuyer, pour faire du vivant, avec scènes, reproches et coïts subséquents. »

Le roman du XVIIe siècle, dont *L'Astrée* est le modèle, répète un schéma simple : les amoureux sont en butte à des obstacles plus ou moins artificiels dont ils finissent par triompher. Ce roman invente le *happy end*, avec mariage à la clé ou quelque chose qui lui ressemble. *La Princesse de Clèves* en est une exception notoire, cependant son auteur, Mme de Lafayette, qui vient du même monde, traite des mêmes thèmes dans un registre fort différent.

L'intrigue en est simple. M. de Clèves, qui n'a pas fait un mariage de convenance, aime passionnément sa femme. En revanche, Mme de Clèves qui, elle, n'a pas choisi son mari mais a été choisie par lui, aime passionnément un autre homme, M. de Nemours, ce qui ne l'empêche pas d'observer une absolue fidélité à l'égard de son mari, et même après la mort de celui-ci.

La question de l'obstacle, grand sujet de conversation dans les salons des Précieuses, est abordée par Mme de Lafayette à la fin de son roman. S'entretenant pour la dernière fois avec l'homme qu'elle aime d'un amour qu'elle juge elle-même impossible et condamnable, Mme de Clèves confie alors à M. de Nemours : « M. de Clèves était peut-être l'unique homme du monde capable de conserver de l'amour dans le mariage. Ma destinée n'a pas voulu que j'aie pu profiter de ce bonheur ; peut-être aussi que sa passion n'avait subsisté que parce qu'il n'en aurait pas trouvé en moi. Mais je n'aurais pas le même moyen de conserver la vôtre : je crois même que les obstacles ont fait votre constance. »

Les dernières répliques de leur dernière conversation ont encore trait à l'obstacle :

« — Pourquoi faut-il, s'écria-t-elle, que je vous puisse accuser de la mort de M. de Clèves ? Que n'ai-je commencé à vous connaître depuis que je suis libre, ou pourquoi ne vous ai-je pas connu devant que d'être engagée ? Pourquoi la destinée nous sépare-t-elle par un obstacle si invincible ?

— Il n'y a pas d'obstacle, Madame, reprit M. de Nemours. Vous seule vous opposez à mon bonheur ; vous seule vous imposez une loi que la vertu et la raison ne vous sauraient imposer. »

François Mauriac écrit dans sa *Vie de Jean Racine* : « Les héroïnes raciniennes prennent corps, prennent vie, en proportion de l'obstacle contre lequel leur passion se précipite et se brise. »

On pense au cortège racinien des Phèdre, Bérénice, Hermione, et pourquoi pas ? à Oreste ou à Antiochus. Toutes et tous se sont fracassé le crâne contre le même obstacle, le pire des obstacles, l'indifférence de l'autre, son absence d'amour.

Phèdre feint un temps d'aimer dans Hippolyte jusqu'à son insensibilité. Elle peut supporter qu'il ne l'aime pas s'il n'aime personne d'autre :

> Pour moi, je suis fière, et fuis la gloire aisée
> D'arracher un hommage à mille autres offert
> Et d'entrer dans un cœur de toutes parts ouvert.

Elle ose même avouer à Hippolyte, son beau-fils, la passion qu'il lui a inspirée et elle goûte avec volupté le récit qu'elle lui fait et auquel il ne parvient pas à se soustraire :

> Pour mieux te résister, j'ai recherché ta haine.
> De quoi m'ont profité mes inutiles soins ?
> Tu me haïssais plus, je ne t'aimais pas moins.
> Tes malheurs te prêtaient encor de nouveaux charmes.
> J'ai langui, j'ai séché, dans les feux, dans les larmes.

C'est cet obstacle-là, l'indifférence de l'autre, ou le fait qu'il n'aime plus ou qu'il aime moins, qui porte au rouge la passion, la conduit à la tragédie, au suicide et surtout au crime. Je l'aimais, Monsieur le juge, je l'ai tué(e).

De même, la Charlotte de *Werther* sait que son refus exacerbe la passion du jeune homme : « Je crains, oui, je crains que ce ne soit cette impossibilité même de m'obtenir qui fasse le charme de vos désirs ! »

Aujourd'hui, les interdits semblent s'être effacés dans nos sociétés. Les mariages se font et se défont par consentement mutuel. Persiste pourtant, parmi tous les obstacles faiseurs de passion, l'obstacle des obstacles, dur, compact, *infracassable*. Cet obstacle-là est peut-être le seul à perdurer et c'est l'indifférence de l'autre. Il ajoute à la souffrance d'amour la souffrance d'amour-propre. Si l'autre ne m'aime pas ou ne m'aime plus ou m'aime moins, ai-je encore une quelconque existence ? Et comment pourrais-je lui laisser la possibilité d'affirmer la sienne sans moi, dans une autre vie, dans un autre amour ?

C'est Bérénice qui dit adieu pour toujours à Titus :

Dans un mois, dans un an, comment souffrirons-nous,
Seigneur, que tant de mers me séparent de vous ?
Que le jour recommence et que le jour finisse,
Sans que jamais Titus puisse voir Bérénice...

Odhri

Dans la tribu arabe des Banou Odhri, on exaltait l'amour et la chasteté. « Celui qui aime, qui s'abstient de tout ce qui est interdit, qui garde son amour secret, et qui meurt de son secret, celui-là meurt martyr. » Appliqué à la lettre, ce verset du Coran amenait de jeunes hommes à la mort.

Venu d'Andalousie, l'amour odhri influencera l'amour courtois du midi de la France, celui que chantent les ménestrels, sorte de rappeurs de cour. Il va sans dire qu'en France, tous ne mouraient pas d'amour et tous ne pratiquaient pas non plus la chasteté. Dans les esprits pourtant, la passion associa à jamais les idées mêmes d'amour et de mort.

L'homme de la passion choisit la mort ou se croit choisi par elle. Aux yeux du monde et au regard de la vie, il a tort, mais il a choisi d'avoir tort et il ne met en danger que sa propre personne. La passion qui le mène à son propre sacrifice exerce cependant sur les autres une sorte de fascination morbide. Il faut rappeler qu'en arabe un même mot, *Houbb,* signifie à la fois amour divin et amour profane.

Ce mysticisme amoureux a souvent été évoqué au cours du XIXe siècle. Dans *De l'amour*, Stendhal écrit ce qui ne manquera pas aujourd'hui d'en surprendre plus d'un : « C'est sous la tente noirâtre de l'Arabe Bédouin qu'il faut chercher le modèle et la patrie du véritable amour... Elle n'existe point cette égalité dans notre triste Occident : une femme quittée est malheureuse ou déshonorée. Sous la tente de l'Arabe, la foi donnée *ne peut pas* se violer. »

Pour Stendhal, le « siècle héroïque » des Arabes est le ve siècle de notre ère, celui qui précéda Mohammed et d'où montèrent les plus purs chants d'amour. L'auteur de *De l'amour* poursuit avec la traduction d'un recueil arabe :

« Sahid, fils d'Agba, demanda un jour à un Arabe : – De quel peuple es-tu ? – Je suis du peuple chez lequel on meurt quand on aime, répondit l'Arabe... – Est-il donc bien vrai, comme on le dit de vous, que vous êtes de tous les hommes ceux qui avez le cœur le plus tendre en amour ? – Oui, par Dieu, cela est vrai, répondit Arouâ, et j'ai connu dans ma tribu trente jeunes gens que la mort a enlevés, et qui n'avaient d'autre maladie que l'amour. »

Quelques décennies après Stendhal, Heinrich Heine écrit dans *Le Romanzero* :

Un soir, la princesse alla vers lui
Et lui dit, à mots rapides :
Je veux savoir ton nom
Ta patrie, ta tribu.

Et l'esclave répondit : je m'appelle
Mohammed, je suis né au Yémen
Et je suis de la tribu des Asras
De ceux qui meurent quand ils aiment.

P

Pasionaria

Piaf, Édith

Plaisir

Platon

La Princesse de Clèves

Professor Unrat ou *L'Ange bleu*

Proust, Marcel

Pasionaria

Cette entrée, Pasionaria, est une exception à la règle que je me suis fixée dès les préliminaires de ce dictionnaire. Ne devait être ici prise en compte que la seule passion amoureuse. Or, si la Pasionaria conduit toujours son action avec passion, l'amour en est rarement la cause première. Je n'ai pu résister malgré cela à l'attrait du mot. De plus, celle qui semble le mieux l'avoir incarné, bien qu'elle vécût plus d'un siècle avant qu'il n'existât, c'est pour moi Flora Tristan.

Au désir de lui rendre hommage s'ajoute cette curieuse homographie qui rapproche l'héroïne de la lutte des femmes, ô combien réelle et combattante, de l'archétype légendaire de l'amour-passion, l'autre Tristan qui aima tant Iseult.

Le mot espagnol *pasionaria* désignait la passiflore, fleur de la Passion, une plante à larges fleurs étoilées. On a cru déceler chez elle les symboles de la Passion du Christ : filaments pareils à la couronne d'épines, pistils et styles en forme de clous, feuilles pointues comme des lances.

C'est au XXe siècle, à la fin des années 20, que les républicains espagnols ont donné ce surnom à Dolores Ibàrruri (1895-1989). Basque, communiste et femme de mineur, elle créera la revue *Mujeres*, sorte d'internationale des femmes libertaires, rassemblant pour le combat républicain espagnol bien au-delà de son parti et de ses frontières.

En 1936, le mot est passé dans le français pour caractériser une femme qui mène avec passion un combat social et/ou féministe. Il semble avoir été sculpté, *a posteriori* on en convient, aux mesures exactes de Flora Tristan.

Elle naquit à Paris, le 7 avril 1803. Elle revendiquera plus tard une bâtardise qui marque jusqu'au titre de son livre le plus connu : *Pérégrinations d'une paria.* L'affaire est en fait plus compliquée. Son père et sa mère se sont rencontrés en Espagne. Le colonel don Mariano Tristàn y Moscoso, son père, appartient à une grande et riche famille péruvienne, tandis que sa mère est une jeune Française émigrée qui a fui la Révolution. Ils prétendent avoir été mariés par un prêtre français réfractaire. Il y aura d'autant moins de traces de ce mariage que le père de Flora mourra avant qu'elle n'ait cinq ans et que sa riche famille au Pérou ne voudra rien savoir de cette soi-disant parentèle française. La mère et ses deux enfants sont chassées de leur belle demeure de ce village de Vaugirard encore bucolique. Ils doivent se loger, d'abord à la campagne, ensuite dans un taudis de Maubert.

Très tôt, la belle Flora va inspirer de l'amour et en éprouver. Le mariage avec le garçon de son choix est sur le point d'être conclu quand elle se trouve dans l'impossibilité de prouver son identité, l'union de ses parents n'ayant jamais été officialisée en France. Le jeune homme, cédant à la pression de sa famille, n'a ni le courage d'imposer son amour, ni les forces de vivre sans Flora. Il mourra sans qu'on sache s'il s'agit d'un suicide ou d'une maladie. Dans ses souvenirs, Flora Tristan dira seulement : « Le jeune homme pour qui j'éprouvais ce sentiment le méritait sous tous les rapports ; mais privé de l'énergie de l'âme, il mourut plutôt que de désobéir à son père qui, dans la cruauté de son âme, m'avait repoussée. »

Elle a tout juste seize ans quand un autre amour tourne mal. Elle s'est éprise d'un don Juan : « ... un de ces êtres froids, calculateurs, aux yeux desquels une grande passion a l'apparence de la folie : il eut peur de mon amour, il eut peur que je ne l'aimasse trop. »

Elle gardera de ces souffrances et de ces humiliations un rejet de la tiédeur. Mais ce romantisme de la passion lui semble désormais fait pour les autres. Elle ne veut plus aimer, elle ne veut pas non plus être aimée : « Je n'ai jamais compris le bonheur qu'on trouve à faire naître un amour auquel soi-même on ne peut répondre. C'est une jouissance d'amour-propre à laquelle les êtres qui ne vivent que par le cœur sont insensibles. »

Dans le galetas du quartier Maubert, il faut manger. On n'a rien enseigné à Flora Tristan qui lui permette de gagner sa vie. La future grande lectrice des philosophes du XVIIIe siècle, l'écrivain à venir, sait pour l'heure à peine lire. Quelques années plus tard, Stendhal ajoutera à *De l'amour* tout un chapitre pamphlétaire en faveur « De l'éducation des femmes ». Flora ne peut que tenter de monnayer son seul don, l'art du dessin. Ainsi parvient-elle à se faire embaucher comme ouvrière coloriste dans un atelier de gravure appartenant à André Chazal.

C'est de la belle jeune fille plus que de son crayonnage que ledit Chazal s'éprend aussitôt. Flora n'a pas dix-huit ans quand ils se marient. Il l'aime passionnément, elle se laisse aimer et lui fait deux enfants. Elle supporte mal ses manières qu'elle juge vulgaires, à elle, on n'a rien appris d'autre que les prétendues bonnes manières d'une aristocratie désargentée. À ce moment-là, elle préfigure de quelques décennies la Bovary de Flaubert. Plus tard, ayant changé du tout au tout, et enfin capable de s'analyser par ses propres moyens d'expression, elle écrira, lucide : « La seule affection qui aurait pu alors me rendre heureuse eût été un amour passionné et exclusif pour un de ces hommes auxquels de grands dévouements attirent de grandes infortunes, qui souffrent d'un de ces malheurs qui grandissent et ennoblissent la victime qu'ils frappent. »

Enceinte de son troisième enfant, la future petite Aline dont le fils sera Paul Gauguin, Flora quitte le domicile conjugal avec ses enfants qu'elle confie à sa mère. Elle va mener pendant quelques années une vie aventureuse dont on ne sait pas grand-chose, sinon qu'elle fuit Chazal qui s'est promis de se venger d'elle et de récupérer ses enfants. Le divorce a été aboli par la Restauration et la révolte de Flora se nourrit de cette nouvelle épreuve qui la conforte encore dans sa condition de paria.

Sans doute s'est-elle faite engager comme dame de compagnie, peut-être comme femme de chambre dans une de ces grandes familles qui voyagent. Elle se rend pour la première fois à Londres où elle retournera à plusieurs reprises. La capitale de la révolution industrielle et de la misère lui inspirera une douzaine d'années plus tard ses idées sociales et un ouvrage documenté et novateur : *Promenades dans Londres.*

N'ayant plus rien à perdre, c'est vers le Pérou et vers la famille de ce père qu'elle a à peine connu, et qui n'a jamais été officiellement son père, qu'elle se tourne en dernier ressort. Après un échange de lettres avec le frère cadet de son père, l'oncle Pio, elle s'embarque en avril 1833 à Bordeaux. Elle est la seule femme à bord pour une traversée épique qui l'amène aux confins du monde dans les parages tempétueux de la Terre de Feu.

Elle arrive enfin à Arequipa où habite sa famille paternelle. Au reste tout ce qui compte au Pérou est aréquipègne, comme l'est bien sûr Mario Vargas Llosa [1], qui écrit à propos de ce que découvrit Flora dans son pays, à peine décolonisé par Bolivar : « Elle [Flora Tristan] devait brosser un formidable portrait de cette société féodale et violente, aux terribles contrastes économiques et aux gigantesques antagonismes raciaux, sociaux et religieux, avec ses couvents et sa religion empreinte d'idolâtrie, sans parler de la confusion politique où les caudillos se disputaient le pouvoir... dans des conflits souvent sanglants et grotesques. »

Pour avoir moi-même parcouru le Pérou dans sa partie andine sur les traces justement de cette Flora Tristan qui m'intéresse depuis longtemps, et avoir un peu connu l'Arequipa des années 1980, à l'époque où le Sentier lumineux semait la terreur parmi les populations indiennes, je peux dire que les contrastes sociaux et raciaux perdurent. En revanche, les couvents d'Arequipa, autrefois ville dans la ville, sont pour nombre d'entre eux reconvertis en musée et en chambres d'hôtes.

---

1. Mario Vargas Llosa, *Dictionnaire amoureux de l'Amérique latine*, Plon, 2005.

La famille de son père fait à Flora un accueil chaleureux et exubérant. L'oncle Pio porte beau et il la trouve belle. Cependant, Flora s'attache à réclamer son héritage et l'oncle à le lui refuser. Fille du péché, jolie certes, mais bâtarde tout de même, elle ne peut revendiquer le moindre *sol* et encore moins, il va sans dire, la moindre *libra*. Elle y reste un peu plus d'un an, s'arc-boutant sur sa demande qui est aussi une quête d'identité. Elle n'obtient rien mais elle vit au rythme accéléré des rencontres formatrices et des plus folles aventures politiques.

Ce qui surprend Flora, ce sont les contrastes. Une nature tantôt luxuriante sur les collines andines, tantôt aride dans le désert lunaire de l'altiplano. Sur les rives du Titicaca les tempêtes se lèvent, terribles, à 2 heures de l'après-midi. J'en sais quelque chose, puisque nous avons bien failli périr dans ses eaux sombres. C'est, à quatre mille mètres d'altitude, l'univers brûlant et glacé des anciens dieux issus du soleil. À peine est-elle redescendue de ces terres aux eaux légendaires, que Flora se heurte au bruit des armes et au silence des esclaves, noirs ou indiens, brisés par le travail et la soumission. Dans ce décor baroque aux coups d'État permanents, certaines Péruviennes, à force de conviction ou de séduction, parviennent à se tailler un petit morceau de liberté, et parfois un bout de pouvoir, toutes choses impensables en Europe.

À l'arrivée de Flora, la jeune république du Pérou est présidée par un petit homme, terne et laid, le maréchal Gamarra qui doit à sa femme, la célèbre doña Pancha Gamarra, son fauteuil présidentiel branlant et ses quelques années de règne. Non seulement, doña Pancha s'est formée à la politique, mais elle a appris le métier des armes et commandé des troupes. Elle règne d'une main de fer sans se soucier outre mesure de l'avis du Congrès, encore moins de celui de son président de mari. De plus, elle sait administrer le pays et commence à l'organiser. Tout cela en économisant les deniers publics.

Son conseiller, le colonel Escudero, est loin de déplaire à Flora : « Je souffrais des malheurs d'un pays que je m'étais habituée à considérer comme le mien ; le désir de contribuer au bien avait constamment été la passion de mon âme, et une carrière active, aventureuse, toujours dans mes goûts. Je crus voir que si j'inspirais de l'amour à Escudero, je prendrais sur lui une grande influence. » Cependant, déçue par l'oncle Pio et par cette famille qui l'accueille mais ne l'adopte pas, elle ne pousse pas plus loin l'histoire d'amour et l'aventure politique péruviennes : « Je redoutais cette dépravation morale que la jouissance du pouvoir fait généralement subir. »

Flora contera les détails de son voyage dans les *Pérégrinations d'une paria*. Ses idées féministes naissent de l'observation. La jeune femme devient plus sûre d'elle et la paria se construit un corps de doctrine à partir de sa double appartenance : elle est femme et elle est pauvre. De plus, elle constate combien ces Péruviennes, trop soumises à l'empire de l'or, font un bien médiocre usage de leur morceau de liberté. « Les plus élégantes créatures du monde ont le cœur blasé, l'esprit sans culture, l'âme sans noblesse », écrit-elle.

Burlesque et colorée, l'ambiance du Pérou de l'oncle Pio fait penser à celle du film *Le Carrosse d'or*, bien que Jean Renoir ait situé son œuvre au XVIIIe siècle, avant Bolivar et avant l'indépendance du pays. Comme la Magnani chez Renoir, Flora séduit les hommes mais ne se laisse pas toujours séduire par eux. Ils la consultent à propos de leurs décisions politiques. Elle regarde et juge une société qui se donne volontiers en spectacle. Elle engrange des sensations. Elle rêve d'une autre vie, et, pourquoi pas ? de plusieurs. Elle alimente ses révoltes, mieux encore, elle aimerait trouver les mots pour dire la révolte des autres, de ceux qui sont depuis toujours réduits au silence. Ainsi a-t-elle pu constater la manière épouvantable dont sont traités les esclaves noirs dans les sucreries proches d'Arequipa.

Sur le bateau du retour, elle retrouve doña Pancha Gamarra. Chassée du pouvoir par un nouveau soulèvement, l'ancienne femme forte du Pérou part se réfugier au Chili. Elle y mourra six semaines plus tard. Le fidèle colonel Escudero l'accompagne. Toujours aussi amoureux de Flora, il doit pourtant se résigner à sa double défaite. Doña Pancha est condamnée à l'exil et bientôt à la mort. Quant à Flora, elle s'apprête à s'évanouir à jamais du côté de l'Europe. « Dans un mois, dans un an, comment souffrirons-nous,/Seigneur, que tant de mers me séparent de vous ?... »

De retour en France, Flora est une autre femme. Elle se lie aux saint-simoniens, elle rencontre Fourier. Elle lit, elle étudie, elle écrit. Tout cela avec une gourmandise que seules les tracasseries de Chazal réussissent à contrarier. Il a retrouvé sa trace et celle de ses enfants. Il les fait enlever tour à tour. Flora se précipite chez Chazal et les récupère. Il recommence, et c'est cette fois la petite Aline qui est victime d'un rapt. L'enfant réussit à s'enfuir mais se plaint des mauvais traitements que son père lui aurait fait subir. Accusé d'inceste, Chazal obtient un non-lieu, la voie de fait ne pouvant être prouvée.

Flora Tristan publie, en 1837, *Pérégrinations d'une paria.* Le livre est un succès. Chazal fulmine de voir sa femme triompher, tandis que leur minable histoire est livrée à la curiosité publique. Honoré de Balzac abonde dans le sens du mari, reprochant à Flora d'attirer « le blâme sur sa propre famille, en dénonçant le père de ses enfants comme un homme vil et le frère de son père comme un spoliateur ».

Chazal veut une vengeance, non pas exemplaire mais définitive. Il prépare la mise à mort de la traîtresse. Il achète deux pistolets, cinquante balles de plomb et des moules pour en fondre d'autres par lui-même. Il écrit alors à sa femme pour lui demander une entrevue. Méfiante, elle ne répond pas. Il se poste rue du Bac, devant le domicile de Flora, et observe ses allées et venues.

Le 10 septembre 1838, à 11 heures du matin, elle sort de chez elle, aussitôt il marche à sa rencontre. Arrivé près d'elle, il la contourne rapidement et lui tire un coup de pistolet dans le dos. Elle tombe, puis se relève et réussit à s'abriter dans une boutique. Deux voisins parviennent à maîtriser un Chazal qui, ayant sorti son second pistolet, s'apprête à tirer de nouveau. Pendant quelques jours, une rumeur va courir Paris, le mari de George Sand, le baron Dudevant, aurait tenté de revolvériser sa femme. L'opinion publique confond ces deux femmes, les seules à se permettre une existence personnelle.

Flora est à ce moment-là aussi célèbre que George Sand, de plus, grâce aux meilleurs médecins, Récamier et Lisfranc, elle réussit à survivre à sa blessure. Le procès de Chazal fait grand bruit, tous les journalistes sont là. Jules Favre, qui sera un des trois grands Jules de la IIIe République, réussit à sauver la tête de son client, qui ramasse tout de même vingt ans de travaux forcés et l'humiliante *exposition*...

Flora retourne vivre quatre mois dans ce Londres dont la pauvreté des quartiers populaires et des faubourgs l'avait frappée dix ans plus tôt. Cette fois, elle sait pourquoi elle est là. Elle veut tout voir, elle veut tout écrire. Elle verra les bordels et la Chambre des lords – pour entrer chez les Lords, elle doit s'habiller en homme et elle choisit un costume de prince turc –, elle verra les ateliers souterrains où travaillent les enfants et les gamines impubères qui se prostituent. Elle visite les prisons où l'on pratique la torture et elle voit poindre les premières manifestations d'un monde ouvrier miséreux qui commence à organiser son combat. En 1840, elle publie, dès son retour en France, *Promenades dans Londres*. Sur ce même terreau londonien – forte industrialisation et régime de castes – Karl Marx fera pousser, huit ans plus tard, le *Manifeste du parti communiste.*

Quelques années avant Karl Marx, elle propose une union des ouvriers et des ouvrières, une internationale ouvrière qui dépasserait les nationalismes : « Notre patrie doit être l'univers. » Quel que soit son désir de dénoncer et d'améliorer en priorité les conditions de vie des femmes, elle comprend que leur combat va de pair avec celui des hommes, même si les deux ne se confondent pas. Sa plus célèbre formule, qui est comme la concrétion de toute sa pensée et de toutes ses luttes, c'est la définition qu'elle donne de la condition féminine au XIXe siècle, « la femme est la prolétaire du prolétaire ». Aussi veut-elle pour les deux sexes « l'égalité des droits civils et politiques, leur égale admission aux emplois, l'éducation professionnelle pour tous, et le divorce à la volonté des parties ». Cependant, elle se garde bien de faire profession d'athéisme : « Si je ne croyais pas en un Dieu bon, juste, puissant, providentiel, à l'instant je me ferais brigande afin de brûler et de détruire cette humanité qui me ferait horreur... »

Le manifeste de Flora Tristan, c'est *L'Union ouvrière* qu'elle écrit en 1843. Les éditeurs se dérobent alors qu'elle a besoin d'une parution pour répandre la bonne parole. Elle a alors l'idée d'une souscription. Elle lui est inspirée par l'action entêtée d'un petit curé du XVIIIe siècle qui n'avait pas d'église et qui réussit à s'en faire construire une, et non des moindres puisqu'il s'agit de Saint-Sulpice : « De mes croisées, je vois les tours de Saint-Sulpice, écrit Flora. Dans la disposition d'esprit où j'étais, la vue de cette belle église produisit sur moi un effet tout particulier... Eh quoi ! un prêtre, un seul homme, confiant en sa foi, s'est donné pour mission de faire bâtir une des plus belles églises de Paris... et moi je ne pourrais pas, imitant l'exemple de ce prêtre, demander comme lui, de porte en porte, des souscriptions pour faire imprimer un petit livre utile à l'instruction de la classe la plus nombreuse. »

Pendant un mois, elle va présenter de porte en porte sa souscription. Dans son journal, elle fait part de sa surprise. Les professionnels de l'indignation, ceux qui « ont toujours le grand mot de fraternité au bout de leur plume », ceux-là se dérobent, alors que certains grands bourgeois montrent de l'empressement à soutenir son projet et ses idées. À propos de la société anglaise, elle dénonçait ses castes. En France, elle parle de camps dont on peut, semble-t-il, un peu plus facilement sortir. Grâce à sa collecte de fonds, elle parvient à faire imprimer son texte ainsi que des prospectus, et, avec ces armes, elle va bientôt commencer à porter la bonne parole dans toute la France.

Elle part seule. Sa démarche est d'autant plus messianique qu'elle souhaiterait revenir à la fraternité des premiers chrétiens et qu'elle entreprend sa propre mission avec un corps déjà affaibli par la maladie. George Sand qui ne supporte ni la beauté altière de cette parvenue ni son activisme déplacé consent à écrire pour elle une lettre de recommandation, mais n'en pense pas moins : « Madame Flora Tristan... part pour faire un tour de France en qualité d'apôtre. Je n'ai pu lui refuser une lettre d'introduction auprès de vous... C'est une femme active, courageuse, sincère je crois, mais pleine d'orgueil, de confiance dans l'infaillibilité de ses découvertes socialistes qui sont des enfantillages. »

Flora voudrait amener les ouvriers à s'organiser et les femmes à s'émanciper. Elle veut s'adresser directement à ceux qui sont concernés et non aux *messieurs* qui « font de la politique comme leurs pères faisaient de la chasse afin d'occuper leur temps ». Elle ne rencontre souvent que l'indifférence d'ouvriers abrutis de fatigue.

L'intérêt naît parfois du scandale. Imaginez, en pleine monarchie louis-philipparde, en plein essor de cette bourgeoisie avide et compassée, ce qu'a d'incroyablement insolite le spectacle d'une jeune et jolie femme, à la voix chaude et douce, aux traits fins, au teint velouté, aux bandeaux noirs d'héroïne romantique, qui tente de convaincre ces hommes rudes et méfiants. À Lyon, où les émeutes ont amené les canuts à multiplier les sociétés mutualistes, où la révolte, depuis dix ans, ne cesse de gronder dans les traboules du Vieux-Lyon et sur la colline de la Croix-Rousse, la police perquisitionne la chambre d'hôtel de Flora et réquisitionne son matériel, ainsi que ses affaires personnelles. Elle finit par obtenir un non-lieu et ses déconvenues renforcent encore l'intérêt que les ouvriers lyonnais et les canuts lui portent.

De plus, c'est à Lyon qu'elle rencontre sa disciple, Éléonore Blanc, une très jeune femme, mariée et blanchisseuse de son état. Flora, toujours exaltée, écrit à propos de sa protégée : « Et chose remarquable, c'est une femme du peuple, une enfant encore car elle n'a pas aimé, qui est choisie. Il se passe entre elle et moi ce qui se passait entre Jésus et saint Jean. Il vivait *en son maître* parce que son maître avait la puissance de *vivre en lui*. De même Eléonore *vit en moi* parce que j'ai eu la puissance de *m'incarner en elle.* » N'avait-elle pas déjà souhaité au cours des années passées « ... être un homme afin d'être aimée par une femme » ?

Après Marseille, Toulon, Béziers, Montpellier, Nîmes, Toulouse, elle arrive, épuisée, le 26 septembre 1844, à Bordeaux, où elle s'était embarquée pour le Pérou, dix ans plus tôt. Éléonore Blanc vient de Lyon veiller celle dont le dynamisme et les convictions l'avaient enthousiasmée trois mois plus tôt. Bien sûr, les convictions de Flora sont toujours aussi intenses, mais le corps ne suit plus et elle doit interrompre son apostolat. Au début du mois de novembre, son état s'améliore et Éléonore rentre à Lyon. Mais le mal reprend vite et d'autres amis viennent s'occuper d'elle. Elle meurt le 14 novembre 1844, elle n'a que quarante et un ans.

Sa belle chevelure est partagée entre Aline, sa fille de chair, et Éléonore, sa fille spirituelle. Les ouvriers de Bordeaux portent son corps au cimetière des Chartreux. Grâce à une collecte, les comités d'ouvriers, les artistes, les écrivains (George Sand s'abstient de verser son obole), et de nombreux lecteurs de *L'Union ouvrière* font élever un monument à sa mémoire.

Quatre ans plus tard, en 1848, Marx et Engels feront paraître le *Manifeste du parti communiste* sans mentionner ce qu'il doit à *L'Union ouvrière* et à l'influence de Flora qu'ils ont sans doute lue et peut-être croisée car ils avaient des amis communs.

La constitution des prolétaires en classe distincte et en parti, c'est elle. En revanche, elle n'a pas voulu la révolution, ni l'expropriation des moyens de production, encore moins la dictature, fût-ce celle du peuple. En pragmatique, en citoyenne agissante, en femme, elle a toujours privilégié la liberté. C'est pour cela qu'elle a cru à la dynamique d'une classe ouvrière qui se constituerait sur le plan national et international, et qu'elle a refusé toutes les formes de violence. Morte trop jeune de s'être trop battue contre la misère, cette femme admirable aurait voulu que les autres puissent réussir comme elle à mettre leur révolte personnelle et leur passion au service des autres.

Piaf, Édith

Au commencement, était Édith Piaf. Bien avant Racine, son Hermione et son Oreste. Bien avant *Les Hauts de Hurlevent,* et son terrible Heathcliff. Des siècles et des siècles, me semble-t-il, avant de lire *Anna Karénine* et *Belle du Seigneur*, il y eut pour moi les chansons d'Édith Piaf.

Je les écoutais le dimanche matin. Elles étaient chaque fois plébiscitées par « Le disque des auditeurs ». Notez bien que le verbe *plébisciter* a la même origine latine que le mot *plèbe*. Et c'était en effet le goût populaire qui s'exprimait au « Disque des auditeurs ». Nous vivions dans la pauvreté d'un après-guerre qui n'en était pas moins une renaissance. Sans frère ni sœur, j'absorbais dans ma solitude, et avec le sérieux de l'enfance, toutes les lectures et toutes les chansons, qui m'apparaissaient comme autant de promesses d'avenir que je m'employais à déchiffrer.

C'est la valse d'amour,
Qu'on chante dans les faubourgs.
C'est la romance
Que chacun danse
En attendant l'amour.
Il y a toujours un cœur
Qui cherche un autre cœur.
Alors commence une romance.

C'est la valse d'amour...

J'ai appris les exaltations et les blessures de la passion par la voix déchirée et obsédante d'Édith Piaf. Ses musiciens et ses paroliers lui avaient cousu à même la peau, à peine une gaze sur la blessure, des chansons qui ont été mes contes de fées, plébéiens et féroces. Les femmes recevaient des coups et les légionnaires sentaient bon le sable chaud, tout cela dans un monde éperdu, tout halluciné par l'amour.

> Mais j'l'ai tellement dans la peau,
> Qu'j'en suis marteau,
> Dès qu'il s'approche de moi,
> J'ai le cœur qui bat.
> Je sens qu'il me rendra folle...

Piaf avait une voix fascinante parce que son histoire l'était. J'en connaissais quelques bribes. Son enfance, misérable, et puis, une cécité miraculeusement guérie. Une adolescence de chanteuse des rues, il venait encore à cette époque-là des chanteurs dans la cour de mon immeuble. Et puis, la découverte de ce talent unique, la *Môme Piaf*, un mètre quarante-sept de passion et une voix à nulle autre pareille. Dans son gosier de moineau anémié, la mort logeait juste à côté de la résurrection. Alors, on se sortait toujours par le haut des situations les plus abjectes.

Quand j'écoutais « Le disque des auditeurs », l'avion de Marcel Cerdan, champion du monde de boxe, poids moyens, et grand amour d'Édith Piaf, s'était déjà écrasé aux Açores, alors que le boxeur s'apprêtait à la rejoindre. C'est à la suite de cette tragédie, qui lui avait brisé le cœur et fait la une de la presse internationale, qu'Édith Piaf avait écrit, avec l'aide de Marguerite Monnot, sa fameuse messe de requiem, l'*Hymne à l'amour* :

> Le ciel bleu sur nous peut s'effondrer
> Et la terre peut bien s'écrouler
> Peu m'importe si tu m'aimes
> Je me fous du monde entier.

Tant que l'amour inondera mes matins,
Tant que mon corps frémira sous tes mains
Peu m'importe les problèmes,
Mon amour, puisque tu m'aimes...

Je renierais ma patrie,
Je renierais mes amis,
Si tu me le demandais.

Si un jour, la vie t'arrache à moi,
Si tu meurs, que tu sois loin de moi,
Peu m'importe, si tu m'aimes,
Car moi, je mourrai aussi.

Nous aurons pour nous l'éternité,
Dans le bleu de toute l'immensité,
Dans le ciel, plus de problème,
Mon amour, crois-tu qu'on s'aime.

Dieu réunit ceux qui s'aiment.

L'amour et la mort, tous les thèmes de la passion sont là, sans compter le refus de toute autre morale que celle de la passion sans limites, excluant le reste du monde. C'est en plébéien, ce qu'en bayreuthien, Wagner fait chanter à son Tristan. Encore que, chez Wagner, Isolde puisse partager avec Tristan le rôle-titre et l'action du drame, alors que, dans l'univers de Piaf, la femme se trouve toujours être la victime expiatoire. On peut tout pardonner à Édith Piaf, qui se fiche au reste des ligues de vertu – « non, rien de rien, non, je ne regrette rien » – car elle a payé d'avance et au prix fort tous ses débordements. De plus, rassurez-vous, bonnes gens, la môme Piaf n'est pas une sirène qui entraîne les hommes à leur perte par le pouvoir de son chant ou celui de ses formes capiteuses ! Cette femme-là n'est pas une vamp, encore moins une Lilith. C'est elle-même qui se trouve chaque fois crucifiée par la passion. Dans son cas, on pourrait presque ajouter au mot passion la majuscule christique, Passion.

C'était la dernière représentante de ce *monde d'hier* où les femmes n'obtenaient leur pardon qu'à condition de tendre la gorge à leur bourreau, mais son chant n'a pas cessé de nous bouleverser. Son talent s'est fait intemporel comme ces mélopées de la tristesse européenne, le *fado* ou le *cante rondo.*

Plaisir

Plaisir ? Dites, mais de quel plaisir parlez-vous ? Aux yeux d'un(e) passionné(e), le mot plaisir paraît douceâtre. Faudrait-il se contenter des grâces et des mignardises d'un Fragonard, alors qu'on souhaiterait la force d'un Michel-Ange et les pâmoisons souveraines de la sainte Thérèse sculptée par le Bernin ? On voudrait un plaisir extatique et morbide comme celui du Tristan de Wagner, guettant à l'horizon le bateau de son Isolde :

Ah ! ce soleil !
Ah ! ce jour !
Extase au jour
De plein soleil !
Sang au galop
Radieuse ardeur !
Joie sans défaut,
Furieux bonheur !

Stendhal, introduisant le mot *fiasco* dans le vocabulaire français, nous a assez dit que le plaisir n'était pas la récompense de l'homme trop épris. Tantôt son désir amoureux et son angoisse narcissique sont tels qu'il en perd ses moyens, tantôt un orgueil dévoyé le pousse à devenir le bourreau de ce qu'il aime et à détruire pour mieux posséder : « ... ces gens, dis-je, ne peuvent atteindre au plaisir physique qu'autant qu'il est accompagné de la plus grande jouissance d'orgueil possible, c'est-à-dire qu'autant qu'ils exercent des cruautés sur la compagne de leurs plaisirs. De là les horreurs de *Justine.* »

Quoique... Des archives, jusque-là inédites et retrouvées par le savant Maurice Lever peu de temps avant sa propre disparition ont permis de découvrir un autre marquis de Sade. Au moins une fois dans sa vie, il aura su faire coïncider le plaisir dans la profanation avec le bonheur, certes éphémère, d'un véritable amour donné et reçu.

Le marquis de Sade a en effet séduit la jeune et jolie sœur de son épouse. Anne-Prospère de Launay. Elle a dix-sept ans au moment de leur rencontre et lui vingt-neuf. Elle va devenir chanoinesse. Elle est bien sûr vierge et, circonstance aggravante, elle est sa belle-sœur.

Elle le voit pour la première fois au château de La Coste, pendant l'été de 1769. La passion entre eux est immédiate. Quelques mois plus tard, elle écrira avec son sang ce serment d'amour et d'allégeance : « Je jure à M. le Marquis de Sade, mon amant, de n'être jamais qu'à lui, de ne jamais ni me marier, ni me donner à d'autres, de lui être fidèlement attachée, tant que le sang dont je me sers pour sceller ce serment coulera dans mes veines. Je lui fais le sacrifice de ma vie, de mon amour, de mes sentiments, avec la même ardeur que je lui fais celui de ma virginité, et je finis ce serment par lui jurer que si d'ici à un an, je ne suis pas chanoinesse et par cet état, que je n'embrasse que pour être libre de vivre avec lui et de lui consacrer tout, je lui jure, dis-je, que si ce n'est pas de le suivre à Venise où il veut me mener, d'y vivre éternellement comme sa femme... »

Il y aura bien Venise, trois ans plus tard, mais Venise avec un Sade en cavale. À Aix-en-Provence, il vient d'être condamné par contumace à la décollation pour crime d'empoisonnement de prostituées et pour sodomie. Ce n'est pourtant pas ce jugement qui vient contrarier la passion de la jeune femme, mais une autre infidélité du marquis. La jeune femme est désespérée et elle ne veut plus entendre parler de son amant. Se sentant à son tour abandonné, Sade tente bel et bien de se donner la mort par amour, et, s'il se rate, il n'en envoie pas moins son projet de mausolée à Anne-Prospère dont il ne cessera, dans ses prisons à venir, de regretter la présence :

> Ci-gît, immolé par l'amour,
> Celui dont il fit sa victime...

Le plaisir dans la passion est redouté tout autant qu'il est souhaité. C'est dans le manque qu'il trouve son ascèse. Sa satisfaction serait-elle sa condamnation ? La volupté de Phèdre s'exprime par ce verbe inattendu, « sécher » :

> J'ai langui, j'ai séché, dans les feux, dans les larmes.

Le plaisir n'est jamais vécu au présent. Il est un espoir toujours différé par les obstacles extérieurs ou par ceux que l'on se fabrique. Il se contente d'exister au passé dans le souvenir rêvé et le regret de ce qui fut. Annie Ernaux écrit dans *Passion simple* : « Je vivais le plaisir comme une future douleur. » Et c'est justement dans le manque et la solitude que le plaisir s'affranchit de la tyrannie passionnelle. Toujours Annie Ernaux : « ... il se produisait dans ma tête un spasme de bonheur. J'avais l'impression de m'abandonner à un plaisir physique, comme si le cerveau, sous l'afflux répété des mêmes images, des mêmes souvenirs, pouvait jouir, qu'il soit un organe sexuel pareil aux autres. »

La félicité exige une harmonie intérieure que la passion exclut. Le bonheur est un mot trop calme et trop dodu pour elle. L'extase est trop mystique. Que reste-t-il à la passion ? L'éblouissement. La sidération. La fascination. Et le plaisir donc ? Il est dans la passion ou rare, ou excessif.

Dans l'outrance compulsionnelle, c'est *L'Empire des sens.*

Dans le manque, c'est Phèdre :

> Hélas ! du crime affreux dont la honte me suit,
> Jamais mon triste cœur n'a recueilli le fruit.

Platon

Le Banquet de Platon montre deux figures différentes de l'amour, l'une dessinée par Aristophane, la deuxième par Socrate. Elles ne sont ni superposables, ni même complémentaires.

Pour tenter d'expliquer l'irrésistible attrait qu'un être peut exercer sur un autre – et l'autre sur l'un, l'attrait étant supposé réciproque –, Aristophane se lance dans le récit allégorique de nos origines : « Premièrement l'espèce humaine comportait en effet trois genres ; non pas deux comme à présent, mais, en outre du mâle et de la femelle, il y en avait un troisième, qui participait de ces deux autres ensemble, et dont le nom subsiste de nos jours... l'androgyne... »

La félicité et la force de ces êtres androgynes étaient telles que Zeus en prit ombrage : « Je m'en vais sectionner chacun en deux, et, en même temps qu'ils seront plus faibles, en même temps, ils seront pour nous d'un meilleur rapport, du fait que leur nombre en aura augmenté. »

Sitôt dit, sitôt fait. Depuis, l'être divisé est à la recherche de son unité perdue : « ... chaque moitié, regrettant sa propre moitié, s'accouplait à elle ; elles se passaient leurs bras autour l'un de l'autre, elles s'enlaçaient mutuellement dans leur désir de se confondre en un seul être. »

Depuis ces temps héroïques, chacun se met en quête, dans le grand Meccano de l'accouplement, de sa moitié, seul être au monde dont la forme corporelle et spirituelle serait compatible avec la sienne : « ... nous étions d'une seule pièce ! Aussi bien est-ce au désir et à la recherche de cette nature d'une seule pièce, qu'on donne le nom d'amour. »

Dans cette hypothèse, nul besoin de philtre pour justifier l'amour absolu, qui peut se changer en passion au moindre obstacle, il suffit de s'en référer aux origines. Seul l'être aimé peut me conférer mon unité originelle. Ce besoin, n'est-il pas par nature le plus impérieux ? L'allégorie d'Aristophane, si elle ne fait guère cas de la liberté humaine, donne à chacun l'espoir de trouver sa moitié d'orange. On dirait ces réunions de célibataires où, distribué à l'entrée, un signe distinctif, ruban ou autre cotillon, permet de découvrir celui ou celle qui, arborant un signe identique au vôtre, est censé devenir votre compagnon d'un soir ou plus si affinité.

Dans *Le Banquet,* Socrate semble revenir sur l'allégorie de l'androgyne primitif et la corriger du tout au tout : « Ma doctrine à moi affirme que l'amour n'est amour ni d'une moitié ni d'un entier... c'est la possession perpétuelle de ce qui est bon... c'est, sache-le, un enfantement dans la beauté, et selon le corps, et selon l'âme. »

Cet enfantement dans la beauté est double. Il peut être la procréation ou la création, la naissance d'un être ou celle d'une œuvre. Immortalité obtenue par la transmission ou par le mérite. En fait, l'amour platonicien, s'il est d'abord plaisir charnel, contemplation et rencontre de la beauté de l'autre, s'élève très vite et très haut vers des régions spirituelles où le corps ne sert plus que de support à la pensée.

L'Éros platonicien fuit tout désordre. Il répond aux désirs de l'amant et lui confère cette harmonie dont il aura ensuite besoin pour gravir en solitaire les chemins les plus escarpés. Avec son beau corps offert, l'éphèbe n'est que l'objet de l'amour. Peu importe ce qu'il ressent, on ne s'en inquiète jamais. A-t-il ses propres désirs ? On l'ignore, et, s'il a lui-même une âme, elle se tait.

Les dialogues du *Banquet* sont en fait des monologues. Chez Aristophane, chaque moitié d'être est conforme et égale à son autre moitié. L'amour de l'autre et l'amour de soi se confondent, c'est une relation parfaitement narcissique et incestueuse, plus proche de la passion que de l'amour, de la reproduction par division que de la reproduction sexuée.

L'écrivain mexicain Octavio Paz écrit dans son livre *La Flamme double, amour et érotisme* : « Platon aurait sans doute été scandalisé par ce que, nous autres, nous appelons amour. Quelques-unes de ses manifestations lui auraient répugné, comme l'idéalisation de l'adultère, le suicide et la mort ; d'autres l'auraient stupéfié, comme le culte de la femme. Et les amours sublimes, tel celui de Dante envers Béatrice ou celui de Pétrarque pour Laure, lui auraient paru des maladies de l'âme. »

Autres temps, autres mœurs. Et déjà ce qu'écrivait Octavio Paz s'estompe. Le divorce a privé l'adultère de son charme. Dans une société plus égalitaire, ce culte de la dame, destiné à rehausser de tout son lyrisme le statut inférieur des femmes, n'a plus aucune raison d'être. Demeurent cependant le désir et l'amour, le désir d'amour. C'est d'un amour incarné que nous voulons, à la fois Éros et Incarnation, un amour dans lequel l'autre, l'aimé(e), a le mot initial à dire, le oui de l'adhésion ou le non du refus. Dans l'amour qui donne et dans l'amour qui reçoit, chacun doit garder sa liberté de sujet. Quand vacillent les règles, les interdits, les systèmes, les religions et les dogmes, ce désir n'est-il pas à la fois un rêve, un fantasme, une névrose et une vérité ?

La Princesse de Clèves

Après avoir déploré que la trop vertueuse princesse de Clèves eût choisi de renoncer à son amour pour le duc de Nemours, Stendhal dans *De l'amour* fait soudain retour sur lui-même et sur ce qu'il a déjà écrit dans son essai : « ... j'ai donné une idée bien pauvre du véritable amour, de l'amour qui occupe toute l'âme, la remplit d'images tantôt les plus heureuses, tantôt désespérantes, mais toujours sublimes, et la rend complètement insensible à tout le reste de ce qui existe. Je ne sais comment exprimer ce que je vois si bien ; je n'ai jamais senti plus péniblement le manque de talent. »

Et Stendhal d'évoquer un prétendu comte de Delfante qui se mourait d'amour pour une femme que son orgueil rendait inflexible. Derrière le comte de Delfante, c'est Stendhal lui-même qu'il faut voir, et, sous les traits de la femme qui ne voulait pas se laisser aimer – « ... son cou d'albâtre et ce qu'on aperçoit de ces belles épaules dignes de Canova... » –, on aperçoit Mathilde Viscontini, « la petite tête la plus altière de Milan », que l'écrivain appelle Métilde et qu'il aime passionnément. C'est pour elle qu'il écrit ce livre, *De l'amour*, et c'est en pensant à elle qu'il instruit le procès de toutes celles qui, par orgueil et par crainte de l'opinion publique, repoussent l'homme qui les aime passionnément : « Le destin leur avait réservé pour consolation... le bonheur d'aimer et d'être aimées avec passion ; mais voilà qu'un beau jour elles empruntent à leurs ennemis ce même orgueil insensé dont elles furent les premières victimes, et c'est pour tuer le seul bonheur qui leur reste, c'est pour faire leur propre malheur et le malheur de qui les aime. »

Bien plus loin et toujours dans *De l'amour*, il ajoute : « ... le bonheur du duc de Nemours quand Mme de Clèves lui dit qu'elle l'aime est, je crois, au-dessus du bonheur de Napoléon à Marengo. »

Dans sa passion pour celle qu'il appelle Métilde, Stendhal ne connaîtra jamais ce bonheur de Marengo, et le duc de Nemours lui-même, par la faute de sa chère et trop austère princesse, ne vivra pas d'autres victoires de l'amour. Pour Stendhal, la faute majeure, le péché capital, c'est bien de faire son propre malheur, de refuser la vie, la passion, la brûlure et le ravissement, de leur préférer le suicide lent, la pureté dangereuse et le renoncement : « Je crois que si Mme de Clèves fût arrivée à la vieillesse, à cette époque où l'on juge la vie, et où les jouissances d'orgueil paraissent dans toute leur misère, elle se fût repentie. Elle aurait voulu avoir vécu comme Mme de Lafayette. »

Et de préciser aussitôt en note à propos de Mme de Lafayette, l'auteur de *La Princesse de Clèves* : « On sait assez que cette femme célèbre fit probablement en société avec M. de La Rochefoucauld le roman de *La Princesse de Clèves*, et que les deux auteurs passèrent ensemble dans une amitié parfaite les vingt dernières années de leur vie. C'est exactement l'amour à l'italienne. »

Alors, vive l'amour à l'italienne ! C'est le programme qui nous convient. Dans ce domaine aussi, nous ne serons jamais assez italiens !

Professor Unrat ou *L'Ange bleu*

Le professeur du roman de Heinrich Mann s'appelle en réalité Emmanuel Raat, mais des générations et des générations d'élèves l'ont surnommé Herr Professor Unrat, *Unrat* désignant en allemand une chose honteuse, une ordure puante de l'ordre du fumier, assez proche en vérité de la vieille merde française. Le professeur est à ce point marqué par son surnom qu'il va transformer cette injure en destin. Il deviendra ce que les autres ont voulu qu'il soit. Il sera Unrat, et, cet antimiracle, c'est une femme qui lui permettra de l'accomplir.

Lola Frölich pousse la goualante à *L'Ange bleu*, un minable cabaret où elle est entraîneuse. Après les cours, les élèves s'y précipitent. Célibataire étroit et maniaque, le professeur se risque dans le cabaret pour tenter de saisir en flagrant délit ses élèves dont il est à la fois le tyran et la victime. Qui veut prendre est bientôt pris. Le professeur se trouve à son tour fasciné par la jeune femme, par cette chair pâle qui s'offre à tous, indifférente et fatale comme le destin. Bientôt Emmanuel Raat abandonne son métier et sa traduction d'Homère pour suivre Lola de beuglant en beuglant.

Il l'épouse et elle le trompe avec tout le monde. Non seulement il en est fou mais il devient lui-même fou, allant jusqu'au bout de la haine de soi et de la haine des autres. Il vit cette passion, la première et la dernière de sa vie, comme une véritable naissance, alors que pour toute la ville, c'est une déchéance. Aux yeux de ses concitoyens, il n'a jamais mieux mérité son surnom d'Unrat, l'Ordure.

Le roman deviendra un mythe quand, s'inspirant de Heinrich Mann, Josef von Sternberg fera de Lola sa Lola-Lola, et de Maria Magdelena von Losche – dite Marlene Dietrich – une star. Le film devait au préalable se construire autour de l'acteur allemand Emil Jannings, chargé du rôle du professeur et grande vedette de l'époque. Pour la jeune Marlene Dietrich, qui n'en est pourtant pas à son premier film, la production n'avait envisagé qu'un second rôle. C'était sans compter avec ses atouts bien réels – jambes splendides et jarretelles provocantes, voix grave, à la fois traînante et voilée, bouche qui dit oui et regard qui dit non – qui allaient voler la vedette au professeur interprété par Jannings. Il est vrai que le talent peu banal de Marlene Dietrich se trouve mis en scène avec amour par un Josef von Sternberg lui-même éperdument épris et fasciné par son actrice.

Elle sera sa passion et, pour sept films, son égérie. Il aime créer des stéréotypes et elle sait se parer de tous les artifices baudelairiens. Elle sera pour le monde entier la nouvelle vamp et la rivale de Greta Garbo. Dans *L'Ange bleu* déjà, elle place son personnage dans la noire généalogie des femmes fatales, dans la fertile lignée des Lilith et des Carmen, quelque part entre la Loulou de Pabst et de Louise Brooks et la Pandora d'Albert Lewin et d'Ava Gardner. Comme le cinéma était beau quand il donnait aux femmes le mauvais rôle, c'est-à-dire le premier !

À la fin de sa vie, Sternberg dira comme pour exorciser cette ancienne passion qui le fit tant souffrir, que *L'Ange bleu* était « la conjonction de l'évocation d'une œuvre de Mann, écrite en 1905, et de mon désir de montrer l'erreur que commet l'homme qui axe sa vie sur une femme ».

Proust, Marcel

Seule la passion existe chez Proust. Quant à l'amour, il est impossible.

C'est une passion non partagée et toujours à contretemps. En fait, l'être aimé compte peu, même s'il fait l'objet de descriptions obsédantes et précises. Il existe uniquement par la passion qu'il suscite chez l'autre.

Swann ne se fait guère d'illusions à propos d'Odette : « Il se rendait bien compte qu'elle n'était pas intelligente. » De plus, elle lui ment sans cesse et il n'ignore pas qu'elle lui est infidèle. Qu'importe s'il n'arrive jamais à savoir avec certitude quand, comment et avec qui elle le trompe, car Odette ne fait qu'accomplir le destin qui lui a été assigné comme une comédienne entre dans son personnage. Le rôle d'Odette dans la dramaturgie proustienne est de conduire Swann au zénith de la passion et au pire de la souffrance.

Si imparfait soit-il, l'être aimé est au centre de tout, non pour lui-même, mais en vertu de ce pouvoir qui lui est conféré comme par magie. C'est un charme qui maintient la sensibilité de l'autre à un suprême degré d'excitation, et qui, sans la moindre rémission, permet de l'isoler du reste du monde.

Le narrateur de l'œuvre de Proust construit pour Albertine une prison, mais il est lui-même enfermé à double tour dans sa passion et dans son dégoût du monde. Tout s'est étiolé autour de lui, jusqu'à ses plaisirs, jusqu'à sa volupté. Il n'est jamais seul avec Albertine, la jeune fille vient à lui accompagnée de son passé et de ses supposées trahisons. Il est en revanche toujours seul avec lui-même. Les titres de Proust en disent long : *La Prisonnière, La Fugitive*. Tous ceux qui inoculent la passion, Gilberte, Albertine, Odette, hommes ou femmes – peu importe le sexe des personnages, sauf à penser que le masochisme serait une spécificité des amours masculines –, tous sont dans la *Recherche* des fugitifs en puissance. Ne les aime-t-on pas précisément du fait même qu'ils sont insaisissables et par nature menteurs ? À quoi penses-tu ? n'aura-t-on de cesse de les interroger. Désir, ô combien vain, de transparence auquel répond, Dieu merci ! l'échappée belle. Le geôlier, lui, ne peut abandonner son cachot intime dans lequel il s'est enfermé à double tour, ce serait nier la passion qui, constitutive de lui-même, le fait et vivre et mourir.

Dans cet amour inégalitaire, le plus faible est toujours le plus fort. Swann a créé de toutes pièces son amour, mais son chef-d'œuvre le consume. Odette sent de manière inconsciente qu'il en a besoin pour vivre et qu'elle le tient par là bien plus sûrement que par les plaisirs et autres *catleyas*. La petite phrase de la sonate de Vinteuil, qui orchestra la naissance de leur passion, devient pour lui obsédante, on dirait le tube de l'été sur lequel on se souvient d'avoir dansé la première nuit : « C'était comme au commencement du monde, comme s'il n'y avait encore eu qu'eux sur la terre, ou plutôt dans ce monde fermé à tout le reste, construit par la logique d'un créateur et où ils ne seraient jamais que tous les deux : cette sonate. »

Le moindre caprice amoureux de l'aimé paraît condamner l'autre à la mort. Et que dire de la jalousie ? Elle est chez Proust inhérente à la passion. Des histoires de rien font figure d'infidélités criminelles et permettent au narrateur de vérifier ses théories les plus pessimistes. On est jaloux de tout, de ce qui existe et de ce qui n'existe pas, de ce qui a existé et de ce qui pourrait exister.

Qu'il soit le narrateur, qu'il soit Swann, ou qu'il soit Proust lui-même retrouvant sa vie pour mieux régurgiter le fil de soie de la *Recherche*, le *je* de l'auteur est d'une confondante modestie. Les personnages à travers lesquels il s'exprime ne sont pas des séducteurs, encore moins des don Juan. Ils peuvent être séduisants comme l'est Swann, ils ne se conduisent jamais en vainqueurs et le terrain ne leur paraît jamais conquis. Non seulement ils n'estiment pas avoir en main ces quelques atouts qui pourraient les rendre irrésistibles, mais ils sont toujours amenés à trouver leurs rivaux beaucoup mieux lotis qu'eux-mêmes. Ils se considèrent dépourvus de ce charme secret qui rendrait leur séduction opérante. Et c'est justement parce que ce combat-là ne peut être gagné qu'il les intéresse plus que tout. De même, dans l'*Iliade*, Achille sait que pour venger la mort de Patrocle, il doit tuer Hector, mais il sait aussi que les dieux ne manqueront pas de l'en punir et qu'il devra payer ce combat de trop par le sacrifice de sa propre vie, par la faute de son fameux talon.

Les personnages de Proust n'ont pas besoin d'une condamnation divine. Dieu a cessé pour eux d'être le maître du Temps. La condamnation vient de cette modestie qui les rend si vulnérables. Ceux qui sont les plus proches de l'auteur ne se sentent jamais aimés, jamais aimables, c'est-à-dire jamais dignes d'être aimés, encore moins préférés. D'où leur inapaisable jalousie. Ils doivent payer de leurs forces et de leur argent leur inaptitude. Ne faut-il pas qu'ils doutent désespérément d'eux-mêmes ? Ne faut-il pas qu'ils souffrent mille morts pour en venir à confiner l'être aimé dans leur jalousie ?

C'est cette modestie proustienne qui rend l'amour impossible puisqu'il ne peut pas être partagé. De plus, les êtres qui suscitent ces sortes de grandes passions sont par nature, et par hypothèse proustienne, ceux précisément auxquels on ne peut jamais se fier. Leur part d'incertitude fait en permanence craindre le pire. Albertine qui s'enferme à la première occasion dans une cabine de bain avec l'amie qu'elle est supposée convoiter. Mlle de l'Orgeville qui s'offre pour le plaisir au premier venu dans des maisons de rendez-vous, comme plus tard l'héroïne de Buñuel dans *Belle de jour*...

Proust est le premier à faire évoluer ses personnages dans ce paysage moderne de la liberté des corps et du chacun pour soi. Certes, on se cache encore un peu, mais c'est pour être libre de mener sa vie selon sa passion ou sa fantaisie. Il n'y a plus aucun obstacle extérieur, ni Dieu, ni morale, mais il reste le pire de tous, le plus têtu, le plus douloureux, le fait de ne pas se sentir aimé, la crainte de ne jamais voir sa passion partagée. L'autre a beau me donner son corps, quel plaisir en éprouverai-je, si, ce corps-là, il ne l'habite pas ? L'interdit peut être combattu ou contourné, tandis que l'indifférence de l'autre me le rend à jamais inaccessible et à jamais désirable.

Chez Proust, et chez son contemporain Sigmund Freud qui écrit au même moment ou presque *Sur le narcissisme*, les êtres aimés ont cette sorte d'ego amphibie qui leur permet de traverser en toute impunité les situations sans encourir le moindre risque. C'est la passion des autres qui les rend opaques. Dans leur combinaison de survie, rien ne peut les atteindre, ni la lumière du jour, ni les soupçons des jaloux.

La passion est chez Proust, comme chez Freud, cette névrose glorieuse et angoissée d'un être affamé d'absolu et qui n'ignore pas, contrairement à Platon et à Tristan, l'inanité de sa quête. Elle ne conférera jamais l'éternité. Laissons la dernière parole à Jean-François Revel, qui écrivit dans son petit grand livre, *Sur Proust* : « Sans aucun doute, Proust a poussé jusqu'à l'atroce la peinture de la contradiction amoureuse, pour mieux montrer que, même quand l'objet aimé est *aussi* digne de l'être, ce n'est point pour cette raison qu'il l'est, ni d'ailleurs pour la raison contraire. Nous sentons un être comme "en fuite" devant nous lorsqu'il nous paraît être le dépositaire, ou le fragment aperçu de nous par hasard, d'une félicité qui le dépasse. La grande tentation est toujours d'aller imaginer une réalité au bout de ce dépassement. Proust n'y a pas cédé : la passion consiste à sentir dans le fini un infini qui n'existe pas. »

R

Racine, Jean

Renoncement

Rimbaud et Verlaine

Roméo et Juliette

Racine, Jean

Je porte en abscisse la fatalité, en ordonnée le génie de la langue française, je trouve Jean Racine.

Elle vient de si loin, la fatalité. Déjà dans l'*Odyssée*, les dieux donnaient des malheurs aux hommes pour que les générations à venir eussent quelque chose à chanter. Le christianisme, qui aurait dû faire rayonner la joie de la résurrection, en est trop vite revenu à la Genèse et au péché originel qui condamne toute la lignée d'Adam. À Port-Royal et aux Petites Écoles, les jansénistes ont élevé le jeune orphelin Jean Racine dans une morale austère. Ils retiennent surtout des écrits et de la pensée de saint Augustin l'injonction faite à l'être humain de remettre son salut à la prédestination divine. Il ne tiendrait qu'à la grâce de Dieu de sauver l'homme ou de l'accabler.

Racine dont la mère est morte trop tôt a appris la langue de la tragédie humaine à Port-Royal et elle s'est substituée à sa langue maternelle. Il va se couler dans ce langage simple et ductile qui s'enchante de son désespoir même et de la fatalité. Comme les Anciens, il saura faire de la beauté avec les excès de la souffrance humaine. Chez les tragiques grecs, la passion amoureuse n'avait pas le premier rôle, Racine va le lui attribuer.

Ce n'est d'abord qu'un lamento. Sa pulsation ne s'apaise que pour forcir ensuite, plus rien ne peut alors assouvir sa folle ardeur. À travers ses personnages, Racine pousse la passion jusqu'au plus noir du crime où elle trouve son accomplissement tragique. C'est Oreste qui assassine Pyrrhus pour gagner l'amour d'Hermione. Afin de le convaincre de tuer son rival, n'était-elle pas allée jusqu'à lui avouer : « S'il ne meurt aujourd'hui, je puis l'aimer demain » ? Une fois le crime accompli, Hermione rejette avec horreur le criminel. La passion et la fatalité font sombrer Oreste dans le délire :

Grâce aux dieux ! Mon malheur passe mon espérance :
Oui, je te loue, ô Ciel, de ta persévérance,
Appliqué sans relâche au soin de me punir,
Au comble des douleurs tu m'as fait parvenir.
Ta haine a pris plaisir à former ma misère ;
J'étais né pour servir d'exemple à ta colère,
Pour être du malheur un modèle accompli.

Peut-être est-ce dans *Phèdre* que la passion atteint son point ultime. Racine fait dire à son personnage : « De l'amour j'ai toutes les fureurs. » Confessant son amour, Phèdre reprendra à plusieurs reprises ce mot de fureur : « Hé bien ! connais donc Phèdre et toute sa fureur... » Dans sa préface, Racine prétend pourtant ne pas se complaire dans le mal : « Ce que je puis assurer, c'est que je n'ai point fait de tragédie où la vertu ne soit plus mise au jour que dans celle-ci ; ...les faiblesses de l'amour y passent pour de vraies faiblesses ; les passions n'y sont présentées aux yeux que pour démontrer tout le désordre dont elles sont cause... »

Sans doute craint-il que ses contemporains, que la cour, que les dévots ne puissent supporter le spectacle, ou le récit, de ce qu'il nomme avec son sens très classique de la litote « désordre » et « faiblesses », et qui signifie en vérité « catastrophe » et « folie ».

La tragédie racinienne se déroule dans un lieu confiné entre mer et ciel où l'être de passion tourne dans l'obscurité de sa caverne. On sent peser le bleu inexorable du ciel et de la mer que l'on ne voit jamais. Lumière sans merci à l'extérieur. Ombres redoutables dans la caverne.

Phèdre se laisse aller à son délire paranoïaque. Ses persécuteurs sont les dieux, c'est « Vénus tout entière à sa proie attachée ». Mais elle est à elle-même son propre bourreau.

Elle s'arrête comme fascinée par le souvenir du premier instant, celui où elle vit apparaître Hippolyte, celui où elle l'aima d'emblée. Ce saisissement, cet affolement de tout le corps, si elle en parle à sa confidente, Œnone, ce n'est certes pas pour lui apprendre quelque chose de nouveau, elle a déjà dû lui en parler maintes et maintes fois, c'est pour son unique délectation. Elle remet encore une fois le vieux disque rayé, pour un peu elle téléphonerait dans la nuit à sa meilleure amie. Elle recompose avec des mots la rencontre initiale. Son seul présent, c'est ce passé-là qui n'en finit pas de ressurgir.

Elle se rappelle son premier ravissement : « Je le vis, je rougis, je pâlis à sa vue. » Tout est passé par le regard, au point qu'éblouie, elle s'est sentie aveuglée : « Mes yeux ne voyaient plus, je ne pouvais parler. » Elle a tenté par la suite de se calmer. Elle a même cherché à fuir son beau-fils. La passion a encore forci d'avoir été trop longtemps contenue :

> J'ai revu l'ennemi que j'avais éloigné :
> Ma blessure trop vive aussitôt a saigné.

Dans ce lieu clos où les corps se croisent, où ils ont tant de mal à s'éviter, où chacun respire l'air que l'autre vient de rejeter, où l'on ne sait plus si les corps se frôlent ou s'ils cherchent à se fuir, si les regards s'aimantent ou s'évitent, où la panique de l'un se transmet aux autres de proche en proche, il y a une sensibilité particulière qui se développe et s'exacerbe. La passion n'a jamais tant ressemblé à la haine et le désir à l'aliénation.

Chez Racine, il n'y a pas de choix. Dans ce monde figé, la fatalité divine est plus implacable que ne serait le déterminisme biologique ou génétique. Il y a les maîtres et les esclaves, ceux qui aiment et ceux qui sont aimés, ceux qui tuent et ceux qui sont tués. La fatalité est partout et la providence nulle part. Le Dieu des jansénistes a seul le pouvoir de sauver ses créatures éperdues, mais il est parcimonieux de sa grâce. Pourquoi Phèdre serait-elle plus coupable que les autres ? À supposer que sa passion pour Hippolyte soit contre nature, n'en est-elle pas la première victime ? N'est-ce pas Vénus qui a fait couler le poison dans ses veines, comme, dans *Tristan et Iseult*, la suivante a versé par erreur le philtre dans les verres ? C'est ce que lui répète sa confidente, Œnone :

> Vous aimez. On ne peut vaincre sa destinée.
> Par un charme fatal vous fûtes entraînée.
> Est-ce donc un prodige inouï parmi nous ?
> L'amour n'a-t-il encor triomphé que de vous ?

Personne ne sera sauvé, même pas Œnone, chacun perdra ou la vie ou ce qu'il a de plus cher. Dans cette tragédie à la langue si pure et aux pulsions si primaires, Hippolyte va disparaître d'une manière étrange. Loin d'être victime d'un crime passionnel comme d'autres héros raciniens, Hippolyte le tant aimé, Hippolyte qui concentre tous les désirs sur sa jeune et belle personne, Hippolyte sera tué par un monstre surgi des abîmes marins, une sorte d'alien, figure emblématique de ce monde aliénant. C'est au dernier acte de la dernière tragédie racinienne de la passion. Racine a bien failli lui aussi laisser sa peau dans l'aventure. Après *Phèdre*, il commence une autre vie.

Une cabale montée contre la pièce l'a fait échouer. Deux ans après, Racine est compromis dans l'Affaire des poisons. Celui qui a trop aimé les comédiennes est soupçonné d'avoir hâté la mort de sa belle maîtresse, Marquise Du Parc [1], que Corneille et Molière avaient avant lui adulée. On ne saura jamais quelle a été la part de la vérité et celle de la calomnie dans cette terrible accusation, mais Racine en profite pour se ranger.

---

1. Jean-François Josselin, *Marquise*, éditions Pocket.

Renoncement

Ils souffrent trop pour ne pas désirer souffrir davantage. Ils renoncent à leur passion à condition de pouvoir en exciter sans cesse la douleur. Jusqu'au XIXe siècle, les cloîtres semblent trop petits pour recueillir tous ces flagellants. Le renoncement est le trou noir de la passion, il fait se perdre et l'esprit et la vie. À peine a-t-on donné à son amant une mèche de cheveux, qu'on sacrifie à Dieu la chevelure entière.

Ils appellent Dieu à leur secours. Ils sont prêts à lui offrir leur ancienne vie dont ils ne veulent plus, et toutes les douleurs et toutes les douceurs passées. Ils croient entrevoir une issue, la seule qu'ils puissent encore espérer, ils lui donnent le nom de Dieu, ils pourraient aussi bien l'appeler le Vide. Comme Jésus, la dernière nuit, ils implorent : « Père, pourquoi m'avez-vous abandonné(e) ? » Ils trouvent dans le Christ plus qu'un Dieu, un Frère. La passion dont ils souffrent, comment ne la comprendrait-Il pas, Lui qui vécut la Passion ? Le même mot, pensent-ils, pour des souffrances semblables.

Ils ont perdu jusqu'à leurs anciens noms. Ils s'appelaient autrefois la duchesse de Langeais, Armand-Jean Le Bouthillier de Rancé ou la princesse de Clèves. Ils ont rompu sèchement avec leurs anciennes passions. Jamais plus ça !

Dans le monastère d'une île lointaine, celle qui fut la duchesse de Langeais chante, s'accompagnant à l'orgue. Elle chante son double amour, celui qui s'adresse aujourd'hui à Dieu et celui qu'elle destinait naguère à son amant. C'était le seul homme qu'elle aurait pu aimer. Sa propre vanité et sa cruelle insouciance ont tout gâché. Quand cet homme la retrouve enfin au fond de son couvent, elle vient tout juste de mourir. Sous le lourd apparat du XIXe siècle, avec tentures, couvents, mariages arrangés et tartufferies, il y a l'aventure toute simple et toute tragique de deux êtres qui se plaisaient, qui auraient pu s'aimer, et qui ont détruit leurs deux vies.

Transposons de nos jours. La duchesse, qui n'est pas duchesse, se laisse aimer distraitement par un homme, lui-même surpris d'aimer à ce point un être si frivole. Car il en est fou et il a avec elle la maladresse et les exigences d'un homme hors du commun qui découvre tardivement la passion. Trop sûre de son amour, la fausse duchesse est capricieuse et sans doute infidèle. Jusqu'au jour où son amant dégrisé se sent aimé par une autre femme, encore plus jeune que la première, aimé comme il a en vain souhaité que la duchesse l'aimât. En le perdant, elle comprend soudain combien elle aimait cet homme et combien cette perte sera pour elle irréparable. Elle n'arrive plus à supporter le simulacre de son ancienne vie. Elle ne peut plus se supporter. Elle rompt avec ses amis, avec cette ville où chaque rue, chaque bar, chaque cinéma, est un souvenir de l'homme qu'elle a perdu et qu'elle ne pourra jamais oublier. Elle part pour la Bretagne reprendre la petite entreprise qu'a créée son père. Une fois par semaine, elle se rendra à Rennes visiter en prison les détenues qui purgent de longues peines. C'est une femme blessée.

•

Ce même Balzac, qui crée au plus près de ses sentiments et de sa propre vie sa duchesse de Langeais (cf. l'entrée *La Duchesse de Langeais*), fait évoquer par Mme de Mortsauf, dans *Le Lys dans la vallée*, la cause du renoncement de Rancé : « ... l'horrible spectacle qui fit jadis du comte de Rancé un trappiste. » Horrible en effet, et bien plus qu'horrible, le spectacle...

Le jeune Rancé aimait la plus belle femme de Paris et de

la cour. Il devait avoir à peine dix-huit ans quand il la rencontra, Mme de Montbazon en avait trente-deux, ce qui était beaucoup au XVIIe siècle. Il fit auprès de cette magnifique femme son éducation sentimentale et érotique sans bénéficier, semble-t-il, d'un quelconque droit d'exclusivité. Tout aurait pu continuer ainsi dans un monde qui n'était pas le pire pour le jeune Rancé.

La suite, Chateaubriand la rapporte dans la seconde édition de sa *Vie de Rancé*. Dans la première édition, il en a supprimé une partie, sans doute par crainte de choquer ses contemporains.

Nous sommes en 1657, Rancé rentre de la campagne et se précipite chez sa maîtresse, la belle Mme de Montbazon. Chateaubriand poursuit : « En montant tout droit à l'appartement de la duchesse, où il lui était permis d'entrer à toute heure, au lieu des douceurs dont il croyait aller jouir, il y vit pour premier objet un cercueil qu'il jugea être celui de sa maîtresse en remarquant sa tête toute sanglante, qui était par hasard tombée de dessous le drap dont on l'avait recouverte avec beaucoup de négligence, et qu'on avait détachée du reste du corps afin de gagner la longueur du col, et éviter ainsi de faire un nouveau cercueil qui fût plus long que celui dont on se servait. »

La vision est horrible, le désespoir de Rancé aussi. Il devient dès ce moment-là un autre homme. Il se déprend de son passé, de ce qu'il fut. Sa passion pour une femme et son amour des plaisirs tournent à la haine de la vie. Schopenhauer relate aussi, en ignorant le récit qu'en a fait Chateaubriand, la décollation de la belle duchesse et la transformation soudaine de son amant. Non seulement il va se retirer dans l'abbaye cistercienne de Notre-Dame-de-la-Trappe, mais il en réformera la règle pour la pousser jusqu'à l'austérité la plus extrême. De la passion du monde à la passion de Dieu, toujours les mêmes excès : « Coupez, mes frères, taillez, déracinez, ne gardez nulle mesure dans les retranchements et les privations. »

Certains auteurs, Saint-Simon et Sainte-Beuve, mirent en doute la tête coupée de la duchesse de Montbazon. Elle faisait trop tableau de genre. N'était-ce pas assez qu'elle fût morte brutalement et que son amant eût découvert son cadavre sans avoir été prévenu de sa mort ? D'autres en revanche ont ajouté à l'histoire un détail macabre qui ne fut pas vérifié non plus. La tête de mort que Rancé gardait dans sa cellule et que l'on voit dans le tableau de Rigaud aurait été celle de sa défunte amante.

Le souvenir de la duchesse a inspiré nombre d'écrivains et je ne peux m'empêcher d'en retrouver la trace à la dernière page du roman de Stendhal, *Le Rouge et le Noir*. Julien Sorel vient d'être guillotiné et Mathilde de La Mole « ... allumait plusieurs bougies... elle avait placé sur une petite table de marbre, devant elle, la tête de Julien, et la baisait au front... Un grand nombre de prêtres escortaient la bière et, à l'insu de tous, seule dans sa voiture drapée, elle porta sur ses genoux la tête de l'homme qu'elle avait tant aimé ».

La Piaf du XVIIe siècle, celle qui chante le lamento des amants séparés, d'une manière déchirante et voluptueuse à la fois, c'est bien la Bérénice de Racine. Elle doit renoncer à son amour pour Titus, puisque Titus a renoncé à elle et qu'il lui préfère l'Empire.

Dans un mois, dans un an, comment souffrirons-nous,
Seigneur, que tant de mers me séparent de vous ?
Que le jour recommence et que le jour finisse
Sans que jamais Titus puisse voir Bérénice,
Sans que de tout le jour je puisse voir Titus ?

À la même époque, dans le roman de Mme de Lafayette, la princesse de Clèves renonce à son grand amour pour le duc de Nemours et se retire dans un couvent. Elle se veut fidèle à son mari au-delà même de sa mort. Elle s'estime en effet responsable de sa disparition. Elle a cru bon de lui avouer sa passion, toute platonique, pour le duc de Nemours et elle l'a plongé dans un désespoir qui a hâté sa mort.

Mais, dans le long cortège des renonciatrices, Mme de Mortsauf, qui évoque dans *Le Lys dans la vallée* « l'horrible spectacle qui fit jadis du comte de Rancé un trappiste », est peut-être la plus pitoyable. N'a-t-elle pas tout fait à l'envers ? Alors que les autres ont aimé d'abord et se sont repenties ensuite, elle, elle a passé toute sa jeune vie à renoncer pour se repentir de son abstinence au moment même de mourir. Sur la scène du roman comme sur celle de l'opéra, les héroïnes ne doivent pas rater leur mort, celle de Mme de Mortsauf est la plus ratée car sa vie le fut, et la plus réussie, le personnage est un parfait repoussoir. Vivez, vivez votre jeunesse, comme à cette fleur, la vieillesse...

Mme de Mortsauf n'a pas voulu répondre à l'amour de celui qui l'adorait, par vertu et par bigoterie. Sentant sa fin venir, elle prend conscience de l'épouvantable gâchis. Certes, elle n'a pas péché. La belle affaire, puisqu'elle n'a pas vécu ! : « Tout a été mensonge dans ma vie, je les ai comptées depuis quelques jours, ces impostures. Est-il possible que je meure, moi qui n'ai pas vécu ?... Félix ! les vendangeurs vont dîner, et moi, moi, dit-elle d'une voix d'enfant, qui suis la maîtresse, j'ai faim. Il en est ainsi de l'amour, elles sont heureuses, elles ! »

Rimbaud et Verlaine

Le 2 avril 1872, à *La Closerie des Lilas*, Paul Verlaine écrit à un Arthur Rimbaud âgé de dix-sept ans : « Mais quand diable commencerons-nous ce *chemin de croix*, hein ? » Puis, quelques jours plus tard, une autre lettre : « Dès ton retour, pour peu que ça puisse t'amuser, auront lieu des choses *tigresques* ! »

Le 7 juillet, Verlaine sort de chez lui avec canne et chapeau. Il est marié et il vient d'avoir un fils. Il n'a cependant que vingt-cinq ans. À peine a-t-il franchi le seuil que sa vie bascule. Arthur est de retour ! Verlaine raconte à son ami, Émile Le Brun, comment a commencé la plus folle et la plus tumultueuse aventure de sa vie, qui deviendra la plus célèbre et la plus *scandaleuse* de la poésie française :

« Ce jour-là, ma femme était un peu souffrante... enrhumée... vaguement. Elle me dit : Tu devrais aller chez le pharmacien demander quelque chose... Tout près de la maison, je vois Rimbaud qui s'en venait. Il tenait à la main une lettre à mon adresse. “J'allais chez toi. J'en ai assez de Paris. J'en ai assez de tout ici. Je m'en vais en Belgique, mais pas seul, tu vas venir avec moi.

— C'est que...

— Non ! je veux que tu viennes. Tu vas venir, et tout de suite ; je ne te quitte pas.

— Mais ma femme est malade.

— Laisse-nous tranquilles avec ta femme. Viens, je te dis.

On s'en va." Alors, je l'ai suivi, naturellement. Et, le jour même, nous partions pour Arras, puis la Belgique. »

Rimbaud ne laisse pas le temps à Verlaine de rentrer chez lui pour emporter ses manuscrits et quelques effets personnels, encore moins pour prendre congé de sa femme qui attendra longtemps la tisane qu'il lui avait promise. Verlaine n'est pas mécontent de laisser derrière lui sa famille et sa belle-famille, d'autant plus qu'il craint d'être inquiété à cause de son proche passé communard. Le plus jeune est aussi le plus résolu. Rimbaud est déjà dégoûté d'un milieu littéraire parisien dont la conquête lui paraît tout aussi aisée que dérisoire. Il a besoin de prendre l'air, et vite. Il veut vivre enfin, et avec ce compagnon-là, et selon son imagination. Il ne laisse à Verlaine que le temps d'aller demander à sa mère un peu d'argent pour le voyage, et, le soir même, ils sont à Arras. Bientôt, ce sera la Belgique.

Verlaine exulte. Jusque-là, il n'a quitté les jupes de sa mère que pour se réfugier dans celles de Mathilde, sa jeune femme, et celles de sa femme que pour aller vider son verre, et toute la carafe, au bistrot avec ceux qu'on appelle les Vilains-Bonshommes. Aussi s'empresse-t-il d'annoncer aux amis la bonne nouvelle, et ses lettres de commencer par : « Je voillage (*sic*) » ou même : « Je voillage (*re-sic*) vertigineusement... psitt ! psitt ! – Messieurs, en wagon ! »

Août 1872, ils *voillagent* tous deux depuis à peine un mois, et c'est encore le bonheur. Verlaine croque sur le motif les *Paysages belges* de ses *Romances sans paroles* :

Briques et tuiles,
Ô les charmants
Petits asiles
Pour les amants !

Il s'offre même le luxe, à Bruxelles, de se rêver un amour immobile, lui qui vit enfin une passion *voillageuse* :

Le château, tout blanc
Avec, à son flanc,
Le soleil couché,

Les champs à l'entour :
Oh ! que notre amour
N'est-il là niché !

Sa jeune femme va tenter de le récupérer. Accompagnée de sa mère, elle se rend à Bruxelles. Un an plus tard, un rapport, trop bien *renseigné*, de la préfecture de police de Paris fera état de la dernière rencontre du couple : « ... Verlaine répondit qu'il était trop tard... “La vie du ménage m'est odieuse”, s'écria-t-il ; “Nous avons des amours de tigres !” et, ce disant, il montra à sa femme, sa poitrine tatouée et meurtrie de coups de couteau que lui avait appliqués son ami Raimbaud (*sic*). Ces deux êtres se battaient et se déchiraient comme des bêtes féroces pour avoir le plaisir de se raccommoder. »

Dans la réalité, c'est un Verlaine ivre mort qui accepte de se rendre et de prendre le train du retour avec les deux femmes. Ils sont loin de se douter que Rimbaud les a suivis et qu'il a pris le même train. À la gare frontière de Quiévrain, tous les voyageurs comme à l'accoutumée doivent descendre pour présenter leurs papiers à la douane. Rimbaud en profite pour rejoindre son ami, et, en deux temps trois mouvements, pour le convaincre de repartir avec lui en sens inverse. Ce qui est fait tout aussitôt. Mathilde racontera dans ses *Mémoires* : « Au moment où l'on fermait les portières, nous l'aperçûmes enfin sur le quai.

— Montez vite ! lui cria ma mère.

— Non, je reste ! répondit-il en enfonçant d'un coup de poing son chapeau sur ses yeux. »

À peine rentrée à Paris, Mathilde Verlaine demande une séparation et une pension alimentaire. Avant même sa lamentable expédition à Bruxelles, elle s'en était allée conter ses malheurs à Victor Hugo, comment son mari l'avait abandonnée et pourquoi et pour qui. Bouleversé au-delà du raisonnable par les larmes de la jolie femme, le vieil écrivain entend sans doute parler pour la première fois de cet Arthur Rimbaud, de ce confrère à peine pubère. Mathilde ne manque pas de camper ce dernier en faune, ou en djinn – lubrique, sadique, diabolique.

Les deux hommes sont de retour à Bruxelles, mais ils ne s'y sentent plus en sécurité. Ils se rendent à Ostende où l'un et l'autre voient la mer pour la première fois. Je *voillage.* Je *voillage...* Et moi, j'imagine, je ne sais pas, j'imagine seulement ce moment-là. La découverte faite ensemble de la mer compta sans doute beaucoup dans leurs vies déjà toutes cabossées par la passion. C'est une de ces *premières fois* dont on se souvient toujours.

Les deux jeunes voyageurs s'embarquent aussitôt pour l'Angleterre. À Londres, le milieu des communards exilés les tient à distance. Leur austérité militante les amène à condamner l'homosexualité, on dit à l'époque *pédérastie.* Un double procès menace Verlaine, d'une part pour détournement de mineur, alors que c'est plutôt le mineur qui a détourné le majeur, de l'autre pour abandon de famille et abandon de domicile conjugal.

En attendant, les tourtereaux s'organisent. « Rimbaud était spécialement chargé des soins de l'intérieur et Verlaine faisait les commissions. » Le second poursuit ses *Romances sans paroles* qu'il dédiera à Rimbaud, mais l'éditeur, trouvant la mention trop compromettante, la supprimera. Elle ne sera jamais réintroduite. Rimbaud quant à lui jette sur le papier les traits fulgurants de ce qu'il appelle d'abord *Livre nègre* ou *Livre païen* et qui devient par la suite *Une saison en enfer.*

Seule œuvre que Rimbaud désira publier, ce qu'il fit à compte d'auteur avec de l'argent en partie donné par sa mère, cette *Saison* comporte un étonnant chapitre, titré « La Vierge folle ». Il serait peut-être exagéré de n'y voir que le portrait de Verlaine, mais c'est pourtant bien ce « compagnon d'enfer », que Rimbaud ne se lasse pas d'évoquer, s'attribuant pour sa part le titre d'Époux infernal. La Vierge folle est censée s'exprimer elle-même et Rimbaud la fait parler de son jeune Époux infernal : « Lui était presque un enfant... Ses délicatesses mystérieuses m'avaient séduite. J'ai oublié tout mon devoir humain pour le suivre. Quelle vie ! La vraie vie est absente. Nous ne sommes pas au monde. Je vais où il va, il le faut. Et souvent il s'emporte contre moi, *moi, la pauvre âme.* Le Démon ! – C'est un Démon, vous savez, *ce n'est pas un homme.*

...Plusieurs nuits, son démon me saisissant, nous nous roulions, je luttais avec lui !... À côté de son cher corps endormi, que d'heures des nuits j'ai veillé, cherchant pourquoi il voulait tant s'évader de la réalité. Jamais homme n'eut pareil vœu... Il a peut-être des secrets pour *changer la vie*. »

La Vierge folle et l'Époux infernal, deux amants comme les autres, ou presque : « Je nous voyais comme deux bons enfants, libres de se promener dans le Paradis terrestre... Mais après une pénétrante caresse, il disait : “Comme ça te paraîtra drôle, quand je n'y serai plus, ce par quoi tu as passé. Quand tu n'auras plus mes bras sous ton cou, ni mon cœur pour t'y reposer, ni cette bouche sur tes yeux. Parce qu'il faudra que je m'en aille, très loin, un jour...” ... Je lui faisais promettre qu'il ne me lâcherait pas. Il l'a faite vingt fois, cette promesse d'amant. C'était aussi frivole que moi lui disant : “Je te comprends.” »

Enfin, à la dernière ligne du chapitre : « Drôle de ménage ! »

Après bien des disputes, de faux départs et de vrais combats, le ménage se sépare le 3 juillet 1873. C'est Verlaine qui s'enfuit à Londres, laissant Rimbaud sans un penny, et c'est Verlaine encore, qui, depuis Bruxelles, menace de se suicider si sa femme ne vient pas le rejoindre dans les trois jours. Rimbaud lui écrit aussitôt, jouant sur la corde sensible pour mieux tenter de récupérer le fuyard, mais il ne sait pas à quelle adresse envoyer son repentir :

> « Oui c'est moi qui ai eu tort.
> Oh tu ne m'oublies pas, dis ?
> Non tu ne peux pas m'oublier.
> Moi je t'ai toujours là.

« Dis, répons (*sic*) à ton ami, est-ce que nous ne devons plus vivre ensemble...

« À toi, toute la vie. Rimbaud. »

Il reçoit enfin un billet de Verlaine qui lui indique l'adresse de son hôtel à Bruxelles. Rassuré, semble-t-il, son emprise sur la Vierge folle n'ayant pas faibli, il fait alors un rajout à sa lettre où la menace se glisse derrière la contrition : « Crois-tu que ta vie sera plus agréable avec d'autres que moi. *Réfléchis-y* !... Avec moi seul tu peux être libre, et puisque je te jure d'être très gentil à l'avenir, que je déplore toute ma part de torts, que j'ai enfin l'esprit net, que je t'aime bien, si tu ne veux pas revenir, ou que je te rejoigne, tu fais un crime, *et tu t'en repentiras de longues années, par la perte de toute liberté, et des ennuis plus atroces peut-être* que tous ceux que tu as éprouvés. Après ça, resonge à ce que tu étais avant de me connaître. »

Le 8 juillet 1873, Rimbaud quitte Londres et vient s'installer dans la chambre d'hôtel de son ami, alors que la chambre voisine est occupée par Elisa Verlaine, Mme Mère, tout affolée par le chantage au suicide de son fils. Les disputes des deux hommes reprennent et s'alourdissent de leurs ivrogneries.

Le 10 juillet, Verlaine achète un revolver à six coups et cinquante cartouches. Sans doute ne sait-il pas encore s'il va en faire usage, et, s'il en fait usage, contre qui ? Contre lui-même ou contre son autre ? Contre cet enfant démoniaque dont il a fait dépendre sa propre vie et qui, à peine arrivé, le menace de repartir sans lui pour Paris ? La passion a déjà causé des dégâts dans son cerveau tout biberonné d'absinthe.

À l'hôtel, Rimbaud est en train de faire du charme à Mme Verlaine pour tenter de lui soutirer l'argent de son billet pour Paris. Au retour de son ami, il monte avec lui dans leur chambre. Passablement éméché, Verlaine ferme la porte à clé derrière lui et exhibe sa nouvelle acquisition, tandis que Rimbaud lui répète qu'il compte partir au plus vite pour Paris. C'est à ce moment-là que les deux coups partent. Jamais personne ne saura exactement comment.

Étant donné l'exiguïté de la pièce, les deux hommes sont à trois pas l'un de l'autre. Il faut beaucoup de maladresse et d'alcool, il faut aussi manquer de conviction pour rater à cette distance sa cible. La première balle touche Rimbaud au poignet gauche, mais la seconde ricoche sur le mur. De cette première balle, Antoine Blondin pourra écrire, dans sa préface aux *Romances sans paroles* de Verlaine, qu'« elle claque dans l'Histoire comme l'un des plus fameux baisers que deux amants se soient donnés ».

Elisa Verlaine se précipite dès le premier sang et la bonne mère panse aussitôt la victime de son fils, tandis que le fils tente de glisser son arme encore chargée dans la main valide de son ami, le suppliant, agenouillé devant lui, tempe offerte, de se faire justice lui-même. Puis on se repose et on tente de se calmer. Deux heures plus tard, on va quand même de concert à l'hôpital, et à pied, c'est dire combien la blessure semble bénigne. Le pansement est alors refait dans les règles de l'art. On retourne à l'hôtel, où tout serait pour le mieux dans le plus chaotique des mondes, si Rimbaud ne s'acharnait pas à parler de départ. Comme on ne peut rien refuser à une *victime,* Elisa offre l'argent du voyage.

Les voici repartis ensemble pour la gare du Midi. Verlaine essaie encore et encore de retenir son ami et chaque refus aiguise un peu plus ses nerfs. Comme Rimbaud n'a pas voulu prendre le pistolet pour se venger, Verlaine l'a remis tout chargé dans sa poche où il se trouve encore. Il est si agité que le jeune Démon, lui-même, en vient à s'effrayer. Et si l'ami Paul, toujours en possession de son arme, se montrait cette fois moins maladroit ?

Soudain Verlaine, qui avait pris de l'avance, fait volte-face et vient se planter devant Rimbaud. Il plonge la main dans la poche où le revolver chargé se trouve, alors c'est la panique. Le jeune homme s'enfuit dans la chaleur de juillet, et, sans savoir ce qu'il fait, il court, il court, le pansement au bras, jusqu'à un agent de police auquel, d'un trait et sans reprendre son souffle, il dénonce son compère, aussitôt arrêté et désarmé.

Verlaine passe la nuit dans ce dépôt de la police qu'on appelle l'*Amigo* en souvenir de l'occupation espagnole. L'*Amigo* a survécu au poète et à sa première nuit d'horreur. Depuis longtemps on n'y entre plus contraint et menotté, il est devenu le plus illustre hôtel de Bruxelles.

Je *voillage.* Je *voillage.* Pauvre Verlaine, finis les voyages, finie la passion. Incarcération. Investigation. Humiliations. Et ces atroces examens corporels : « De cet examen il résulte que P. Verlaine porte sur sa personne des traces d'habitudes de pédérastie active et passive. L'une et l'autre de ces deux sortes de vestiges ne sont pas tellement marquées qu'il y ait lieu de suspecter des habitudes *invétérées et anciennes* mais des pratiques plus ou moins récentes. »

Pourtant Rimbaud, à qui l'on vient d'extraire la balle près du poignet, retire finalement sa plainte, et, après avoir reçu un dédommagement financier de la part d'Elisa Verlaine, il tente de disculper son ami. Verlaine n'a jamais acheté une arme pour le menacer encore moins pour le tuer, il l'a achetée pour se suicider :

« Je soussigné Arthur Rimbaud, 19 ans, homme de Lettres, déclare pour rendre hommage à la vérité... Que je suis intimement persuadé qu'en achetant cette arme, M. Verlaine n'avait aucune intention hostile contre moi, et qu'il n'y avait pas de préméditation criminelle dans l'acte de fermer la porte à clef sur nous. Que la cause de l'ivresse de M. Verlaine tenait simplement à l'idée de ses contrariétés avec Mme Verlaine, sa femme... »

Malgré le retrait de la plainte et le fait que ni la préméditation ni la tentative d'assassinat n'aient été retenues contre lui, Verlaine est condamné à deux ans de prison, c'est-à-dire, à deux fois plus de temps de détention que de temps passé dans la compagnie de Rimbaud.

Dans *Romances sans paroles*, écrites en partie en prison, *Birds in the night* :

> Mon amour qui n'est plus que souvenance,
> Quoique sous vos coups il saigne et qu'il pleure
> Encore et qu'il doive, à ce que je pense,
> Souffrir longtemps jusqu'à ce qu'il en meure,...

Épuisé et comme hébété de douleur, Rimbaud rejoint en France sa mère et sa sœur. Tandis que la famille est occupée aux travaux des champs, il écrit *Une saison en enfer* : « Mais, cher Satan, je vous en conjure, une prunelle moins irritée ! et en attendant les quelques petites lâchetés en retard, vous qui aimez dans l'écrivain l'absence des facultés descriptives ou instructives, je vous détache ces quelques hideux feuillets de mon carnet de damné. »

Au cœur de cette *Saison*, lui, *alias* l'Époux infernal, amène Verlaine, dit la Vierge folle, à évoquer leurs délires : « Avec ses baisers et ses étreintes amies, c'était bien un ciel, un sombre ciel, où j'entrais, et où j'aurais voulu être laissée, pauvre, sourde, muette, aveugle... Je suis au plus profond de l'abîme, et je ne sais plus prier. »

Le seul livre dont il ait voulu la parution, cette *Saison en enfer* imprimée à Bruxelles à compte d'auteur, reçoit à Paris un accueil plus que glacial, et même pas d'accueil du tout. Le silence parisien est total. Ceux qui pourraient parler du livre tiennent Rimbaud pour responsable de l'emprisonnement de Verlaine et de ce qu'ils estiment être la déchéance de leur ami poète. La première tentative éditoriale de Rimbaud sera aussi sa dernière.

Quand la Vierge folle aura purgé sa peine et qu'elle sera revenue en prison à d'anciennes pratiques chrétiennes dont l'Époux infernal ne manquera pas de se moquer, les deux compères se reverront une dernière fois. Rimbaud continue seul le *voillage,* il est à Stuttgart et c'est là que Verlaine vient le rejoindre. Deux jours et deux nuits dont on ne sait rien, sinon ce que l'Époux, toujours infernal, en écrira à un ami : « Verlaine est arrivé ici l'autre jour, un chapelet aux pinces... Trois heures après on avait renié son dieu et fait saigner les 98 plaies de N.S. Il est resté deux jours et demi, fort raisonnable et sur ma remonstration s'en est retourné à Paris, pour, de suite, aller finir d'étudier *là-bas dans l'île.* » L'île, c'est l'Angleterre.

Il y aura encore quelques échanges de lettres, l'un (Rimbaud) réclamant de l'argent et l'autre (Verlaine), protestant de son retour au catholicisme pour refuser peu à peu l'aide demandée et rejeter les souvenirs trop douloureux de sa *Saison en enfer.*

Roméo et Juliette

Ô Roméo,
Roméo, mais pourquoi donc es-tu Roméo ?
Renie ton père et dépouille-toi de ton nom,
Ou si tu ne veux pas, fais serment de m'aimer
Et moi, je cesserai d'être une Capulet.

Ces célèbres mots sont prononcés par une Juliette qui n'a pas quatorze ans. Ils n'ont rien de sirupeux. Plus tard, la légende de Roméo et Juliette, prenant de l'âge, deviendra mièvre, avec balcon, cartes postales et Saint-Valentin...

Quand il parle d'amour et de passion, Shakespeare peut choisir l'ironie et le burlesque du *Songe d'une nuit d'été* (cf. l'entrée Titania) ou le lyrisme tragique de *Roméo et Juliette* – deux pièces écrites la même année et qui plaquent les mêmes accords sur des gammes bien différentes –, il ne tombe jamais dans la romance à la pâte de guimauve. S'il se permet de démolir joyeusement la tradition courtoise dans *Le Songe d'une nuit d'été*, ses personnages de Juliette et de Roméo vont s'aimer sans se croire tenus à observer les règles du *fin amor.* Leurs destins foudroyés ne suivent en rien le chemin de Tristan, balisé par le philtre et l'adultère. Pourtant, la fatalité est présente dès le commencement par la voix du Chœur qui annonce le programme à venir :

C'est l'effroyable cours de leur amour fatal
Qui va, pendant deux heures, occuper nos acteurs..

Mais cette fatalité n'est pas due à la magie d'un philtre. Ce qui fait obstacle à leur passion, c'est la situation insurrectionnelle d'une ville où deux clans rivaux s'affrontent et s'entretuent. La fatalité de Roméo et Juliette est innée, inscrite dans leurs identités. Elle est Capulet. Il est Montaigu. Elle aurait pu être palestinienne et lui israélien (ou le contraire). Il aurait pu être noir et elle blanche (ou le contraire). Elle aurait *même* pu être allemande et lui français (ou le contraire)... Ils n'auraient pas dû s'aimer parce que leurs familles se haïssaient. La fortune leur est contraire. « Oh ! je suis le jouet de la fortune ! » s'écrie Roméo, entraîné dans une rixe dont il ne veut pas et qui va faire de lui le meurtrier d'un Capulet et le séparer à jamais de Juliette.

Ils ont été l'un et l'autre terrassés par un coup de foudre, d'autant plus inattendu que Roméo croyait aimer une autre jeune femme et que les parents de Juliette s'apprêtaient à marier leur fille à leur neveu Tibert. Et puis, il y a ce bal chez les Capulet où le fils des Montaigu réussit à entrer sous l'anonymat du masque. Il veut revoir sa Rosaline qu'il poursuit sans trop d'espoir. Mais c'est Juliette qu'il voit et, sidéré, il ne voit plus qu'elle, et elle, fascinée, ne voit plus que lui.

Le neveu Tibert a bien deviné la percée de l'ennemi, mais Capulet, le maître des lieux et le père de Juliette, pris par l'heureuse humeur de la fête, se sent soudain enclin à la tolérance. L'ennemi n'est point chassé. Il a juste le temps d'entrer dans le cœur de Juliette et Juliette dans le sien. Aucun subterfuge. Pas le moindre philtre. Rien que la rencontre amoureuse de deux adolescents qui, sans se connaître, se sont reconnus. C'est Juliette qui l'avoue dès que sa nourrice lui apprend l'identité de son amoureux :

> Mon seul amour, né du seul être que j'abhorre !
> Connu trop tard, et vu trop tôt sans le connaître !
> Un amour prodigieux dans mon cœur vient de naître,
> Qui du pire ennemi fait l'amant que j'adore.

La très jeune Juliette n'a pas besoin d'être longtemps courtisée pour tomber dans les bras de son jeune amant et

Roméo n'est pas le chevalier de l'amour courtois qui doit affronter moult épreuves avant de parvenir jusqu'à sa dame. À son balcon, Juliette ne fait pas mystère de son amour :

Roméo, s'il n'était Roméo, garderait
Cette admirable perfection qui est la sienne
Sans ce nom-là. Alors, défais-toi de ton nom,
Car il n'est pas toi, Roméo, et en échange
Tout entière prends-moi.

Take all myself. Avec Shakespeare, on n'est plus dans l'amour de loin ni dans l'effeuillage lent et codifié de la dame qui se refuse. C'est une Juliette de moins de quatorze ans qui, malgré sa pudeur et ses joues rougies, par l'émoi plus que par la honte, n'en va pas moins, et sans aucune hésitation, se faire l'épouse et la maîtresse de son jeune amant. Au reste, dès la scène du balcon, elle confesse sa « légèreté » sans vraiment la regretter. C'est aussi dans cette liberté de ton et de sentiments que le personnage féminin créé par Shakespeare est tout à fait nouveau :

Mais si tu crois que je suis trop vite conquise,
Je ferai la revêche hautaine et dirai non,
Pour que tu me courtises ; sinon pour rien au monde.
Mais vrai, beau Montaigu, je suis trop amoureuse,
Et tu trouves peut-être ma conduite trop légère.
Mais crois-moi, noble ami, je serai plus fidèle
Qu'une autre plus habile à feindre la réserve.

Loin de faire sa coquette et d'économiser ses dons par souci stratégique, la jeune Juliette donne tout comme une enfant et se donne tout entière comme une femme. Est-ce que cela ne ressemble pas à l'aveu d'un premier amour entre deux adolescents d'aujourd'hui qui ne se réfèrent qu'à leurs propres émotions ?

« Juliette : Je t'ai donné mon amour, devançant ta demande ; pourtant je voudrais qu'il fût encore à offrir.

« Roméo : Tu voudrais le reprendre ? Dans quel but, mon amour ?

« Juliette : Pour être généreuse et te le redonner. »

S'il arrive à Shakespeare de tourner en ridicule la passion et ses coups de foudre, comme dans *Le Songe d'une nuit d'été* où la reine des fées, Titania, s'éprend d'un homme à tête d'âne, en revanche l'amour n'est jamais chez lui un péché. Roméo et Juliette, et Juliette plus que Roméo, sont l'innocence même. Au reste, ce n'est pas le représentant de la religion, frère Laurent, qui entend s'opposer à leur amour au nom de la morale. Il comprend d'emblée que ces deux amoureux sont du côté de la morale, que leur projet et que leurs sentiments viennent contrarier les haines claniques qui déchirent la cité :

> Cette heureuse alliance pourrait changer un jour
> La haine de vos deux familles en pur amour.

Le vœu de frère Laurent ne sera exaucé qu'après la mort des deux amants, chacun se sacrifiant parce qu'il croit l'autre mort. En fait, *Roméo et Juliette* n'est pas une histoire de passion mais une histoire d'amour. Et cela malgré l'imprévisible et foudroyant coup de foudre, « l'éclair avant la mort », *dixit* Shakespeare. Ces deux-là auraient pu s'aimer, s'ils en avaient eu le temps, si les haines locales ne les avaient pas contraints au désespoir, s'il n'y avait pas eu cet enchaînement fatal qui a semé des cadavres sous leurs pas. Dans la fulgurance de leur jeunesse et dans l'exigence de leur amour, Juliette et Roméo se jettent dans la mort comme ils se sont tous deux précipités dans l'amour. Et jamais tombeau ne ressembla tant à un lit de noces. Baudelaire s'en souvient-il quand il reprend la métaphore dans *La Mort des amants* ? :

> Nous aurons des lits pleins d'odeurs légères,
> Des divans profonds comme des tombeaux.

Dans la cité antique, on sacrifiait Iphigénie aux dieux de la guerre. Juliette et Roméo semblent être morts pour que leur immolation permette à leurs familles, et à l'ensemble de la cité, de se réconcilier. Paix archaïque, obtenue par le sacrifice de victimes non consentantes.

S

Sappho

Secret

Stendhal

Suicide

Sappho

Née dans l'île de Lesbos vers 612 avant J.-C., Sappho est à la fois poète, musicienne et danseuse. Après un mariage de convenance et la naissance de sa fille Cléis, elle semble s'être consacrée à l'initiation érotique des jeunes filles dans la Maison des Muses qu'elle a elle-même fondée. À cause du tyran Myrsilos, elle devra plus tard abandonner Lesbos pour s'exiler en Sicile. La légende la voue à une fin tragique qui est aussi une rupture avec ses amours passées. Elle se serait jetée du haut de la falaise de Leucade par amour pour un éphèbe, nommé Phaon.

L'apprentissage des plaisirs, ceux de la chair et ceux de la musique, se trouve placé en Grèce ancienne sous le signe d'Aphrodite. Il vise à préparer les jeunes filles à leur rôle de femmes. Les fragments retrouvés des poèmes de Sappho sont pour la plupart des épithalames écrits pour célébrer les noces de ses protégées. Sans doute existait-il dans d'autres lieux d'autres chœurs de filles, dont les chorèges, moins douées que Sappho, n'ont pas comme elle laissé la trace, vive et charnelle, de leurs émois. Ces femmes entre elles ne constituent pas l'exception, ni à Lesbos ni ailleurs, seul le talent de Sappho, lui, est singulier.

Au VIIe siècle avant J.-C., une femme a donc su chanter les commencements de la passion avec des mots qui seront ceux-là mêmes de Louise Labé (ou ceux des poètes qui, réunis autour de Maurice Scève, ont pris cette identité de

Louise Labé pour signer leurs poèmes les plus charnels, cf. l'entrée Louise Labé), des mots qui seront ceux aussi de la Phèdre de Racine. Écoutons Sappho : « Moi, à ta vue, je reste sans voix, ma langue se brise, la fièvre me brûle, mes yeux se brouillent, mes oreilles bourdonnent. Je sue, je frissonne, je verdis et je crois mourir. » Ou bien : « L'amour à nouveau me trouble et me paralyse. À la fois doux et amer, c'est un serpent invincible. »

Le coup de foudre est bien cet orage des esprits et des sens dont la biologie, quelques millénaires plus tard, décrira le cocktail hormonal. Il s'accomplit dans des jeux érotiques qui semblent, chez Sappho, éviter les excès de la passion. Ainsi a-t-on pu mettre en doute cette légende, peut-être apocryphe, qui condamne Sappho à un suicide si peu en harmonie avec le reste de sa vie.

Grâce à elle, le mot de Lesbos a caractérisé les amours féminines, et l'adjectif *saphique*, qui s'est longtemps employé en prosodie, où l'on parlait de vers saphiques, c'est-à-dire composés selon des rythmes caractéristiques de Sappho, en est venu à qualifier lui aussi, dès le XIXe siècle, les amours des femmes entre elles.

Dans *Feux,* Marguerite Yourcenar réincarne Sappho en une sorte d'acrobate de cirque. Ne tenait-elle pas sa séduction de la déesse Aphrodite qu'elle tutoyait ? N'avait-elle pas, dans un équilibre incertain et joyeux, la musique et la danse à chaque bout de son balancier ? Ne préférait-elle pas à tous les sentiments le corps de ses amantes ? Et Yourcenar de se laisser gagner par une sensualité toute personnelle : « Un cœur, c'est peut-être malpropre. C'est de l'ordre de la table d'anatomie ou de l'étal du boucher. Je préfère ton corps. »

Plus de dix ans avant la première édition des *Fleurs du mal*, Baudelaire pense déjà à publier un recueil intitulé *Les Lesbiennes,* c'est dire combien chez lui les amours saphiques sont intimement liées au péché et à la poésie, c'est dire aussi combien ce prétendu mal le fascine. *Les Fleurs du mal* sont publiées en juin 1857, et aussitôt, un article effroyable du *Figaro* attire sur elles l'attention de la justice.

Dès le 20 août, Baudelaire est condamné à supprimer cinq pièces dont les poèmes *Lesbos* et *Les Femmes damnées*.

Le poète commence dans *Lesbos* par la joie :

Mère des jeux latins et des voluptés grecques,
Lesbos, où les baisers, languissants ou joyeux,
Chauds comme les soleils, frais comme les pastèques,
Font l'ornement des nuits et des jours glorieux ;
Mère des jeux latins et des voluptés grecques.

Cependant, très vite, dans *Delphine et Hippolyte*, le poète voue les femmes entre elles aux pires tourments :

L'âpre stérilité de votre jouissance
Altère votre soif et roidit votre peau,
Et le vent furibond de la concupiscence
Fait claquer votre chair ainsi qu'un vieux drapeau.

Dans les deux dernières strophes des *Femmes damnées*, les amantes rejoignent pourtant, à travers leur simple quête d'amour et d'absolu, l'humaine condition :

Ô vierges, ô démons, ô monstres, ô martyres,
De la réalité grands esprits contempteurs,
Chercheuses d'infini, dévotes et satyres,
Tantôt pleines de cris, tantôt pleines de pleurs,

Vous que dans votre enfer mon âme a poursuivies,
Pauvres sœurs, je vous aime autant que je vous plains
Pour vos mornes douleurs, vos soifs inassouvies,
Et les urnes d'amour dont vos grands cœurs sont pleins.

Secret

Dans son premier essai de préface à *De l'amour*, Stendhal écrit : « Pauvre jeune femme désabusée, voulez-vous jouir encore de ce qui vous occupa tant il y a quelques années, dont vous n'osâtes parler à personne, et qui faillit vous perdre d'honneur ? C'est pour vous que j'ai refait ce livre et cherché à le rendre plus clair. »

Pour moi, en vérité, cher Stendhal ? Je ne suis pas loin de vous croire, et, grâce à vous, je ne suis pas loin non plus d'entrer dans la confidence. La situation pourrait s'y prêter, n'est-ce pas ? Si je n'ai plus l'âge de me sentir jeune, je ne me sens pas tout à fait celui d'être désabusée. C'est pour tenter de comprendre l'incompréhensible que j'ai entrepris l'écriture de ce livre que j'aurais souhaité plus digne de vous.

Vous dédiez *De l'amour* à toutes celles qui ont souffert de la passion et qui voudraient en savoir davantage sur ce mal qu'elles ont subi et dont elles ont ignoré le processus. Cher Stendhal, vous vous en tenez, vous aussi, au secret et vous ne donnez pas la clef de votre livre. Il faut aller chercher quelques indices dans votre *Journal* afin de reconstituer les faits. On apprend qu'à Milan, Métilde n'a pas voulu de votre amour et que, la mort dans l'âme, vous avez dû abandonner la partie. Ce sont des choses qui arrivent, cher Stendhal. C'est sous le coup de ce chagrin que vous avez défini, avec *De l'amour*, les règles impitoyables de ce jeu de la passion qui vous fit à Milan échec et mat. Vous prenez bien soin à Paris de n'en parler que sous le couvert de pseudonymes ou de prête-noms.

La malheureuse lectrice à laquelle vous semblez destiner votre livre, sans doute a-t-elle gardé le secret de sa passion pour ne pas nuire à sa réputation. Il est possible aussi qu'elle ait préféré se taire pour mieux attiser en silence ses sentiments et ses émotions. L'imagination ne permet-elle pas de les autonourrir ? Je crois me souvenir que vous avez écrit : « L'amour-goût s'enflamme et l'amour-passion se refroidit par les confidences. »

Aujourd'hui, l'amour ne fait plus perdre leur honneur aux femmes et les confidences sont devenues obligatoires. On ne vit pas l'amour, on le parle. Il y a, avec cette déperdition de matière, un défaut d'imagination qui amène la bulle de la passion à se dégonfler.

Vous ajoutez, cher Stendhal : « Entre hommes, dès qu'on est plus de deux et que l'envie peut paraître, la politesse oblige à ne parler que d'amour physique. » Il conviendrait pour *actualiser* votre propos de remplacer « entre hommes » par « entre femmes ».

Cette rumination de confidences auxquelles, aujourd'hui, les femmes se plaisent tant, ce dévoilement du plaisir et de sa mécanique, font un sort à chaque geste et à chaque posture, disent tout et ne transmettent rien. Ne faut-il pas plonger soi-même dans les vagues pour sentir l'océan exister ? N'y a-t-il pas toujours une volupté plus grande à choisir la clandestinité ? Il est vrai que c'est d'amour dont je parle à présent, non de passion. L'amour sait préférer le silence au bruit. Nul besoin alors d'une tierce personne dans le rôle du confident. Nul besoin d'afficher ses sentiments. Aucun signe extérieur de richesse, même émotionnelle. Pas le moindre aveu public, pas la moindre alliance au doigt.

Barthes affirme en préliminaire à ses *Fragments du discours amoureux* que : « La nécessité de ce livre tient dans la considération suivante : que le discours amoureux est aujourd'hui *d'une extrême solitude*. Ce discours est peut-être parlé par des milliers de sujets (qui le sait ?), mais il n'est soutenu par personne ; il est complètement abandonné des langages environnants : ou ignoré, ou déprécié, ou moqué par eux... »

Barthes évoque à la fin de son livre un rêve qui montre qu'au-delà de toutes les confidences, le secret demeure puisqu'il ne peut être entendu : « J'ai fait ce cauchemar d'une personne aimée qui avait un malaise dans la rue et demandait avec angoisse un médicament ; mais tout le monde passait et sévèrement le lui refusait... Je compris un peu plus tard que cette personne était moi... J'en appelais à tous les langages... réclamant à cor et à cri, *indécemment*, une philosophie qui "me comprenne" – "me recueille". »

À ce secret que je ne peux partager, s'ajoute cet autre secret que constitue en soi la personne de l'autre, celui de ce corps aimé dans lequel je souhaiterais me fondre.

Stendhal

Mérimée à propos de Stendhal : « Je ne l'ai vu qu'amoureux ou croyant l'être... » Stendhal par lui-même : « L'amour a toujours été pour moi la plus grande des affaires ou plutôt la seule. »

De l'amour expose sa théorie amoureuse autour de ce concept de cristallisation dont il est le découvreur et le fervent adepte. Censé être théorique, cet ouvrage est en fait une sorte de confession déguisée et peut-être même une déclaration d'amour, la seule qu'il s'autorise puisque sa bien-aimée ne veut pas entendre parler de lui. Il espère atteindre de cette manière celle qu'il continue à aimer sans espoir.

C'est la douce revanche de l'écrivain. Les mots dont il est le maître ne lui permettront pas de gagner le cœur de l'indifférente Métilde, mais ils rendront compte au-delà du temps de ce qui ne fut pas et qui aurait gagné à être. Cette douce revanche de l'écriture sur l'indifférence ou sur la vieillesse, c'est aussi celle de Ronsard : « Quand vous serez bien vieille, au soir à la chandelle... » C'est celle de Corneille, s'adressant à Marquise Du Parc (cf. l'entrée Racine) :

Marquise, si mon visage
A quelques traits un peu vieux,
Souvenez-vous qu'à mon âge
Vous ne vaudrez guère mieux

Le temps aux plus belles choses
Se plaît à faire un affront,
Et saura faner vos roses
Comme il a ridé mon front...

Et pour conclure l'exercice, la douce revanche du créateur sur la créature :

Vous ne passerez pour belle
Qu'autant que je l'aurai dit.

Métilde s'appelle en réalité Mathilde Viscontini. Elle est, selon Stendhal, « la petite tête la plus altière de Milan ». Elle ne lui a jamais accordé plus de quatre visites par mois, visites guère plus compromettantes que celles rendues à une amie de longue date. Si Métilde ne veut pas entendre parler de l'amour de Stendhal, peut-être se résoudra-t-elle à le lire. Il a d'abord pensé écrire pour elle un roman. Il en a ensuite abandonné l'idée. Sa lettre à Métilde, ce sera *De l'amour*. Encore n'y avoue-t-il son amour que par personnes interposées. Pour illustrer ses propos, il raconte telle ou telle aventure qui serait arrivée à l'un de ses amis ou à quelque inconnu du temps jadis. En fait, Stendhal se cache derrière tous ces prête-noms, tous ces pseudonymes. Astuces bien connues et souvent pratiquées.

Les premières notes qui vont servir à la rédaction de son livre ont été griffonnées à Milan sur un programme de concert. On imagine Métilde, trônant au premier rang de la loge voisine, et Stendhal qui la dévore des yeux et jette sur le papier des bribes fiévreuses. Sans doute eût-il préféré être peintre pour mieux la croquer. D'autres notes de la même époque figurent au dos de cartes à jouer. Puis, le 29 décembre 1819, c'est l'illumination, il a « l'idée », l'idée du livre, l'idée de ce que sera *De l'amour* : « A day of genius. » Il touche enfin au cœur même de sa passion et grâce aux mots il va pouvoir y rester le temps de l'écriture. De là personne ne le chassera contre sa volonté et contre son désir. Et peut-être Métilde l'entendra-t-elle enfin. Il vient justement de noter dans son *Journal* : « Comme c'est bien la grande passion ! C'est dans ce cas qu'aimer, c'est avoir. Ah ! que c'est beau ! 29 décembre 1819. »

C'est ce même jour qu'il griffonne ce qui deviendra la toute première mouture de *De l'amour* :

« Il y a quatre espèces d'amour :

1. L'amour-passion, celui de la religieuse portugaise, celui d'Héloïse, etc.

2. L'amour-goût, celui qu'on sent généralement à Paris... »

Le troisième amour est déjà l'amour physique et le quatrième l'amour de vanité, ainsi retrouvera-t-on ce classement inchangé dans le livre.

Toujours dans son *Journal*, il note au 22 avril 1820, en pleine rédaction de *De l'amour* et à propos de lui-même : « Il écrit encore effrayé sous la dictée d'une grande passion. Voilà ce que le lecteur doit deviner. Donc, comme c'est la vérité, ne pas trop polir. »

Puis il quitte Milan, il ignore qu'il ne reverra pas Métilde. Il travaille son manuscrit et le remanie sans cesse. C'est pour lui une manière de « passer la main violemment sur une blessure à peine cicatrisée ». Il hésite sur le contenu et le degré de sincérité de ses aveux. L'absence de Métilde exacerbe sa douleur. Avec l'impression de devenir fou, il n'en finit pas de corriger ses épreuves.

L'échec du livre ajoute à sa souffrance. Pour combattre la douleur, il pense à une nouvelle édition et il n'hésite pas à en rédiger trois préfaces successives. Dans la première, il reconnaît que : « Cet ouvrage n'a eu aucun succès ; on l'a trouvé inintelligible, non sans raison. » Il s'en prend pourtant, et avec vigueur, à ce qu'il appelle « la passion *nationale*, la vanité » et à ses représentants : « ... Arrivant à l'âge mûr, [ils] mettent toute leur vanité à oublier qu'un jour ils purent s'abaisser au point de faire la cour à une femme et de s'exposer à l'humiliation d'un refus ; ce livre aura leur haine. » La deuxième préface s'ouvre par sa fameuse déclaration : « Je n'écris que pour cent lecteurs. » Quant à la troisième, son ton et sa manière de dénoncer l'indécrottable mélancolie qui freine en France le moindre élan pourraient inspirer aujourd'hui ceux qui, comme lui, refusent la morosité : « L'effroyable changement qui nous a précipités dans l'ennui actuel et qui rend inintelligible la société de 1778, telle que nous la trouvons dans les lettres de Diderot à mademoiselle Volland, sa maîtresse, ou dans les mémoires de madame d'Épinay, peut faire rechercher lequel de nos gouvernements successifs a tué parmi nous la faculté de s'amuser, et nous a rapprochés du peuple le plus triste de la terre. »

Quand Métilde, *alias* Mathilde Viscontini, meurt à Milan, le 1er mai 1825, trois ans à peine après la publication de *De l'amour*, Stendhal écrit à cette date sur son exemplaire du livre : « Death of the author ».

Suicide

Dans la passion, il y a toujours un moment où le désir de mort prend le pas sur le désir d'amour, surtout quand cette passion, insatisfaite, se révèle incurable.

Au moment où naît la passion, l'idée de pouvoir se donner la mort a quelque chose de dynamique. Si elle (il) ne m'aime pas, je pourrai toujours me tuer. Alors je fais tout et même un peu plus que tout pour tenter de la (le) séduire, d'emporter son adhésion, de forcer son intérêt, de surpasser les autres. N'y va-t-il pas de ma vie ? Ne s'agit-il pas de sauver ma propre peau ? Ce n'est encore qu'une sorte de chantage à soi-même, de défi et d'autodérision, qui enclenche pourtant le barillet de la roulette russe. Le pli est pris et la mort apparaîtra par la suite comme la seule issue possible à chaque montée de fièvre.

Julien Sorel a décidé de se saisir de la main de Mme de Rênal pour ensuite parvenir à la toucher en plein cœur : « Au moment précis où dix heures sonneront, j'exécuterai ce que, pendant toute la journée, je me suis promis de faire ce soir, ou je monterai chez moi me brûler la cervelle. »

Quand la passion dure, traversée par des obstacles insurmontables – le pire étant, comme dans *Les Souffrances du jeune Werther,* que cet amour ne soit pas partagé –, il y a un épuisement des forces vitales, une sorte d'hémorragie interne qui conduit presque naturellement à la mort. De même que le philtre provoque la passion et une furieuse tempête cérébrale, le désespoir conduit à une espèce de tarissement hormonal qui rend plus dure la vie et plus facile la mort, qui fait perdre de vue la frontière entre les deux. C'est Pétrarque : « Ô mort vivante, ô mal délicieux ! » C'est l'homme à bout de souffle qui s'endort dans le froid de la *montagne magique*.

Anna Karénine, ce grand roman de la société bourgeoise russe du XIXe siècle, est tout entier placé sous le signe saturnien du suicide. Tolstoï l'a écrit au cours des années les plus troublées de sa vie. Il sait, et sa famille s'en inquiète aussi, qu'il est à ce moment-là suicidaire. On cache dans sa maison les cordes, et lui-même, laissant ses fusils au râtelier, ne va plus chasser qu'avec ses chiens.

L'idée d'écrire *Anna Karénine* lui a été inspirée par le *spectacle* d'une suicidée. Dans la petite gare la plus proche de sa propriété, une femme s'est jetée sous un train. Il a vu son cadavre. Il a interrogé le voisinage. On lui a dit que la malheureuse aimait un homme que Tolstoï connaissait et qu'il n'aurait pas imaginé capable de déclencher une si fatale passion. Quelques mois plus tard, il place au tout début de son roman un suicide du même genre. Une personne se jette sous un train au moment même où Anna et Vronski se voient pour la première fois dans la gare. Longtemps après, Anna se rappellera cet instant-là comme s'il avait donné le ton à leur relation à venir : « Tout à coup, elle se souvint de l'homme écrasé le jour de sa première rencontre avec Vronski, et elle comprit ce qu'elle avait à faire. »

À la fin du livre, Vronski découvre le corps d'Anna : « Elle lui apparut tout d'un coup ou du moins ce qui restait d'elle... Il aperçut son corps ensanglanté, étalé sans pudeur aux yeux de tous ; la tête intacte, avec ses lourdes nattes et ses boucles légères autour des tempes, était rejetée en arrière ; une expression étrange s'était figée sur son beau visage, aux yeux encore béants d'horreur, et les lèvres entrouvertes et pitoyables semblaient prêtes à proférer encore leur terrible menace, à lui prédire comme pendant la fatale querelle "qu'il se repentirait". »

Ce n'est pas tout : Lévine, le personnage d'*Anna Karénine*

le plus proche de Tolstoï, celui qui semble parler en son nom, partager ses goûts et ses emportements, est lui aussi, et à plusieurs reprises, traversé par l'idée du suicide. À la toute fin du livre : « ... Et la tentation du suicide hanta si fréquemment cet homme bien portant, cet heureux père de famille qu'il éloignait de sa main tout lacet et n'osait plus sortir avec son fusil. »

Albert Cohen a beau se moquer d'Anna Karénine, de la femme plus que de son auteur, il a en commun avec Tolstoï l'obsession de la mort. Ses personnages ne sont pas forcément morbides, mais les commentaires de l'auteur à propos de ces mêmes personnages le sont toujours. Plus les femmes sont belles, vivantes, triomphantes, plus Albert Cohen, entre tendresse et dégoût, les voue à la mort. Ainsi Ariane, au sommet du bonheur dans *Belle du Seigneur* : « C'était son temps de bonheur, le temps de bonheur d'une future morte. » Pourtant, Ariane n'en veut pas de cette mort : « Elle allait rapidement, riche et calme, puissante et pas moins heureuse que la reine de Saba... La mort ! Connais pas, cria-t-elle. »

Mais l'auteur, lui, la connaît : « Elle procéda à l'important nettoyage de son corps... Promise à la mort, elle se donnait tant de peine, travaillait consciencieusement à se faire parfaite en bon artisan, langue un peu sortie. »

Toujours *Belle du Seigneur*, et là, il n'y a plus d'homme et plus de femme, plus de beauté ou de laideur, il n'y a plus que la fatale condition humaine : « Car l'homme ne vit que durant un clignotement de paupières et ensuite c'est la pourriture à jamais, et chaque jour tu fais un pas de plus vers le trou en terre où tu moisiras en grande stupidité et silence, en la seule compagnie des vers blancs et gras comme ceux de la farine et du fromage, et ils s'introduiront en lenteur et sûreté dans tous les orifices pour s'y nourrir. »

Le roman s'achève par le double suicide des amants. Ils n'ont pas réussi à vivre une passion qui n'était pourtant contrariée par aucun obstacle. Dans la plupart des autres romans, comme dans la réalité, c'est la souffrance physique ou spirituelle, voire métaphysique, qui rend la vie insupportable. Pour Albert Cohen, Ariane et Solal n'ont aucune circonstance atténuante, ce sont « deux damnés du paradis ». Ils se sont choisis à l'exclusion de tout ce qui existe, répudiant le reste du monde, se condamnant à vivre seuls dans le bunker de leur passion. Mais cette belle passion n'a pas une composition chimique stable, et, malgré leurs efforts, les amants ne parviennent pas à retrouver l'exaltation initiale, l'ivresse des premiers instants. Coupées du monde extérieur, leurs sensibilités s'émoussent et leurs imaginations se tarissent.

Thèse d'Albert Cohen : la passion est invivable. Si Ariane et Solal avaient réussi à transformer en amour leur somptueuse passion, ils auraient vécu. Et il n'y aurait pas eu de *Belle du Seigneur* ! Dès les premières pages, l'implacable démonstration aligne ses arguments. Ariane n'a aimé chez Solal que sa beauté, son élégance et sa réussite sociale. Quand il s'est présenté à elle, grimé en pauvre hère, tout édenté, elle l'a repoussé avec dégoût. De même, Solal a désiré Ariane dans l'éclat triomphant de sa jeunesse et de sa beauté. Ils n'ont su partager, par un effet de miroir, que leurs propres narcissismes.

Ils se sont choisis pour de mauvaises raisons, et, toujours selon l'auteur, ils ont dilapidé leurs trésors – beauté, richesse, jeunesse, énergie créatrice, générosité – pour de vains reflets. La mort était déjà là, bien avant qu'ils n'en viennent à boire le poison, qui leur sera fatal comme l'a été le philtre d'amour pour Tristan et Iseult : « Il but d'un trait, s'arrêta. Le meilleur restait au fond, il fallait tout boire... Alors, il la prit dans ses bras, et il la serra, et il baisa les longs cils recourbés, et c'était le premier soir, et il la serrait de tout son amour mortel... Oh, elle avait besoin de son amour, en voulait vite, en voulait beaucoup, car la porte allait s'ouvrir, et elle se serrait contre lui, voulait le sentir, le serrait de toutes ses mortelles forces... et la salive maintenant coulait sur son cou, sur la robe des attentes. »

T

TITANIA OU *LE SONGE D'UNE NUIT D'ÉTÉ*

TRISTAN ET ISEULT

Titania ou *Le Songe d'une nuit d'été*

Dans *Le Songe d'une nuit d'été*, Shakespeare déconstruit sur le mode burlesque les rituels de l'amour courtois. Il se moque de Pétrarque et de la manière dont le poète idéalise sa dame et sublime l'érotisme.

C'est bien l'auteur de *Roméo et Juliette* qui ose dégonfler la passion par le rire et la tragédie par son obscène parodie. Cependant, pas plus que le revers de la médaille ne s'oppose à l'avers, ni le jour à la nuit, *Roméo et Juliette* et *Le Songe d'une nuit d'été* ne s'annulent l'un l'autre. Ils se complètent sur un seul et même thème, la passion. Cette passion peut naître du premier regard, alors tout dépend de l'individu sur qui va tomber votre premier regard. Subjectif à l'extrême, le hasard se moque bien des dégâts !

Dans le *Songe,* trois intrigues indépendantes se reflètent dans un jeu de miroirs déformants. Les couples d'amoureux vont et viennent selon les caprices d'un philtre, le « suc d'amour », qui rend chacun fou dès la première rencontre et quelle que soit la personne rencontrée. Bienvenue au pays des oxymores ! Dans cette bacchanale aux allures de *party* échangiste, il se dit cependant quelques vérités proustiennes : « Plus je le hais, plus il me poursuit », et l'autre de répondre : « Plus je l'aime, plus il me hait. » Il ne suffit pas de subir l'effet magique du philtre, il faut en faire l'expérience avec la bonne personne.

Reine des fées, pâle étrangère dans la forêt des songes,

Titania se réveille sous l'emprise du philtre. Son premier regard se porte soudain sur une sorte de chimère au corps d'homme et à la tête d'âne. L'homme de sa vie, ce sera cet imbécile. Dopées par le philtre, ses endorphines et ses phéromones ne font qu'un tour, tandis que son hypothalamus la submerge illico de lulibérine : « Titania s'éveilla, et aussitôt aima un âne. »

Ce n'est d'ailleurs qu'une des méprises de cette folle nuit, le « suc d'amour » a été distribué en dépit du bon sens. C'est à vous décourager des philtres et des drogues ! Les appétits se satisferont pourtant à bon compte sous le couvert de la fatalité et du rêve. Et Titania de caresser son monstre, de lui tresser des couronnes de fleurs :

Et le pouvoir de ta beauté m'entraîne
Dès le premier regard à te dire, à te jurer, que je t'aime...
Tu es aussi spirituel que tu es beau.

Quand l'effet du philtre aura cessé, c'est du même homme, avec les mêmes attributs, qu'elle dira :

Comment ces choses sont-elles survenues ?
Oh ! que maintenant mes yeux abhorrent son visage !

Et Shakespeare de conclure : « Cette pièce dont la maladresse est manifeste a bien fait oublier la lourde marche de la nuit. Chers amis, au lit ! » Dans *La Tempête*, n'affirmait-il pas déjà : « Nous sommes de l'étoffe dont les rêves sont faits » ?

Quelques siècles plus tard, dans les faubourgs de Vienne, la Villa Hermès. L'empereur François-Joseph a fait construire cette demeure bourgeoise pour sa femme bien-aimée, Élisabeth d'Autriche, plus connue sous le nom de Sissi. Il voudrait la voir cesser ses inlassables voyages. Cette Bavaroise errante n'épargne ni son train qui n'en finit pas de sillonner toute l'Europe, ni ses chevaux qu'elle monte plus de huit heures par jour. Il est vrai que son poids n'embarrasse guère ses montures, elle est anorexique, et son autorité ne peut manquer de leur être agréable, elle est sans aucun doute la meilleure amazone du continent européen.

Son mari est pourtant lassé par ses voyages. Qu'elle se pose ! Mais qu'elle se repose enfin ! Et cette Villa qu'elle a encore voulu dédier à Hermès, le dieu des voyageurs ! On va calmer tout ça ! La Villa ne sera pas le simple camp de base d'une impératrice itinérante, on va lui donner des assises solides. Pour faire oublier Hermès, le petit dieu aux pieds ailés, on la rebaptise fort bourgeoisement : « Mon repos », avec inscription faisant foi.

En réalité, l'impératrice ne s'y reposera guère. Tout juste une halte entre deux expéditions, et souvent entre deux tragédies. Pourtant, elle fera installer dans cette demeure ce qu'elle aime le plus : une superbe écurie avec ses chevaux favoris et une chambre, la sienne, entièrement placée sous le signe du *Songe d'une nuit d'été*.

Elle a donné libre cours ici comme nulle part ailleurs à sa folie ornementale, sans doute héritée des Wittelsbach. Son domaine réservé de la Villa Hermès pourrait en remontrer dans le baroque, la surcharge, le kitsch et l'allégorie, à son cher et délirant cousin Louis II de Bavière. Ses bains sont décorés par des fresques à l'antique. Éclat du doré et chaleur entêtante de la terre de Sienne. Des athlètes s'affrontent sur chaque mur de sa salle de bains, des corps musculeux d'hommes s'entrelacent. Parfois, une femme à la chair pâle et vaincue s'abandonne à ces jeux de combats et d'amour.

Dans la chambre voisine, on quitte les Grecs et les Latins et l'on épouse Shakespeare pour mieux se révéler à soi-même ce qu'on est au plus profond de ses rêves et de ses cauchemars. On est une Wittelsbach, encore et toujours une Wittelsbach, avec la folie et le désespoir qui rôdent, une Wittelsbach en visite chez les Habsbourg.

Au plafond, Titania en majesté et les seins nus se dresse au côté d'Obéron sur un char que deux tigres furieux emportent à vive allure. Des anges volettent tout autour dans un trompe-l'œil nébuleux à la Tiepolo. Près du lit de l'impératrice, une sombre statue de la Mélancolie incline douloureusement la tête.

Cioran faisait de Sissi le symbole même de cette mélancolie sécrétée par l'Europe centrale. Dans cette chambre, on dirait qu'elle a cherché à diluer sa mélancolie dans la dérision, à lui administrer quelque contre-poison, et c'est Titania qui lui prête main-forte. La reine des fées est figurée dans un grand tableau au-dessus de la cheminée, sa longue chevelure piquetée de fleurs comme celle de Sissi d'étoiles dorées dans son célèbre portrait peint par Winterhalter.

Titania caresse avec langueur le mufle de sa chère tête d'âne. La bête humaine est vêtue d'un habit de moine qui laisse à découvert une cheville et un pied impatient dans sa sandale. L'âne n'est-il pas depuis toujours réputé pour l'outrecuidance de son sexe ?... « Ô saisons, ô châteaux... » Cet enlacement burlesque, sans doute est-il chargé de rappeler à Élisabeth que la passion « n'est que l'étoffe des rêves ».

Tout ce que son destin lui a interdit, tout ce que les hommes n'ont pas su lui donner, tout ce que, chez Andrassy, elle n'a pas su prendre, c'est un âne qui va le lui offrir au centuple. Et Shakespeare de renchérir : « Quelle place plus humble dans ton amour puis-je mendier que d'être traitée comme ton chien ? Et pourtant c'est pour moi une place hautement désirable. » Et l'amazone de chevaucher ses *nightmares* en tout bien, tout érotisme. Doktor Shakespeare, vous auriez pu être viennois ! « Sweet friends, to bed ! »

Tristan et Iseult

Au XIIe siècle, à l'époque même où *Tristan et Iseult* apparaît en langue d'oc et en langue d'oïl, d'autres récits de passion et de fatalité circulent en Perse ou en Syrie. Ils mettent en scène des personnages très proches de nos deux amants. On ignore qui s'est inspiré de qui. La même légende s'est répandue dans des lieux différents et avec des moyens d'expression originaux sans qu'on sache s'il y eut contamination d'un récit par l'autre. Non seulement le droit d'auteur n'existe pas, mais les supposés auteurs n'ont pas toujours éprouvé le besoin de signer ce qu'ils chantaient de château en château. Peut-être préféraient-ils ne pas laisser trop de traces de leurs récits qui faisaient sauter les verrous de la morale et menaçaient dans ses fondements la structure féodale.

La passion de Tristan et d'Iseult s'oppose au caractère sacré du mariage. Sous couvert d'une fatalité amoureuse symbolisée par le philtre, elle permet à Tristan de trahir le serment d'allégeance qui le lie à son suzerain, le roi Marc. Les deux amants vont tenter de se reconstruire un monde à deux, hors de leur société, où l'unique référent sera, ni Dieu ni Christ, mais l'amour, uniquement leur amour. Les cours du XIIe siècle ont beau en faire leurs délices, ces propos tiennent du blasphème. Aussi vaut-il mieux les chanter que les écrire, *a fortiori* les signer. On n'a trouvé que des fragments de la version de Béroul, la plus connue, d'autres ont disparu en totalité.

Ces manques ne gêneront en rien la propagation du thème dans l'espace et dans le temps. Il sera repris par les écrivains et les musiciens de toute l'Europe jusqu'à l'époque contemporaine. Au début du XXe siècle, Joseph Bédier rassemble les morceaux épars de l'ancienne légende et les unifie en un seul récit dont la première phrase est : « Seigneurs, vous plaît-il d'entendre un beau conte d'amour et de mort ? » Cette invitation figure en exergue à ce *Dictionnaire de la passion amoureuse.*

Les différents *Tristan et Iseult* se superposent dans la mémoire collective pour créer, en définitive, un seul et même mythe. Cette *délicieuse catastrophe*, à la fois redoutée et espérée, est pour Denis de Rougemont caractéristique de la conscience occidentale. Sans doute ces récits ne sont-ils pas les seuls à parler d'amour. Tous les romans bretons qui évoquent, autour du personnage central du roi Arthur, les aventures de Lancelot ou de Perceval à la conquête du Graal, font aussi la part belle à l'amour, cependant la passion amoureuse n'y est pas fatale à la manière de *Tristan et Iseult*, et surtout, ce n'est pas un philtre qui génère et autorise cette *délicieuse catastrophe.*

On ne dira jamais assez l'importance du philtre dans la légende de *Tristan et Iseult* et dans le mythe occidental de la passion. Le philtre, c'est non seulement l'ordre magique qui se substitue à l'ordre divin, mais c'est encore une fois la désobéissance d'Adam et d'Ève, celle de la Genèse, c'est le péché des origines qui a déjà valu condamnation à tout le genre humain, que Tristan et Iseult vont reproduire. Avec le philtre, les amants se saisissent du fruit défendu. Adam et Ève croquaient l'interdit. Tristan et Iseult boivent l'obstacle. Ils échangent la soumission chrétienne à la volonté de Dieu et à l'amour divin contre une autre sujétion, humaine celle-ci, la passion amoureuse avec sa tyrannie des sens.

Le « vin herbé », ce philtre à la durée variable selon les récits, annihile d'un coup toute responsabilité. C'est à la fois pratique et dangereux. Il n'y a pas à répondre de ses fautes, à peine de ses crimes. Au regard de la société du XIIe siècle, les amants risquent pourtant une condamnation unanime.

Refusant de se fondre dans la norme, ne seront-ils pas relégués au rang des sorcières et des pestiférés, des sceptiques ou des lépreux ?

On a très vite senti venir le danger. Les albigeois vont être exterminés, et déjà, le récit de *Tristan et Iseult* s'infléchit. On en gomme peu à peu ce qui choque. Au point de l'inverser chez Chrétien de Troyes. Il est l'auteur du *Roi Marc et Iseult la Blonde*. *Exit* les amants. *Exit* le breuvage d'amour. Tristan est devenu évanescent. Le roman de l'adultère s'est fait célébration du couple conjugal.

Dans toute la suite de son œuvre, Chrétien de Troyes va réorienter l'érotisme des troubadours occitans vers des prouesses plus guerrières et le *fin amor* vers la quête mystique du Saint-Graal. L'amour courtois avait permis d'adoucir les mœurs de ces solides tueurs d'infidèles à leur retour des croisades, de nouveau le cycle arthurien mobilise les énergies que le philtre émollient de la passion avait perverties.

On m'assure qu'aux États-Unis, les deux écrivains français les plus lus sur une longue période seraient d'abord Marcel Proust ensuite Chrétien de Troyes. L'œuvre de ce dernier a inspiré maintes sagas cinématographiques, riches en effets spéciaux, et tout autant de bandes dessinées.

U

Unique

Unique

La passion exige toujours de la part de l'être aimé l'exclusivité de son amour. On peut cependant être férocement jaloux sans se croire soi-même soumis à la même obligation de fidélité. Sans doute est-on dans ce cas-là doublement fragile, puisqu'on a besoin de la fidélité de l'être aimé pour obtenir l'estime de soi, et besoin de multiplier ses propres conquêtes amoureuses pour tenter d'étayer son ego.

Cependant, la passion ne permet pas, du moins dans sa phase obsessionnelle, de vibrer pour un autre être que l'être aimé. L'esprit et les sens sont requis par lui. Il est possible d'éprouver dans sa vie des passions successives. Il est impossible d'en éprouver plusieurs au même moment pour des personnes différentes. Le (la) passionné(e) est monomaniaque.

La croyance en un Dieu unique, assez personnalisé pour avoir créé les êtres humains à son image, la croyance en un Dieu qui s'est fait homme et qui a connu les souffrances de la Passion, prédispose-t-elle à cette unicité de la passion amoureuse ? Denis de Rougemont l'affirme. On trouve pourtant hors de nos sociétés occidentales des exemples de ce même désir d'unicité, mais la passion amoureuse ne se révèle pas à ce point obsédante et elle n'exerce pas la même fascination.

Il y eut pour le roman japonais un moment faste, au commencement du deuxième millénaire. Les auteurs étaient souvent des femmes. La plus illustre, aux alentours de l'an mil, est dame Murasaki, qui écrivit *Le Dit du Genji*. Les personnages de ce roman sont au Japon aussi légendaires que Tristan et Iseult en Europe. On montre à Kyoto la tombe où reposerait dame Yûgao et à Suma le cerisier que son prince, le Genji, aurait planté.

Murasaki est un surnom que ses lecteurs ont attribué à l'auteur. Il désigne une herbe, le grémil, dont on tirait une teinture, la pourpre impériale. Veuve à vingt-cinq ans, ladite Murasaki aurait passé le reste de ses jours au palais, au service – peut-être préceptrice – de la jeune impératrice. En fait, le mariage n'existe pas à cette époque au Japon. La rencontre d'un homme et d'une femme est chose privée qui ne concerne ni la loi ni la religion, mais seulement les familles respectives. La femme continue le plus souvent à habiter dans sa propre famille et à y élever ses enfants, tandis que l'homme vient la visiter et conserve toute liberté d'aller en visiter d'autres. C'est une polygamie de fait. Quand l'épouse principale vient habiter chez son mari, on l'appelle la dame du Nord, *kiti no kata*, celle qui habite au fond de la maison.

Le Dit du Genji est un très gros roman, cependant inachevé. Il semble avoir été écrit au *fil du pinceau*. On sait pourtant que peindre de chic coûte bien des efforts. On a même dit que la seconde partie avait été écrite par la fille de dame Murasaki, elle-même poétesse. Dans ce roman, l'amour a la force de la passion, et il est à ce point unique qu'il ne peut que se répéter pareil à lui-même de génération en génération, les enfants reproduisant sans le savoir l'amour fou des parents. Le roman oppose déjà le flux à l'immuable, comme toute une poésie japonaise à venir. La rivière coule sans jamais se tarir. Les hommes et les femmes croient réinventer chaque fois les mêmes gestes et les mêmes passions. Et le pinceau de dame Murasaki de fixer comme le fera le stylo de Proust l'écume des jours, l'or du temps.

Il était une fois un jeune prince, appelé le Genji. Sa mère mourut à sa naissance. Elle était la favorite adorée de l'empereur et son père se montra longtemps inconsolable. Le souverain finira pourtant par se remarier avec une jeune dame du Clos aux Glycines, à peine plus âgée que le Genji. Arrive alors ce qui doit arriver, le jeune prince tombe amoureux fou de l'impératrice, sa belle-mère. Il n'y aura entre eux qu'une seule nuit d'amour dont naîtra un fils qu'on fera passer pour le fils de l'empereur et qui sera à son tour empereur.

C'est une grande saga avec de nombreux personnages. Les pulsions passionnelles en rythment l'action. Il y a dans l'analyse psychologique des notations très contemporaines. On pense à Freud au moment où, le Genji s'éprenant de la dame du Clos aux Glycines, une dame de compagnie lui révèle à quel point son aimée ressemble trait pour trait à celle qui lui donna le jour et qu'il n'a pas connue.

En Chine aussi, on trouverait des exemples de passion, dans le *Livre des Odes* ou *Le Rêve dans le pavillon rouge*, mais ils y sont plus rares encore. La passion amoureuse ne comporte pas ce caractère fatal et systématiquement malheureux qui est la marque de la passion occidentale. De plus, le livre n'y est pas le révélateur ou le miroir de la vie. Alors que l'écriture chinoise découvre plus d'un millénaire avant l'Occident des techniques d'imprimerie pour reproduire les œuvres, l'écrit ne jouit pas du statut privilégié qu'il a en Europe.

Écrire, c'est fixer, rendre immuable. La pensée chinoise est une rivière où rien n'est immobile, où tout se transforme et n'est qu'illusion. À quoi bon fixer une expérience déjà révolue et qui, emportée dans le flot du transformisme universel, sera au regard des siècles périmée ? Il faut préférer l'action, la mobilité, et pour cela suivre le chemin, la Voix, alors que les signes écrits ne sont que des paroles mortes et cristallisées, tout juste l'écorce de la foi[1].

Les romans-fleuves chinois se sont ramifiés au fil du temps de tous les ajouts anonymes et de toutes leurs alluvions. De plus, ceux qui vont les conter dans les familles pour les grandes occasions sont souvent des aveugles qui

1. Jean Levi, *La Chine romanesque*, Le Seuil, 1995.

n'ont pas besoin en guise d'aide-mémoire de la transcription écrite de ces récits.

Cette Chine ancienne n'est en rien privée d'érotisme et toute une littérature, vulgaire ou vénérable, en témoigne avec une surprenante franchise de ton et d'expression. Ainsi en est-il du *Livre des Odes*. Ce sont les chants d'amour des villageois au printemps. Compilés par Confucius, ils entrent avec la spontanéité d'une sexualité populaire dans le rituel de l'ouverture et des transformations. Tout cela se situe à l'opposé de la liturgie occidentale de l'amour malheureux. Sans doute n'est-on pas en Chine tout à fait à l'abri des pulsions passionnelles et des interdits familiaux, mais ils n'ont pas été jugés assez exemplaires pour être retenus dans les récits.

De même, *Au bord de l'eau*, ce roman doublement *fleuve* et cependant inachevé, est un flot ininterrompu d'aventures toutes plus ou moins scabreuses. La franche vulgarité des propos est bien sûr voulue. Elle montre à l'évidence, et avec une constante crudité, la vanité des désirs humains. À quoi bon faire une tragédie de ce qui est plaisant à consommer et qui tourne au ridicule dès lors qu'on cherche à le sublimer ! C'est une pornographie dont la misogynie et le voyeurisme sont affichés pour exciter l'auditeur ou le lecteur, à la manière de cette littérature gauloise qui, contemporaine du roman courtois, se moquait des circonvolutions et des hypocrisies des seigneurs et maîtres.

En Chine cependant, l'aventure, gaillarde jusqu'à l'obscénité, ne cherche pas à opposer le rire et la sensualité aux interdits religieux, et encore moins la passion à la raison, elle trouve en elle-même sa justification. Il vaut mieux en rire qu'en pleurer. Ailleurs on préfère pleurer.

À ce monde populaire et masculin d'*Au bord de l'eau* répond l'univers des sentiments et des femmes du *Rêve dans le pavillon rouge*. Pourtant, dans ce long récit où des personnages très jeunes vivent la confusion de leurs désirs adolescents, dès qu'un sentiment amoureux devient trop vif, il est interrompu par une évocation érotique dont la soudaine crudité subvertit le pathos affectif.

Tout concourt à dévoiler l'illusion du monde, l'illusion du

roman et l'illusion des sentiments. Le récit ne manque pas de rappeler le fameux rêve de Zhuangzi. Zhuangzi rêve qu'il est un papillon. Au réveil, il se demande s'il est Zhuangzi qui a rêvé qu'il était un papillon ou s'il est un papillon qui rêve qu'il est Zhuangzi. Ce qui ne signifie pas que la réalité n'existe pas, mais que nous sommes dans le faux quand nous cherchons à aller à contre-courant de cette réalité des choses, quand nous lui opposons notre volonté ou notre passion.

Il est vrai qu'à l'époque contemporaine, l'amour fou et malheureux est arrivé en Chine avec les influences étrangères. Le roman et le cinéma chinois d'aujourd'hui prennent le relais de l'Occident dans l'évocation de la passion mais ils gardent leur propre vision du monde, tout reste inachèvement et illusion. Au fil des souvenirs, il y a dans *In the Mood for Love* de Wong Kar-Wai l'évocation « à travers les fenêtres poussiéreuses du temps » d'une passion qui n'a pas pu et qui n'a pas su exister. De plus, les deux personnages du film de Wong Kar-wai sont comme les reflets de l'aventure amoureuse que vivent ensemble leurs propres conjoints. Ils deviennent les ombres portées d'une autre histoire. Cette mise en abyme renforce le caractère à la fois fatal et impossible de leur amour.

Malgré l'influence occidentale, la passion n'est pas en Chine l'excroissance inévitable de l'amour. Cette maladie semble en fait ne devenir incurable qu'au carrefour du platonisme et du judéo-christianisme.

V

Vanité

Vocabulaire d'amour, vocabulaire de guerre

La Voix humaine

Vanité

Stendhal dans *De l'amour* : « L'immense majorité des hommes, surtout en France, désire et a une femme à la mode, comme on a un joli cheval, comme chose nécessaire au luxe d'un jeune homme. »

Depuis l'époque de Stendhal, il n'est pas certain que la vanité ait quitté le sol français, en revanche elle n'est plus le propre de l'homme. Dans un souci de parité, elle atteint aussi les femmes. Au reste, on peut soupçonner Stendhal de s'être montré indulgent avec elles. De son temps, le prestige de l'uniforme ne manquait pas de faire battre plus vite les cœurs féminins, et, le prince avait beau être charmant, il n'en était pas moins prince et rarement manant.

Aujourd'hui, si les femmes songent à subvenir par elles-mêmes à leurs besoins, la valeur ajoutée de la force et celle du pouvoir rendent désirable le petit chef, le patron ou l'homme politique. L'écharpe tricolore a remplacé dans le cœur des femmes l'uniforme, les petites phrases assassines à la télévision les rodomontades de préaux, le hit-parade des fortunes les titres de noblesse, les disques d'or les châteaux en Touraine. Mais les babouineries restent les babouineries, *dixit* Albert Cohen : « Universelle adoration de la force. Ô les subalternes épanouis sous le soleil du chef, ô leurs regards aimants vers leur puissant, ô leurs sourires toujours prêts... Babouinerie partout. Babouinerie et adoration animale de la force, le respect pour la gent militaire, détentrice du pouvoir de tuer... Tout ce qu'ils aiment et admirent est force. L'importance sociale est force. Le courage est force. L'argent est force. Le renom est force. La beauté, signe et gage de santé, est force. La jeunesse est force... »

On pourrait penser qu'avec ces babouineries, il n'est plus guère question d'amour, encore moins de passion. Ce n'est pas certain. Les babouineries font à ce point partie de nos manières de penser et d'admirer que la vanité, cette poudre de perlimpinpin, peut bien constituer le plus puissant philtre d'amour.

On avale d'un coup le délicieux cocktail, un tiers de force, un tiers d'apparences, un tiers de popularité (Ah, les sondages ! Ah, la voiture ! Ah, le beau cul !) et la passion d'enflammer quelques mauvaises herbes qui se prendront aussitôt pour un buisson ardent. Et Stendhal d'ajouter : « Quand on n'a que la vanité, toute femme est utile, aucune n'est nécessaire : le succès flatteur est de conquérir, et non de conserver. »

On change le sexe et cela donne : tout homme est utile, aucun n'est nécessaire. Il faut cependant au féminin modifier la suite : le succès flatteur est de conquérir, mais surtout de conserver. On ne va pas laisser s'envoler un bien si chèrement acquis et laisser une autre personne s'en emparer !

Vocabulaire d'amour, vocabulaire de guerre

C'est une évidence, une banalité aussi, de souligner combien l'amour emprunte son vocabulaire à la guerre : siège, assaut, défense, combat, citadelle, conquête, victoire, défaite, duel, ultimatum, stratégie...

Ce langage a perdu de sa pertinence. Aujourd'hui, les conflits tuent en priorité les civils et le service national militaire a été supprimé. En ces temps où la guerre est partout et nulle part, l'homme a cessé d'être un guerrier, il est encore moins un chevalier. La femme n'est plus une citadelle qu'on conquiert après un long siège. Renversement de situation (révolution ?), la femme n'attend plus d'être choisie, elle fait connaître haut et fort son propre choix. Au fait, Iseult n'avait-elle pas elle-même demandé à boire, enclenchant par là le processus fatal du philtre et de la passion ? Les auteurs ont invoqué l'erreur, la suivante aurait confondu deux flacons. Nos contemporaines se passent de ce genre de subterfuge.

C'est du temps de la chevalerie que l'amour emprunta à la guerre son vocabulaire. Cette époque-là savait ennoblir les carnages et rendre saintes les guerres de religion. Le crime et la passion ont alors commencé à tracer leurs chemins parallèles. Encore qu'il n'y eût aucune équivalence entre les deux. La guerre a toujours tué infiniment plus que la passion.

Dans la société du XVIIIe siècle, celle de Fragonard, de Watteau, de Mozart, de Diderot, de Voltaire, de Laclos, les hommes et les femmes se font un peu moins la guerre. Il leur arrive même de se trouver réunis dans une sensualité partagée qu'ils préfèrent au duel. C'est à ce moment précis que les conflits militaires fauchent le moins de vies. On sourit de la bataille de Fontenoy et du célèbre « Tirez les premiers, Messieurs les Anglais ! ». C'est en fait un moment d'intelligence à travers cette Europe des Lumières qui parle français. Point trop d'impatience, Napoléon va bientôt venir et avec lui une autre Europe, celle de l'Empereur et celle des Coalisés. Ils célébreront par de terribles carnages l'éternel triomphe de la mort.

Denis de Rougemont dans *L'Amour et l'Occident* : « Personne n'ose dire : je veux la guerre ; non plus que dans l'amour-passion, les amants ne disent : je veux la mort. Seulement tout ce que l'on fait prépare cette fin. Et tout ce que l'on exalte y trouve son sens réel. »

Les foules qu'il faut captiver, séduire, fasciner, sont tenues pour féminines par le dictateur. Hitler écrit dans *Mein Kampf* : « Dans sa grande majorité, le peuple se trouve dans une disposition et un état d'esprit à tel point féminins que ses opinions et ses actes sont déterminés beaucoup plus par l'impression produite sur les sens que par la pure réflexion. »

Foule sentimentale... quels crimes et quels génocides ne commet-on pas en ton nom ?

Rappelons encore et encore comment Albert Cohen stigmatisa à merveille ce culte de la force dans *Belle du Seigneur* : « Babouinerie et adoration de la force, le snobisme qui est désir de s'agréger au groupe des puissants... Babouines les mains tendues pour toucher la main du chef et s'en sanctifier... Ce qu'ils appellent péché originel n'est que la confuse honteuse conscience que nous avons de notre nature babouine... héritée de nos ancêtres primates. »

Nous sommes dans *Le Rouge et le Noir*. Dès les premiers chapitres, Julien Sorel montre à la fois sa timidité et son agressivité à l'égard des femmes. Par crainte d'un échec et de l'humiliation qui s'ensuivrait, il ne peut concevoir l'amour qu'à la manière d'un *combat* dont seul son *héros*, Napoléon, inspirerait la *stratégie*. Stendhal écrit au moment où Julien décide de saisir la main de la belle, de la douce, de la tendre Mme de Rênal, première *escarmouche* avant de *prendre d'assaut* son cœur : « ... il l'observait comme un ennemi avec lequel il va falloir se battre... Serai-je aussi tremblant, et malheureux au premier duel qui me viendra ? »

Il a fixé l'heure précise de l'événement. Ce sera à dix heures : « Enfin, comme le dernier coup de dix heures retentissait encore, il étendit la main et prit celle de Mme de Rênal... il la serrait avec une force convulsive ; on fit un dernier effort pour la lui ôter, mais enfin cette main lui resta. Son âme fut inondée de bonheur, non qu'il aimât Mme de Rênal, mais un affreux supplice avait cessé. »

Après un tel exploit, « un sommeil de plomb s'empara de Julien, mortellement fatigué des combats que toute la journée la timidité et l'orgueil s'étaient livrés dans son cœur... Il avait fait *son devoir, et un devoir héroïque* ».

Au lieu de rêver à la femme qu'il a commencé à séduire, il consacre son temps au culte de son héros : « Quand la cloche du déjeuner se fit entendre, il avait oublié, en lisant les bulletins de la Grande Armée, tous ses avantages de la veille. Il se dit, d'un ton léger, en descendant au salon : il faut dire à cette femme que je l'aime. »

Et c'est cette femme-là qu'il va aimer et trahir. C'est sur cette femme-là qu'il tirera deux coups de feu qui la blesseront sans la tuer. C'est à cause d'elle qu'il sera exécuté. Mais c'est elle aussi qui vivra et mourra à la hauteur de sa passion. Elle avoue à Julien quelques jours avant qu'il ne soit exécuté : « Dès que je te vois, tous les devoirs disparaissent, je ne suis plus qu'amour pour toi, ou plutôt, le mot amour est trop faible... Tu me dirais de donner un coup de couteau au geôlier, que le crime serait commis avant que j'y eusse songé. »

La Voix humaine

La Voix humaine, un monologue de théâtre écrit par Jean Cocteau et joué pour la première fois à la Comédie-Française, en 1930, par Berthe Bovy. Un titre particulièrement significatif. Cette *Voix humaine*, dès qu'on l'entend, devient pour chacun la sienne, celle de l'universelle souffrance d'amour. Ce texte, qui n'en est pas un, serait plutôt une partition tant il demande non pas à être lu, mais à être entendu et surtout incarné – il lui faut le poids de chair et de sang qu'exige un tel sacrifice –, et ce texte est aujourd'hui encore un des monologues les plus joués au monde.

Autre preuve de son originalité et de son immédiate popularité, les surréalistes, dès la première, manifestèrent avec force cabales et chahuts aux cris de : « C'est obscène ! » Obscène, certes, l'apparente facilité qu'a Cocteau de *toucher*, au sens où l'entendaient les classiques. Avec peu de mots, des mots simples, des points de suspension et une phrase qui paraît s'inventer sur le fil du désespoir. Une seule comédienne en scène qui doit laisser vivre sa souffrance dans la retenue. Cocteau parle lui-même de « scandale de la banalité ». C'est en dehors des mots et en dehors de leur représentation que le spectateur ressent cette agonie, il la vit en lui-même. Cocteau n'éprouve pas le besoin, pour une fois, de surjouer son texte. Il ne se permet d'*en faire* que dans sa note liminaire, et à propos du décor : « Il [l'auteur] voudrait que l'actrice donnât l'impression de saigner, de perdre son sang, comme une bête qui boite, de terminer l'acte dans une chambre pleine de sang. »

Une femme parle au téléphone à l'homme qui vient de la plaquer pour toujours. Elle sait que plus rien n'est récupérable et qu'elle lui parle sans doute pour la dernière fois. Elle veut de toutes ses forces prolonger cette dernière fois. Non seulement il lui faut retenir cet homme dont on n'entend jamais les répliques, mais elle doit aussi lutter contre la technique. Elle craint à chaque instant que son ultime conversation ne soit interrompue par la standardiste ou par un autre incident de parcours. Elle croit entendre d'autres voix sur la ligne, c'est une sorte de bourdonnement tragique qui fait penser aux menaces des terribles Érinyes.

Tout cela, le spectateur l'imagine entre les phrases, entre les mots, comme si Cocteau inventait l'interactivité. Le téléphone est à l'époque le plus moderne instrument de communication. Aujourd'hui, le texto ou l'e-mail n'induisent pas la même relation au temps. Dans *La Voix humaine*, tout semble se dérouler en temps réel et toute la vie de cette femme est suspendue à la durée de ce coup de fil.

Elle lutte pour retenir l'absent. C'est un combat, ô combien solitaire. On dirait qu'elle boxe contre un punching-ball, qu'elle frappe un corps absent. Sans doute ce corps s'incarne-t-il ailleurs, sans doute avec une autre. Sa forme a déjà déserté la chambre de toutes les solitudes. On sait peu de choses de ce qu'ils ont vécu ensemble, le monologue est haché et le spectateur en fait sa propre histoire.

Le développement le plus long résume en quelques phrases ce qu'on ne peut pas appeler une *intrigue*. L'expression qui conviendrait le mieux serait en effet *un scandale de la banalité* : « Voilà cinq ans que je vis de toi, que tu es mon seul air respirable, que je passe mon temps à t'attendre, à te croire mort si tu es en retard, à mourir de te croire mort, à revivre quand tu entres et que tu es là enfin, à mourir de peur que tu partes. Maintenant, j'ai de l'air parce que tu me parles. Mon rêve n'est pas si bête. Si tu coupes, tu coupes le tuyau... »

Ainsi doit-elle parler, parler, pour maintenir tendu entre eux ce dernier fil sur lequel repose sa vie. Quand, à la fin, elle lâche le récepteur et qu'il tombe comme un caillou, la mise à mort est accomplie.

Ce rôle n'a pas fini de fasciner des générations et des générations de comédiennes – Ingrid Bergman, Simone Signoret... – qui aimeront toutes vivre sur scène, et non jouer, cette agonie qui se cache derrière les mots, qui est à ce point retenue qu'elle en paraît silencieuse. Seule en scène, l'actrice recrée chaque fois un texte qui n'existerait pas sans son interprétation. De plus, elle doit le faire avec l'empathie et l'imagination active des spectateurs.

Après la superbe Berthe Bovy qui créa le rôle à la Comédie-Française, Cocteau en fit une nouvelle mouture, titrée *Le Bel Indifférent,* pour Édith Piaf. Ils mourront l'un et l'autre le même jour, le 11 octobre 1963. C'est la passion à la française qui sombrera d'un coup.

Francis Poulenc compose, en 1959, un opéra en un acte qui suit de très près le texte et les indications scéniques de Jean Cocteau. Le cinéma s'empare aussi du sujet. Roberto Rossellini en fait un film, *Aurore*, et offre en cadeau d'adieu le rôle à Anna Magnani qu'il est lui-même sur le point de quitter. Pedro Almodovar donne à son tour une nouvelle mouture du rôle à Carmen Maura dans *La Loi du désir.*

W

Wagner

Wagner

Le Tristan de Wagner expire sur scène dans son dernier chant, et c'est, selon Denis de Rougemont, tout le vieux mythe de l'amour malheureux occidental qui meurt avec lui : « Que Wagner ait restitué le sens perdu de la légende, dans sa virulence intégrale... c'est l'évidence... Par l'opéra, le mythe connaît son achèvement... *Achèvement* désigne l'expression totale d'un être, d'un mythe ou d'une œuvre ; d'autre part désigne leur mort. Ainsi le mythe "achevé" par Wagner a vécu. *Vixit* Tristan ! Et s'ouvre l'ère de ses fantômes. »

Mort du mythe donc, tué par son propre achèvement. Mais mort aussi de son compositeur, convaincu avant même de l'avoir commencée que son œuvre sera pour lui (et pour ses successeurs) indépassable. Il écrit en effet à Franz Liszt, dès le 16 décembre 1854 : « Comme dans mon existence, je n'ai jamais goûté le vrai bonheur que donne l'amour, je veux élever à ce rêve, le plus beau de tous les rêves, un monument dans lequel cet amour se satisfera largement d'un bout à l'autre. J'ai ébauché dans ma tête *Tristan et Isolde* ; c'est la conception musicale la plus simple, mais la plus forte et la plus vivante ; quand j'aurai terminé cette œuvre, je me couvrirai de la "voile noire" qui flotte à la fin... pour mourir. »

Bien sûr, Wagner n'en mourut pas et il eut encore de nombreux opéras. Mais aucune autre de ses œuvres ne sut allier à une intrigue aussi simple un tel torrent d'émotions qui se superposent et s'entrecroisent pour se fondre dans une sorte de symphonie de ces espaces infinis qu'évoquait Pascal.

Nietzsche qui aima tant Wagner, qui l'aima plus que tout, qui le rejeta ensuite tout autant qu'il l'avait naguère aimé, Nietzsche ne réussira pas à renier tout à fait son admiration pour *Tristan*. C'est le Wagner des *Nibelungen*, celui de Bayreuth et surtout celui de *Parsifal*, qu'il ne veut plus entendre. Il garde intacte à l'égard de *Tristan* son émotion de jeunesse, et quand plus tard, après la crise de Turin, il sera enfermé dans sa folie, c'est encore cette musique-là qui pourra seule le calmer. Son ami Peter Gast, veillant le malade, supplie dans une de ses lettres : « Qu'on m'apporte un phonographe », comme s'il s'agissait de soigner le mal par le mal. Quelle est donc cette musique qui suscite de telles passions et qui peut, telle la voile d'Isolde à l'horizon, faire vivre ou faire mourir qui l'écoute ?

Après la lecture des différentes versions des *Tristan et Iseult* du XIIe et du XIIIe siècle, plus particulièrement celle de Gottfried de Strasbourg, après les nombreux brouillons de ce qui deviendra le livret de *Tristan*, Wagner ne commença la composition du premier acte qu'en octobre 1857. Il trouve alors son fameux « accord de Tristan », qu'on entend tel quel ou transposé plus de cinq cents fois dans son opéra. Il crée, au-delà de la schizophrénie, avec cet accord de Tristan, avec cette trame toujours mouvante, avec ces thèmes qui circulent et se superposent, un climat extatique. On a aussi dit que l'acte I de *Tristan* constituait l'acte fondateur de la musique moderne.

Cet évangile de la passion selon Wagner commence par un appel à la violence. Isolde est sur le bateau qui la rapproche de la Cornouailles où elle doit devenir l'épouse du roi Marke. Le temps est calme, trop pour Isolde, soudain elle en appelle à la violence des éléments à la manière de Chateaubriand, levez-vous, orages désirés !... Elle ne supporte plus l'indifférence de Tristan. Elle l'envoie chercher. Il doit lui obéir. Ne va-t-elle pas devenir sa reine ?

Au commencement est la haine. Tristan fuit Isolde qu'il

ramène captive pour la donner à un autre et cet autre est son père adoptif et son suzerain. Elle hait Tristan, il a tué son fiancé, ce qui n'a pas empêché Isolde de sauver la vie de Tristan en soignant sa blessure. De bout en bout, Tristan est un homme blessé, blessé au combat avant même le premier acte, blessé ensuite par le poison amoureux du philtre, blessé enfin à mort au dernier acte, tandis qu'Isolde est celle qui guérit, mais aussi celle qui arrivera trop tard. L'écharde dans la chair. Le désir jusqu'à la mort. Le mal et la pourriture. Et déjà Parsifal. Et déjà le roi pécheur. Et toujours le morbide.

La haine d'Isolde est entretenue par le dépit. Elle aurait voulu que Tristan tombât amoureux d'elle et il lui a fait l'affront de la proposer comme épouse à son roi. Elle ne veut pas devenir ce trophée de guerre qu'on offre à son suzerain. Elle décide de partager avec Tristan un philtre de mort préparé par sa mère. Ils mourront ensemble faute d'avoir pu vivre réunis.

Quand elle verse le philtre, elle ignore que sa suivante, Brangaene, a substitué au poison de mort le poison d'amour. Voulant les sauver, elle les précipite dans un mal pire, selon l'évangile wagnérien. Mais ce mal est pour l'heure si délicieux que les deux buveurs se livrent à lui sans résistance. Brangaene leur a seulement permis de réaliser leur désir, tant ce philtre est le révélateur (et l'accélérateur) d'une passion déjà existante. Ils se croyaient morts. Ils se découvrent vivants comme ils ne l'avaient jamais été.

Dans l'acte II, la haine a disparu comme par enchantement. L'enchantement d'un philtre. Ils se cherchent dans la forêt de Cornouailles et ils se trouvent. Isolde, la jeune fiancée, est la grande organisatrice de leur amour et elle ne se sent en rien coupable, tandis que Tristan, l'homme blessé, suit et avoue sa faiblesse. Il s'est fui lui-même dans les exploits guerriers. Il s'est détesté au point de refuser l'amour d'Isolde et c'est elle qui lui dit :

> Tu allais droit à la mort, sans détour,
> Quand, en buvant, tu revins vers le jour !

Leur nuit d'amour est en fait une nuit d'extase tant leurs mots, ceux de Tristan surtout, se confondent avec l'expression des mystiques, peut-être en plus morbide. La mort a, chez Wagner, le pouvoir de sublimer l'orgasme :

> Bannis maintenant l'angoisse,
> Suave mort,
> Toi, mon désir, toi mon besoin,
> Ô mort d'amour !

De même Wagner écrit, à la même époque et de manière certes plus prosaïque, à Mathilde Wesendonk, la femme de son mécène zurichois et sa maîtresse : « Et si je ne puis la “guérison”, du moins tu ne dédaigneras pas mon “baume” ? »

Le chant d'amour des amants dans la forêt de Cornouailles imprimera sa marque, comme Wagner l'avait prévu, sur tous les duos à venir, parfois même jusqu'à les tuer dans l'œuf. Il y a quelque chose de si beau et de si indéfinissable dans ce duo qu'il en devient presque insupportable.

La survenue du roi Marke, qui découvre les deux amants au plus profond de leur extase, n'emprunte rien au vaudeville. Il s'agit pourtant d'une scène de jalousie, mais Marke ignore totalement la présence d'Isolde et ne s'adresse qu'à Tristan. Sa voix de basse est grandiose, elle n'en est pas moins blessée comme l'est celle du ténor, et cette blessure inguérissable lui vient de Tristan et non d'Isolde qu'il s'apprêtait à épouser : « Où chercher la fidélité, si Tristan m'a trompé ? » Dans sa plainte, il n'évoque pas ce qu'aurait pu être son amour pour Isolde, mais il énumère les preuves d'amour qu'il n'a cessé d'offrir à Tristan : « Il t'aima tellement, ce Marke, qu'il écarta pour toujours l'idée de se remarier... Et puis, toi, Tristan, tu menaças de quitter pour toujours le pays, et la cour, si tu n'étais pas envoyé, toi et pas un autre, briguer pour le roi une fiancée. »

Et c'est encore à Tristan mort qu'il s'adressera au dénouement, l'appelant : « Mon héros, mon Tristan ! Ami tant aimé... »

Alors que la passion réside dans le philtre des amants, il semble bien que l'amour, lui, se trouve tout entier dans le cœur du roi Marke. Il ne songe pas à se venger, et c'est son courtisan, Merlot, qui le fait pour lui. Il blesse de nouveau Tristan, cette fois mortellement.

Nietzsche écrit : « L'extatique, chez Wagner, est souvent forcé et manque de naïveté, et surtout, il est trop violemment mis en scène par de brutaux contrastes... Excès de la plus douteuse espèce dans *Tristan*, par exemple les déchaînements de la fin du deuxième acte. »

L'Ecole de Francfort, Adorno, Marcuse dénonceront aussi cette esthétique de l'extase, cette hypnose musicale. Quant à Claudel, après s'en être inspiré dans *Partage de midi*, il vouera aux gémonies le duo, la passion et tout le tintouin. Wagner impose sa marque, positive ou négative, à tous les duos à venir, parlés ou chantés, jusqu'à ceux du *West Side Story* de Leonard Bernstein. Quant à Mme Verdurin, Proust nous confie qu'elle tombe en pâmoison dès le premier accord de *Tristan*.

Dans l'acte III, l'attente d'Isolde se confond pour Tristan avec l'attente de la mort, et le désir avec l'agonie :

> Ce terrible désir
> Qui me ravage,
> Ce brasier qui fait rage
> Et me ronge...
> Il n'est plus de salut,
> De délicieuse mort,
> Pour m'arracher encor
> À la détresse du désir !

Cette blessure-là sera mortelle à moins que celle qui dispose de sa vie et de sa chair, Isolde, n'arrive à temps pour le guérir. Il guette au loin la voile blanche de celle qui peut seule le sauver. Un jeune berger joue sur son pipeau un air qui l'amène à retrouver ses souvenirs d'enfance, « la patrie primitive ». Dans son désir fou d'Isolde, il ne sait plus ce qui appartient au jour et ce qui est déjà la grande nuit. Wagner transmet à sa musique sa propre exaltation. Il écrit : « Mais... quelle musique cela devient ! Toute ma vie, je pourrais ne travailler qu'à cette seule musique. Oh ! cela devient profond et beau ; et les merveilles les plus sublimes font corps si facilement avec l'idée. Jusqu'à présent, je n'ai jamais rien fait de tel. »

Isolde arrive enfin et Tristan meurt dans ses bras. Isolde se fond à son tour dans la mélodie et l'harmonie extatiques :

> Chavirer...
> S'abîmer...
> N'être plus rien à soi...
> Joie souveraine... joie !

Une joie mystique, celle de Pascal dans sa nuit de feu. Isolde meurt à son tour auprès du corps de Tristan. Jamais ne seront rendus à ce point semblables l'orgasme et l'agonie. Wagner révèle dans son Tristan toute l'ambiguïté de la passion, à la fois fascinante et répulsive. Jamais elle ne se confondra à ce point avec la mort. L'effet hypnotique de la musique de Wagner est tel que l'accord final nous mène – achèvement ou régression ? – jusqu'à cette paix dernière où tout s'unifie.

Après sa rupture avec Wagner, après avoir rejeté le monde lourd et germanique de Bayreuth auquel il préfère désormais la lumière méditerranéenne et la *Carmen* de Bizet, Nietzsche ne se guérira jamais de sa première et « maladive » fascination pour ce *Tristan* qui lui assena « le coup de grâce ». Lui qui n'aura pas de mots assez durs pour le musicien, il écrit alors que la rupture est depuis longtemps consommée : « À l'homme qui a composé cela, on doit tout pardonner. » Il écrit aussi : « Le monde est pauvre pour celui qui n'a jamais été assez malade pour cette "volupté de l'enfer"... »

Non seulement le mythe de *Tristan et Iseult* trouve son achèvement dans le *Tristan* de Wagner, mais l'œuvre révèle, par cette magie qui fait se fondre les voix dans l'orchestre et par la sensualité du chromatisme, toute l'ambiguïté de la passion amoureuse. Soudain mise à nu, cette passion plonge le spectateur dans un état second auquel il s'abandonne fiévreusement, croyant retrouver enfin sa patrie intime, ce for intérieur, cette solitude régressive entre plexus et sexus. Mais il peut aussi, pris d'une sorte d'horreur phobique, refuser en bloc cette tension languissante et tout cet épanchement obscène comme le fit Brecht, parodiant jusqu'au burlesque le fameux duo de l'acte II de *Tristan* dans *L'Opéra de quat'sous*. Quant à Nietzsche, il a oscillé d'une position à l'autre, selon les époques et ses relations avec Wagner et Cosima, selon aussi l'avancée de sa propre pensée et de son œuvre.

Comme Baudelaire, écrivant à Wagner : « Il me semblait que cette musique était la *mienne* et que je la reconnaissais comme tout homme reconnaît les choses qu'il est destiné à aimer », Nietzsche devient wagnérien en découvrant *Tristan* dont il fait avec enthousiasme sa patrie originelle. Il écrit en 1869, à son ami Erwin Rohde : « Les plus secrètes vagues de cette mer schopenhauérienne de sons provoquent un choc que je sens résonner en moi si bien que mon écoute de la musique wagnérienne est une jubilante intuition, que dis-je, une bouleversante découverte de moi-même. »

Et puis, cinq ans plus tard, Nietzsche, banni de cette « île des Bienheureux » où règne le Maître, corrige son propos : « ...cet obscur fourmillement sans but, cette extase, ce désespoir, ces accents d'amour et de passion. Peu de joyeux rayons de soleil, mais d'incessantes sorcelleries lumineuses... l'art de Wagner a quelque chose d'une fuite hors du monde, de ce monde qu'il nie sans le transfigurer... Tel semble cependant être le sort de l'art dans l'époque que nous vivons, il dérobe à la religion moribonde une part de sa force. Est-il bien possible qu'un homme soit rendu meilleur par un tel art et par la philosophie de Schopenhauer ? »

Ne sommes-nous pas tous au regard de la passion comme Nietzsche au regard de *Tristan* ? Fascinés, nous nous abandonnons à son maelström, nos émotions et nos souvenirs l'emportent. Il nous arrive aussi de prendre du recul et nous ne voyons plus en elle que passivité morbide.

Y

Y A-T-IL UNE FIN ?

Y a-t-il une fin ?

Elle est parfois rapide. Ce n'était pas une passion, tout juste un coup de foudre. L'affaire est consommée, jouée, achevée, finie. À peine un intermède et il laissera peu de traces. À peine une égratignure à la surface de l'amour-propre. On a ému l'autre un instant, un instant seulement, et soi-même, on n'a pas sombré du côté de la passion. Pas vu, pas pris, on referme la parenthèse avec le regret d'avoir échappé au pire. On n'a fait que frôler la *délicieuse catastrophe*. Le domaine des oxymores, celui où l'on hait alors que l'on aime, celui où l'on souffre mais avec délectation, celui où l'on ne vit que pour s'anéantir dans l'autre, n'est pas encore en vue.

La fin d'une vraie passion est en revanche insupportable. On se retrouve abandonné dans les parages du crime, et, si l'on ne passe pas toujours à l'acte, on en rêve au plus fort du cauchemar. C'est un écroulement interne, une implosion de l'ego, de ce même ego qui voulait fusionner avec l'autre et qui, contraint de nouveau dans les limites étroites de son propre corps, s'autodétruit. Ainsi Michel Houellebecq dans *La Possibilité d'une île* : « J'ai compris que cette histoire serait si forte qu'elle pourrait me tuer... chacun d'entre nous a beau avoir une certaine capacité de résistance, on finit tous par mourir d'amour, ou plutôt d'absence d'amour... »

La passion est-elle constitutive de l'être humain ? C'est un fait qu'en Occident, l'art et la passion se nourrissent l'un de l'autre et qu'ils veulent tous deux plier le monde à leur volonté. Non seulement il y a contamination, mais l'art, la création, l'écriture, s'ils ne parviennent pas à être des remèdes à la passion, en sont parfois des substituts.

Les néo-humains de Michel Houellebecq sont étrangers à la passion amoureuse. Libérés d'elle, ils se trouvent dans l'incapacité d'aimer ou de créer. Ils se contentent de lire les récits de vie de leurs lointains ancêtres humains. Ces textes autobiographiques portent la trace d'anciennes passions amoureuses si douloureuses que les humains ont jadis souhaité en finir avec leur insupportable souffrance. Ils lui auraient sacrifié par le fait leur identité humaine. Dans *La Possibilité d'une île*, ne plus souffrir, c'est ne plus aimer avec passion, et, ne plus aimer avec passion, c'est cesser d'être humain.

Avant de disparaître, les derniers hommes ont consigné dans leurs récits ce qui faisait autrefois leur humanité et qui, trop difficile à vivre, est devenus caduc. La fin des hommes s'apparenterait à une fuite devant la passion. Les drogues, les calmants et tous les antiphiltres s'étant révélés inefficaces, on aurait préféré substituer à cette douloureuse condition humaine une immortalité lisse et solitaire.

On en arrive à un renoncement plus définitif que celui des morales religieuses passées ou présentes. C'est de nouveau Mme de Mortsauf du *Lys dans la vallée* qui regrette à l'heure de mourir d'avoir sacrifié toute sa vie à une morale qui a étouffé en elle toutes les expressions de l'amour et de la jouissance.

C'est Kierkegaard rompant avec sa fiancée Régine par crainte d'en arriver à trop l'aimer. Ne se trouverait-il pas alors confronté à sa mélancolie originelle, cette « écharde dans la chair » dont il parle sans cesse et ne révèle jamais l'origine ? Le philosophe préfère extirper de son corps l'ancienne écharde et la planter avec délices dans celui de cette jeune femme qu'il a d'abord séduite et manipulée pour ensuite la sacrifier à son œuvre et à sa propre liberté.

C'est la Camille d'*On ne badine pas avec l'amour* qui se retire dans un couvent par peur de l'amour et de la souffrance. Ce sont toutes les victimes des morales intégristes et de ce désir, profane ou divin, d'anéantissement. Michel Houellebecq encore : « ... il n'y a d'amour que dans le désir d'anéantissement, de fusion, de disparition individuelle, dans une sorte comme on disait autrefois de *sentiment océanique...* »

Il est vrai que la passion amoureuse est le plus grand éveilleur d'émotions. Elle les accélère et les amplifie jusqu'à l'ivresse. Mais elle n'est pas toujours fatale, et, si elle désespère parfois ses victimes, il y a sans cesse de nouveaux postulants. Le genre humain ne semble pas fragilisé, encore moins menacé par elle. Les passions religieuses, militaires ou racistes, sont autrement plus dommageables.

Après la sidération des premiers temps, il arrive même que les amants – heureux amants –, récupérant peu à peu leurs forces vitales et leur autonomie, réussissent à faire évoluer leur passion vers l'amour. Ils donnent alors une existence à leur rêve, et, comme dans toute création, qu'elle soit esthétique ou amoureuse, l'édifice peut alors se construire avec ses organes de butée et ses murs de soutènement. Les amants y feront pénétrer leur lumière en clair-obscur. Ils créeront la musique de leur duo, par les mots et les rires, par les regards et les caresses.

À ceux qui font les gestes, la grâce amoureuse est parfois donnée de surcroît. Que le déterminisme soit divin, biologique ou culturel, on sait trop que le courage et la volonté n'ont guère de prise sur la passion, l'étymologie du mot est là pour nous le rappeler, mais le fait d'être mieux avec soi-même permet aussi d'être mieux avec l'autre et de l'aimer. L'aimer, non dans une supposée gémellité androgyne des origines, mais dans notre simple condition de mortels. Il n'y aura pas de session de rattrapage. Nous sommes tous sur cette terre à disposer d'un temps limité pour nous faire l'amour, c'est-à-dire pour nous faire la vie, mieux vaut ne pas le perdre.

Table

Table

Composition et mise en page

NORD COMPO
multimédia

Achevé d'imprimer en novembre 2006
*par **Bussière***
à Saint-Amand-Montrond (Cher)

Dépôt légal : novembre 2006.
N° d'Édition : 14108. – N° d'Impression : 063985/1.

Imprimé en France